U0135038

完形心理學

當代思潮系列叢書

Gestalt Psychology

柯勒—著

Wolfgang Köhler

李姍姍—譯

李　維—校

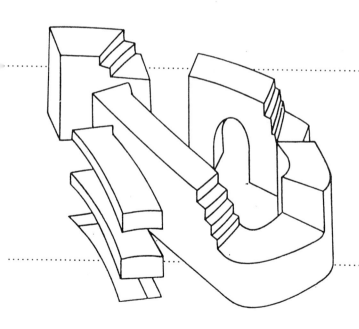

桂冠圖書股份有限公司

當代思潮系列叢書序

　　從高空中鳥瞰大地，細流小溪、低丘矮嶺渺不可見，進入眼
簾的只有長江大海、高山深谷，刻畫出大地的主要面貌。在亙古
以來的歷史時空裡，人生的悲歡離合，日常的蠅營狗苟，都已為
歷史洪流所淹沒，銷蝕得無影無踪；但人類的偉大思潮或思想，
却似漫漫歷史長夜中的點點彗星，光耀奪目，萬古長新。這些偉
大的思潮或思想，代表人類在不同階段的進步，也代表人類在不
同時代的蛻變。它們的形成常是總結了一個舊階段的成就，它們
的出現則是標示著一個新時代的發軔。長江大海和高山深谷，刻
畫出大地的主要面貌；具有重大時代意義的思潮或思想，刻畫出
歷史的主要脈絡。從這個觀點來看，人類的歷史實在就是一部思
想史。

　　在中國的歷史中，曾經出現過很多傑出的思想家，創造了很
多偉大的思潮或思想。這些中國的思想和思想家，與西方的思想
和思想家交相輝映，毫不遜色。這種中西各擅勝場的情勢，到了
近代却難繼續維持，中國的思想和思想家已黯然失色，無法與他
們的西方同道並駕齊驅。近代中國思潮或思想之不及西方蓬勃，
可能是因為中國文化的活力日益衰弱，也可能是由於西方文化的
動力逐漸強盛。無論真正的原因為何，中國的思想界和學術界皆
應深自惕勵，努力在思想的創造上發憤圖進，以締造一個思潮澎
湃的新紀元。

　　時至今日，世界各國的思潮或思想交互影響，彼此截長補短，力求臻於至善。處在這樣的時代，我們的思想界和學術界，自然不能像中國古代的思想家一樣，用閉門造車或孤芳自賞的方式來從事思考工作。要想創造真能掌握時代脈動的新思潮，形成真能透析社會人生的新思想，不僅必須認真觀察現實世界的種種事象，而且必須切實理解當代國內外的主要思潮或思想。爲了達到後一目的，只有從研讀中外學者和思想家的名著入手。研讀當代名家的經典之作，可以吸收其思想的菁華，更可以發揮見賢思齊、取法乎上的效果。當然，思潮或思想不會憑空產生，其形成一方面要靠思想家和學者的努力，另方面當地社會的民衆也應有相當的思想水準。有水準的社會思想，則要經由閱讀介紹當代思潮的導論性書籍來培養。

　　基於以上的認識，爲了提高我國社會思想的水準，深化我國學術理論的基礎，以創造培養新思潮或新思想所需要的良好條件，多年來我們一直期望有見識、有魄力的出版家能挺身而出，長期有系統地出版代表當代思潮的名著。這一等待多年的理想，如今終於有了付諸實現的機會──桂冠圖書公司決定出版「當代思潮系列叢書」。這個出版單位有感於社會中功利主義的濃厚及人文精神的薄弱，這套叢書決定以出版人文學及社會科學方面的書籍爲主。爲了充實叢書的內容，桂冠特邀請台灣海峽兩岸的多位學者專家參與規劃工作，最後議定以下列十幾個學門爲選書的範圍：哲學與宗教學、藝文(含文學、藝術、美學)、史學、語言學、心理學、教育學、人類學、社會學(含未來學)、政治學、法律學、經濟學、管理學及傳播學等。

　　這套叢書所談的內容，主要是有關人文和社會方面的當代思潮。經過各學門編審委員召集人反覆討論後，我們決定以十九世紀末以來作爲「當代」的範圍，各學門所選的名著皆以這一時段所完成者爲主。我們這樣界定「當代」，並非根據歷史學的分期，

而是基於各學門在理論發展方面的考慮。好在這只是一項原則，實際選書時還可再作彈性的伸縮。至於「思潮」一詞，經過召集人協調會議的討論後，原則上決定以此詞指謂符合下列條件之一的學術思想或理論：(1)對該學科有開創性的貢獻或影響者，(2)對其他學科有重大的影響者，(3)對社會大眾有廣大的影響者。

在這樣的共識下，「當代思潮系列叢書」所包含的書籍可分為三個層次：經典性者、評析性者及導論性者。第一類書籍以各學門的名著為限，大都是歐、美、日等國經典著作的中譯本，其讀者對象是本行或他行的學者和學生，兼及好學深思的一般讀書人。第二類書籍則以有系統地分析、評論及整合某家某派（或數家數派）的理論或思想者為限，可為翻譯之作，亦可為我國學者的創作，其讀者對象是本行或他行的學者和學生，兼及好學深思的一般讀書人。至於第三類書籍，則是介紹性的入門讀物，所介紹的可以是一家一派之言，也可以就整個學門的各種理論或思想作深入淺出的闡述。這一類書籍比較適合大學生、高中生及一般民眾閱讀。以上三個層次的書籍，不但內容性質有異，深淺程度也不同，可以滿足各類讀者的求知需要。

在這套叢書之下，桂冠初步計畫在五年內出版三百本書，每個學門約為二十至四十本。這些為數眾多的書稿，主要有三個來源。首先，出版單位已根據各學門所選書單，分別向台灣、大陸及海外的有關學者邀稿，譯著和創作兼而有之。其次，出版單位也已透過不同的學界管道，以合法方式取得大陸已經出版或正在編撰之西方學術名著譯叢的版權，如甘陽、蘇國勛、劉小楓主編的「西方學術譯叢」和「人文研究叢書」，華夏出版社出版的「二十世紀文庫」，陳宣良、余紀元、劉繼主編的「文化與價值譯叢」，沈原主編的「文化人類學譯叢」，袁方主編的「當代社會學名著譯叢」，方立天、黃克克主編的「宗教學名著譯叢」等。各學門的編審委員根據議定的書單，從這些譯叢中挑選適當的著作，收入系列叢書。

此外，出版單位過去所出版的相關書籍，亦已在選擇後納入叢書，重新加以編排出版。

「當代思潮系列叢書」所涉及的學科眾多，為了慎重其事，特分就每一學門組織編審委員會，邀請學有專長的學術文化工作者一百餘位，參與選書、審訂及編輯等工作。各科的編審委員會是由審訂委員和編輯委員組成，前者都是該科的資深學人，後者盡是該科的飽學新秀。每一學門所要出版的書單，先經該科編審委員會擬定，然後由各科召集人會議協商定案，作為選書的基本根據。實際的撰譯工作，皆請學有專攻的學者擔任，其人選由每科的編審委員推薦和邀請。書稿完成後，請相關學科熟諳編譯實務的編輯委員擔任初步校訂工作，就其體例、文詞及可讀性加以判斷，以決定其出版之可行性。校訂者如確認該書可以出版，即交由該科召集人，商請適當審訂委員或其他資深學者作最後之審訂。

對於這套叢書的編審工作，我們所以如此慎重其事，主要是希望它在內容和形式上都能具有令人滿意的水準。編印一套有關當代思潮的有水準的系列叢書，是此間出版界和學術界多年的理想，也是我們為海峽兩岸的中國人所能提供的最佳服務。我們誠懇地希望兩岸的學者和思想家能從這套叢書中發現一些靈感的泉源，點燃一片片思想的火花。我們更希望好學深思的民眾和學生，也能從這套叢書中尋得一塊塊思想的綠洲，使自己在煩擾的生活中獲取一點智性的安息。當然，這套叢書的出版如能為中國人的社會增添一分人文氣息，從而使功利主義的色彩有所淡化，則更是喜出望外。

這套叢書之能順利出版，是很多可敬的朋友共同努力的成果。其中最令人欣賞的，當然是各書的譯者和作者，若非他們的努力，這套叢書必無目前的水準。同樣值得稱道的是各科的編審委員，他們的熱心參與和淵博學識，使整個編審工作的進行了無

窒礙。同時，也要藉此機會向高信疆先生表達敬佩之意，他從一開始就參與叢書的策劃工作，在實際編務的設計上提供了高明的意見。最後，對桂冠圖書公司負責人賴阿勝先生，個人也想表示由衷的敬意。他一向熱心文化事業，此次決心出版這套叢書，益見其重視社會教育及推展學術思想的誠意。

楊國樞
一九八九年序於
台灣大學心理學系

心理學類召集人序

　　心理學是一門相當年輕的領域，充其量它的發展不過只有百年的歷史。但在這短短的百年之內，心理學卻歷經了許多思潮的起伏與派典的替換，這顯示了這個領域的學術非常活潑，變化非常快速，而且充滿生機。我們不難發現，當代心理學已經不再是一門依賴思辨與內省的玄學，而是一門理論與實用兼備的科學。雖然如此，心理學在今天仍舊是一門不太被人瞭解的科學，有時甚至被誤解或被漠視。

　　早期的心理學源於哲學並受哲學的影響是不難理解的。探究人類的心智與行為的問題，並不是當代心理學研究的產物。早在十七、八世紀的時候，哲學家就已經思索著這類的問題，並因而產生了知識論。知識論所最關心的有兩大議題，即㈠我們對外界的事物如何有「知」與㈡人類內在心理世界的內容究竟為何，其活動的基本機制又為何。為此，知識論曾出現了兩派不同而對立的看法，其中之一是經驗主題，這個主義主張，人類對世界的觀念與知識皆來自於「經驗」，而其中尤以直接的感覺經驗為最重要。另外一派是理性主義，主張「理知」是知識是主要來源，不是權威或精神的啟示、直覺或感覺的經驗。理性主義認為，人生而具備知識詮釋的機制，外界的事物只有透過詮釋才能顯示其意義與彼此之間的關係。這兩派看法對心理學的思潮都產生了某種

程度的影響。譬如，以馮特爲代表的意識結構學派，芝加哥的功能學派與行爲學派，基本上都承襲經驗主義的主張，強調後天經驗對人類心智發展的重要性。而柯夫卡的完形派心理學，魯文的人格場論，佛洛依德的心理分析理論以及皮亞傑的認知發展理論裡，皆可看到理性主義強調天生機制對心智定性的影子。

　　心理學接受哲學思維的內容，但並不滿意哲學思維的方法。哲學思考常使用內省與思辨，因此易陷於主觀與臆測。當十九世紀生理學在研究神經系統的機制與功能有了傑出成就的時候，心理學也開始借用實驗生理學的方法與策略，對人類心智與行爲進行客觀的、分析的與量化的研究。如此，方法的改變得以使心理學術脫胎換骨，而躋身於科學之林，並且衍生了新的思潮。譬如，結構學派的創始者馮特，承襲了經驗主義的看法，認爲知識既然來自於感覺經驗，而經驗者亦不時對感覺經驗採取某種反應，因此他主張，心理學應使用實驗生理學的方法，量化感覺刺激與反應，並尋求兩者之間的函數關係。這種研究的取向導致了心理物理研究的出現，使心理學開始成爲一支實驗的科學。馮特同時主張，感覺經驗必爲經驗者所意識，因此意識及其組成元素應爲心理內容的主體，心理學的課題應該是分析意識並揭露其結構。

　　與結構學派不同，功能學派主張，人類的意識與心智應從其功能而非其結構去瞭解：意識與心智皆爲個體爲適應環境、維持生命所發展出的結果，因此應從其維生的機制及其發展的動力歷程去瞭解。這種看法源於史賓塞，達爾文與高爾登的進化與適應觀點。進化是透過一連串整合與分化的過程，使得同質性最終變成異質性。由此觀點，低等動物只能以不變應萬變的使用反射性的行爲去應付各種不同的遭遇，略爲高等者則出現本能性行爲，再高等者則以不同的行爲應付不同的情境。人類的心智活動則是

進化與適應所顯現的最高境界。因此，為了瞭解心智與意識，心理學應該研究人類適應其環境的過程。功能學派裡不乏其人，詹姆斯、杜威、卡耳、桑代克以及吳德窩斯皆是這個學派的知名人物。卡耳指出人在維生過程中動機所扮演的角色。「動機」比「適應」更能具體說明心智與行為的改變；適應的過程抽象難以瞭解，使用這個概念詮釋事物，容易引起循環論證，不如把這個過程看成是一個為了維生的動機而產生「問題解決」的過程。此觀點經由桑代克的實驗發展成功了一項行為改變的法則──效果律。效果律是指，如果一個行為的結果令行為者滿意，則此行為有再次產生的可能；反之，如果感到厭惡，則此行為不再產生。效果律指出，「滿意性」的概念比「動機」的概念更適合解釋行為的改變。

　　功能學派與行為主義結合成為行為學派是極其自然的，因為兩者都肯定行為與環境的決定關係。兩者的不同只是在於，行為主義主張，為了使心理學成為自然科學的一支，心理學應摒棄「意識」、「心智」、「心靈」、「感情」以及其他不能直接觀察到而與「心」有關的概念，唯一需要關心的就是「行為」。行為學派的主要興趣在瞭解並預測行為的發生與改變。行為學派繼承西方的實徵主義，強調科學實驗嚴謹的變項控制，旨在發現一套為所有動物所服從的行為法則。典型的代表可推學派大師赫爾所提出的行為強化法則：一個行為出現的潛能是等於此行為的習慣強度、驅力強度、刺激強度與誘因大小等四者的乘積，此處「行為的習慣強度」是與行為受強化的次數呈指數函數的關係。

　　正如上述，心理學的研究曾籠罩在行為學派的思潮長達四十年之久，但四十年的時間，行為學派仍在爭論行為改變的基本機制與歷程。基本的機制與歷程如果歷久懸而未決，又如何用來解

釋複雜的行為與高層的心理運作如知覺、記憶、思考、心象以及其他的心理能力？行為學派的心理學是沒有「心」的心理學，它的「困境」是過分強調環境刺激與行為改變兩者的表面關係，而忽略了支持此關係、發生在身體內部的心理運作。

一九五六年之後，心理學在面對行為學派的困境之下，力求自身的改變，同時接受了語言學，傳送科學與計算機科學的影響，對人類的心智與行為有了全然不同於行為學派的看法。這是一個集眾人智慧所形成的思潮。在這個思潮底下，人被看成是一個符號運作與計算的系統，此系統不是一個單元體，而是一個多階段運作的系統，每一階段有其獨特的心理運作方式與能力的極限。同時，人被看成是一個從事複雜作業的系統。以有限的能力處理複雜的作業，勢必顯現學習、記憶與認知的困難，因此個體必須發展學習與記憶的策略，思考與解題的策略以及自我監控認知的能力，以克服這些困難。人是一個知識吸收的系統，但常以其所擁有的知識影響知識的吸收。這個思潮正在方興未艾，在未來將是心理學術的主幹。

任何科學與技術的研究與開發，其最終目的無非在增進人類的文明，改善人類的生活與提高人類的福祉。自然與物質科學的研究使得人類能夠掌握與運用自然界的資源，以達到前述的目的，而心理科學的研究使得人類能夠認識與改善自身的心智功能，以達到前述的目的。因此，兩者殊途同歸，彼此互補，缺一不可。尤有甚者，人為事物之主宰，而心智又為人之主宰，舉凡文化之發展，科學之推動與文明之設計，無一不是人類心智運作之功。如此，研究人類心智的發展與運作是至為重要的。

鄭昭明

一九八九年序於台灣大學心理學系

目　錄

第一章

關於行爲主義的討論

對心理學，以及確切地說，對其他所有學科而言，它們似乎都有一個唯一的出發點，即我們樸素地、不加批判地所發現的世界。這種樸素會隨著我們的發現過程的發展而消失。一些原來我們完全沒有看見的問題也許會被發現。爲瞭解答這些問題，提出一些概念或許是必要的。而這些概念似乎與直接的原始經驗只有極少的聯繫。儘管如此，但全部的發展過程必須以世界的樸素一面開始。這個出發點是必要的，因爲一門學科不能以其他基礎上產生。以我們現在的情況爲例，此刻這幅樸素的畫面包括黑鬱鬱的森林所環繞的藍色湖泊，一個我用來當椅子的冰冷堅硬的灰色大岩石，我用來寫字的紙，一陣幾乎不能吹動樹葉的輕柔風鳴聲，還有一股漁船的濃重氣味。但是這個世界上還存在著更多的東西：現在我以某種方式看見了另一個更藍的湖泊。幾年前，我曾在伊利諾斯湖的岸邊向遠處眺望。但是它和現在的這個藍色湖泊並沒有融合起來。我已經非常習慣看見這種當我獨自一人時就會出現的成千上萬的圖景了。在這個世界上仍還有更多的東西；比如我們的手和手指，它們在紙上輕輕地移動。現在，當我停下筆，環視四周，我感到一種健康和富有生機的聽覺。但是接下

來，我在內心某處感到一種沈重壓力般的東西，它逐漸使我產生一種被圍狙的感覺——我已經答應在幾個月內完成這部手稿了。

　　大多數人一直總是生活在像上面所說的那樣的世界裡。對他們來說，這就是他們的世界，他們幾乎都不能發現在它的基本屬性中還存在嚴重的問題。擁擠的街道或許會取代湖泊，轎車上的靠墊或許取代我岩石上的座墊，會被記住的或許是一個商業交易中的幾個重要詞句而不是密歇根湖，黑色壓力或許同交稅而不是與寫書有關，但只要我們僅從表面價值上來看待世界，只有在科學干預我們時候才例外，所有這些只有細微差別。當然，問題仍然仍在，即使對這個最初感受的世界最無批判力的公民來說也是如此。但是，對大多數情況而言，這些問題不涉及它的上面所說的那種本質問題，而只涉及到一種實踐和感情的問題。這僅僅意謂著，在這個被視爲當然的世界中，我們不知道在我們所面對的作爲我們現實生活情景一部分中，該如何行事。

　　幾個世紀以前，各種學科，主要是物理學和生物學，開始破壞人類把這個世界看作是現實的單純自信心。雖然成千上萬的大衆仍然保持未受干擾，但是科學家現在發現它充滿了幾乎是彼此互相矛盾的性質。幸運的是，他已經能夠在它背後發現另一個世界。它的性質與那個普通人的世界的性質十分不同，並且它們看起來並不自相矛盾。毫無疑問，現在當心理學開始成爲一門學科，一些它的最具活力的學生將希望立刻走上自然科學的道路。的確，如果科學家們已經發現這個樸素世界不接受他們的方法，那麼，作爲心理學家的我們對更大的成功會抱有什麼樣的希望呢？因爲從直接的但又是令人迷惑的經驗進入到一個清楚和堅固的現實世界的鉅大功績已被物理學家取得。心理學家利用科學史

上的這一偉大事件，在這同一個堅實基礎上，開始心理學的研究，將被視為明智之舉。

　　稍稍提及一下科學批評史，將有助於我們更好地解釋心理學應該要放棄什麼內容以及指出該選什麼主題內容更為恰當。我們的樸素經驗首先包括所有的物體及其性質和變化，這些似乎都是獨立於我們之外所存在和發生的。就這些物體而言，我們是否看見、觸摸或聽見它們，這看起來並不重要。當我們不在現場或忙於別的事情時，它們顯然就像當我們給予它們完全注意時一樣地存在著。在這種情況下，當人們開始問及關於看、聽、感覺的本質是什麼這一問題時，就是邁出了鉅大一步。當他發現顏色、噪聲和氣味等等僅僅是他的環境施加在他身上的影響的產物時，這是一次革命。這些環境看起來仍然保持著它們的原初特徵，並且仍是「一個真實的世界」。當那些作為純粹的主觀成分的**第二性質**〔副性（secondang qualities）〕。被減去時，第一特徵似乎仍保留著作為現實所直接給予的特徵。但是最終分析起來，素樸實在給的所謂第一性質原來還是和它們的第二性質一樣主觀：必須對形狀、重量和事物的運動像顏色和聲音一樣予以同樣的解釋，它們也依靠經驗有機體且僅僅是它內在的複雜過程的最終結果。

　　還有什麼要說的呢？回答是，從今以後，我們不能把那種直接經驗視為是真實世界的一部分了。因此，如果經驗世界的第一和第二特徵都是來源於環境施加於有機體的影響，那麼我們就不能把這個環境與我們人的經驗環境等同起來。人的經驗環境是這種影響的結果。因此它們不能同時被認為是這些影響的發生原因。其結果就是科學不得不構造一個關於物理事物、物理空間、

物理時間和物理運動的客觀的獨立世界，並且確保這個世界完全不出現在直接經驗中。

在這點上，我們必須看到相同的推理同樣適用於有機體。一方面，我們的身體作爲感覺經驗中的一個特殊之物賦予我們；另一方面，這個特殊的感覺經驗又是由我們稱之爲「我們的有機體」這樣的物理物體之中的物理事件所引起的。身體只有作爲感覺經驗的一部分才是我們所能直接接近的。關於有機體，就像其他物理事物一樣，我們只是通過推論或構造的過程才知道它們的。對於別的物理事物的影響，我們有機體以建立其周圍的感覺世界的過程而做出反應。在有機體中的所發生的下一步的過程就是引起一個我們稱之「我的身體」的感覺物體的產生。再者，再下一步的其他一些過程則與我們的經驗的內在方面有關，即與諸如飢餓和疲倦的感覺、恐懼和希望的情緒等等有關。

我們沒有必要考慮爲什麼儘管科學世界不出現在直接經驗中但卻能被物理學家加以研究，對其進程中所取得的顯著成就也是毫無疑問的。然而樸素人眼中的世界仍有點被攪混了，它在任何有關它的性質的關鍵討論中暴露了它的主觀特徵，在物理學家的世界中，任何混淆和矛盾都是不能被容忍的。雖然在我們的時代物理理論所經歷的迅速變化使我們吃驚不小，但我們仍然感到大多數這些變化都是發展進步。最終，所有物理世界的重要事實看起來將被包括在一個清楚和統一的知識體系中。

現在讓我們談談心理學。曾經在一段時間裡，這門學科被認爲是一門有關直接經驗的科學。它與物理事物和事件相對比較來說，它具有內部和外部二個方面。通過對直接經驗的描述，心理學家不僅希望得到一個有關它所有變化的有條理的考查，而且希

望得到許多有關這些事實的功能關係的信息。他甚至希冀用公式表現出那些支配經驗流的定律。

　　心理學的這個想法遭到行為主義心理學派的猛烈批評。行為主義在一種更古老的意義上對這一心理學思想的研究內容和研究目的都加以責難。根據行為主義者的看法，對直接經驗進行令人信服的研究是不大可能的，也不大可能從對其各種變項之間的關係的描述，或者從用公式來表示所謂的「精神生活」的定律的努力中得到什麼。顯然，行為主義認為一門具有清晰的方法和可靠結果的有關直接經驗的學科是不存在的。那麼，作為退而求其次的替代方法，對那些細小的問題以及偶爾對某些大的問題進行無休止的討論，那也是不能被接受的，特別是由於假設對我所有人都是一樣的經驗事實被不同的作者給予了完全不同的描述之後。以心像為例子。一個心理學宣稱在數字上擁有它們。它們中的大多數幾乎和知覺的對象一樣生動具體。另一些心理學家則告訴我們，在他們的直接經驗中，沒有這樣的事情，並且認為，前面那個人或許被那些和物體相關係，但實際上並不存在於經驗中的同句或其他運動現象所欺騙了。如果在這樣一個內省的簡單例子中，都不能給予更好的結果，那麼當更重要的問題也是更內在的困難發生時，我們如何指望會從中得到什麼呢？實際上，內省的擁護者本身看起來並不相信他們自己的程序。顯然，他們同意盡可能地少去研究重要的問題，而主要去解決感覺領域，這是只有內省主義者才會感興趣的。如果純粹的描述就會給我們一個關於直接經驗的學科，那麼我們就很自然地期待那些持有這種觀點的人會立刻去深入研究他們的觀點的那些中心事實。但是他們膽怯地停留在它的邊緣。在歐洲國家，人們也早已開始笑話心理學的

冗長沈悶的對於細小瑣事的討論。這是很可笑的。比如在一個心理學事件的簡單比較中，有關細微經驗的描述填滿了上百頁的紙，而對比較本身的發生和精確性卻從來不給予解釋。即使在一種困惑的狀態中，一門科學也可能是非常有趣的。但是對心理學的這種描述不僅是一個完全的失敗，而且它成為一個對所有那些非心理學專業的人來說簡直成了惹人厭煩的東西。

行為主義者喜歡這樣辨解說，對內省的支持和一種哲學偏見緊密聯繫在一起。不管我們是否意識到這個事實，在直接經驗和物理世界的差別這方面，直接經驗的概念顯然是和諸如心理、靈魂這樣的概念聯繫在一起的。這個術語是潛在地指一種不適用於物理學和生物學定律的**精神實體**（ mental substance ）。因此，我們很容易發現許多宗教迷信或形而上學的**超活動**（ extraction ）藏於這個概念的意思之中。在孩提時代，心理學家們就已經聽說過大量有關靈魂和它的神奇力量的故事，所有這些仍保留在他們有關直接經驗的陳述中，並使他的內省看起來僅僅是對中世紀黑暗一種防衛。

如果這僅僅是反對內省的唯一論據，那麼內省主義者也許會回答說，這種批評並不適合於上述有關直接經驗的描述，批評僅僅適用於這種描述具有某種程度的危險，而這一危險並不是所有內省主義者都能充分意識得到的。在學習心理學的學生中提高自我批判意識以及仔細消除對宗教和哲學的興趣，這可以被用來作為一種補救辦法。同時，這些方法也可用來作為對付頑固的行為主義的讓步姿態。

但是，行為主義者還有其他理由不接受直接經驗作為科學研究的領域。首先，內省作為一個過程，缺乏那種如物理學研究中

所具有的主要方法論的長處：觀察者處在他所觀察的系統之外的一個位置上。內省和它的對象是處在相同系統中的事實，前者使後者不受干擾的可能性是極小的。任何通過內省研究悲哀和歡樂的努力可以作為例證來說明這一點。如果付出一定的努力，這樣的經驗不再保持與原來相同，而傾向於消失了，這種情況在一個有悲哀和歡樂體驗的人，當他的努力同時採取一種內省的態度時就會發生。

　　但是即使這個困難可以被克服，在行為主義看來我們仍會發生這個方法毫無用處，因為它是如此可悲地不可避免地充滿了很大的主觀性。什麼是一個能把科學中的觀察結果公式化的客觀陳述的主要特徵呢？那就是不管誰碰巧對這個陳述產生了興趣，都會被迫認為它有一個準確的意思。為了達到這個目的，我們必須給我們正在使用的術語以確切的定義。因此一種元素的原子量和原子數有清楚的定義；形態結構的相似和相同也有清楚的定義。沒有一個物理學家和生物學家不知道這些字詞的涵義的。但是現在讓我們聽聽那些討論諸如有關邊緣視覺的特徵——模糊性的心理學家是在如何交談的吧。只要這個詞沒有確切的定義，這個詞又表達了什麼確切涵義呢？但是，這樣一種精確的定義看來在任何不得不處理無窮的直接經驗材料的時候都是不可能的。如果心理學家被要求給模糊性下定義，他或許會試圖用否定的方法來解釋它，比如缺乏清晰度。但是這幫不了我們多大忙。因為我們現在一定會問他所謂的清晰度是什麼意思。他或許會告訴我們高清晰度就是一個有秩序的視野的心中部分的一個正常屬性。不幸的是這樣一個區域會有不止一個正常屬性，並且在心理學家的偽定義中沒有給出**特別的差別**（differentia specifica）——除此以

外，「有秩序的」這個詞也像模糊性和清晰度一樣，同樣須給予定義。總之，心理學家一直所指望的唯一的一件事，即在直接經驗的領域中，一個眞正的定義是不可能取得的，這看來是有道理的，他僅僅指出了一定的方向。如果一個人不能給一個術語下定義，他也許能給出一些有關要研究的能在其中所經驗到的條件的暗示。如果別人通過詞所描述的條件而理解了這些詞，那麼他們會把其他未定義的術語和這個術語實際所指的他們的經驗聯繫起來。但是如果我們把它和精密科學的精緻定義比較，那麼可以說它只是一個原始和模糊的程序。

我們仍設想，在某種相同條件下，一個所知道的東西不多於他自己經驗的人，總經常能在其中發現和另一個人在其經驗中所發現的相同的特性、物體和發生的事物。二名物理學家可以對一個相同的事件表述看法。比如他們能從一個相同的儀器或秤盤上讀出量數。但是在直接經驗的情況下，兩個人總是具有兩個獨立分離的經驗事實。我們要有向證據假設的條件下，經驗的最終數據對許多人來說都是一樣的呢？不幸的是，我們將永遠不知道情況是不是這樣。一方面，色盲和相類似的現象顯示這種一致性一般來說並不存在；另一方面，即使在所有可以想像的測試都可得出像口頭報告一樣準確的相同結果，我們也沒有這種一致性的證據。一個人或許總是在另一個報告「紅色」的地方也報告「紅色」。但我們所知道的僅是，不管第二個人在什麼地方和什麼時候談到紅色，第一個報告自始至終都具有一種恆定的性質。我們並不知道是否第一個報告具有被第二個人稱之爲紅色的相同性質。這也不能幫助我們知道被一個人稱之爲紅色的東西看起來是否與被另一個稱之爲紅色的東西具有相同令人興奮的性質。由於

他們可能並不在相同意義上使用「令人興奮的」這個詞，因而當他們的表達是相同的時候，實際上他們有著並不相同的經驗。

這是一種極端形式的主觀性。如果每個人有他自己的直接經驗，而且如果他永遠被排斥在其他人的直接經驗以外，那麼直接經驗就是我們每個人的私事。出於對它的尊重，一門共同的學科就不可能建立起來。的確，因為其他人的相似經驗極少能從一個人的直接經驗中取得，我們可以進一步問甚至我們最好的朋友，是否有什麼直接的經驗存在。當我們和他們交談時，不管我們看見和聽見了什麼，這些都是我們經驗的一部分。我們經驗中的東西所出現的是，比如，他們的聲音首先是他們嘴巴和喉嚨的肌肉的物理運動的結果。這些物理運動必須從純物理學和生理學的觀點來理解。如果是這樣，我們怎麼知道我們的朋友中這些過程是伴隨著直接經驗的呢？

行為主義者或許又會說，他們並不否認在他們以前的時代，舊形式的心理學對這門學科的進步做出了一定的貢獻。但是他還會說，當從現在的觀點看這些成就時，我們可以很容易地發現一個簡單的事實：幾乎所有這些成就都應歸功於客觀經驗而不是內省和描述。這個詞在心理學中的涵義如同它在自然科學中一樣明瞭清楚。我們不是引進一個主體來觀察和描述他的直接經驗，而是把他安置在一個他能以這種或那種方式對它做出反應的確定的情景之中。我們可以觀察並且測量他的反應，而不需要他給我們任何有關他經驗的描述。以這種方式，韋伯定律（Weber's Law）被發現了。這是費欽納（Fechner）用來使得心理學成為一門實驗科學的實驗；通過這類研究，在幾乎完全沒有內省的條件下，記憶和習慣的形成被加以考查。以相同的方法，比奈

（Binet）和西蒙（Simon）首先測量了個人智力。目前，甚至內省主義者自己也給我們做出有關顏色和音調、愉快和意志的描述，只要他還未發現一種方法，在這種方法中，描述可被客觀測量所取代。另外，一個內省主義者看來正是在以下程度上接受另一個內省主義者描述的，即另一個內省主義者能夠以更客觀的材料來證實他的描述。那麼直接經驗和描述的作用又是什麼呢？

　　從這個批評來看，並不是所有的行為主義者對以上所說的直接經驗，都得出相同的結論。事實上，沒有人發現直接經驗是科學所感興趣的事物，因為作為個人的私事，它是他人的、客觀的因此也是科學的觀察所難以達到的。這個學派有少數人似乎走得更遠，他們似乎否定直接經驗的存在。這些人顯然討厭這個概念。但是這些觀點上的細小差別沒有特別的重要性。因為，對於方法問題來說，所有的行為主義者都持有相同的否定和肯定的觀點。從這方面來說，他們的程序是前面爭論的一個簡單結果。運用其客觀的實驗，心理學家們已經不言而喻地把自己放在一個嚴格的科學基礎之上。他們的僅有的弱點是還未充分意識到在精確的技巧方法和僅僅是主觀的摸索之間原則的不同。物理學家和化學家感興趣的是想知道當把一個他們正在研究的系統置於某種條件下，這個系統是怎樣做出反應的；他們會問當這些條件變化時，這種反應是怎樣變化的。所以這些問題可以從客觀觀察和測量中找到答案。現在，確切地說，這也是心理學中的一種適當的研究形式。某種類型的主體（兒童、成人、男人、女人或者動物）被選作要加以考查的系統。給予某些條件創造在這些條件中最重要的是那些外界的刺激，並且客觀地控制這些條件。主體的最後反應就如物理學和化學中的系統反應一樣被一一記錄下來或

者進行測量。

　　因此，在心理學家必須認識到的唯一事情就是這個程序能夠為他們研究領域中的任何重要目標服務。行為，即有生命的系統對環境因素的反應，它是可能在科學的心理學中加以研究的唯一主體；並且，行為一點也不涉及到什麼直接經驗。將來的實驗工作將以純粹的客觀方式研究甚至是最高形式的行為。之所以這樣做，是因為直接經驗不會在實際實驗的某一點上發生。對某些人來說，這個真理多少有點被如下這樣一個事實弄得模糊不清，即在許多實驗中，語言反應被認為是似乎具有某種重要性的。如果實驗者喜愛他自己所稱謂的直接經驗，並且如果這種經驗包括許多與字詞相聯繫的東西，那麼他將會傾向於把他主體的字詞作為就這個人而言的相似的經歷的符號。然而，這些字詞必須被看作是主體的反應，於是，它們就純粹像客觀的物理事實一樣：是由主體喉和口中的一定過程所產生的。雖然實驗者知道如像**神經支配**（inner vation）之類的客觀過程是在肌肉用聲波序列的方式發出字詞之前發出的，但是如果他不再進一步研究這個問題，那將是明智之舉。根據我們的分析，他將永遠不知道是否有任何直接經驗伴隨著那些過程。或許我們應該訓導我們自己，在心理學實驗中，在語言和直接經驗相聯繫的危險被最終克服，並且直到內省以作為一門科學的心理學中消失之前少一點使用語言的反應。

　　當然，並非一個主體的所有反應都可以用相同的方法加以客觀地觀察的。有時候，甚至是強烈的刺激也不會產生我們可以用現在的方法加以記錄的外顯行為。但是在大多數情況下，有很高價值的信息或許可以從生理學家們那兒得到。他們已經研究了神

經系統自動部分的功能和在包括內分泌腺在內的最重要的內臟器官中的連續的反應。心理學家的一個主要任務就是發展和採納可以採用的技術，直到這些內臟反應可以被很容易地記錄下來。我們還有證據認為，被內省主義者稱為「思維」的東西實際上存在於在此時同言語反應相關的肌肉所經歷的神經支配中。

因此，我希望，我已經清楚地陳述盛行於行為主義者中的觀點。它應該是比較準確的，因為在某些方面，我是同情這些觀念的，並且不太贊成我已加以批評的內省觀點。當前大多數內省研究似乎是相當缺乏獨創性的。同它的宏大的目標形成鮮明對比的是，它並不去研究更急迫的問題。我們將在以後討論這是否為內省的一種內在的屬性，還僅僅是內省主義者常犯的錯誤的結果。

現在我們面前有一個較簡單的問題。行為主義者告訴我們，在自然科學中，方法處理客觀現實，而直接經驗的內省——如果它存在的話——處理的完全是主觀的事物。這是真的嗎？這就是為什麼自然科學已經贏得全世界的尊重，而心理學還只有一個雛型的真正原因嗎？我不能認同這一觀點。在我看來，因為行為主義以對精確性的令人欽佩的熱情為肇始，它已經在這點上完全被引入了歧途。其結果就是，花費在反對使用直接經驗上的精力被白白浪費在錯誤的方向上。因為，不管在我們這些敏銳的行為主義者們的個人發展中可能發生了什麼，對我自己而言，我必須給予以下的報告，它會把我們帶回到我們的出發點。

當我還是個孩子時，甚至早在我夢想到一個完全超越直接經驗的世界，比如說物理學世界之前，我就有了直接經驗了。在那時，我當然不知道「直接經驗」這個術語。在我瞭解對與之相對的物理世界之前，我也不可能對它有任何理解。在我的初始的世

界中，各種無數的經驗似乎都一起表現為客觀的經驗，也就是獨立地或外在地存在著和發生著。另一些經驗則是為我個人私有的經驗，它們在當時是主觀的，如對某種情景的可怕的恐懼，在聖誕節的興奮得難以抑制的快樂等。

　　在以後的幾章中，我們將主要討論客觀的經驗。但是，這個術語可能很容易被誤解。因此我應該試圖更準確地詳細說明一下它的涵義。為了這樣做，我必須冒著重述某些論據的危險，因為我們大多數的困難是從這一點上產生的。

　　我們名之曰「經驗」的東西看來表示的是，雖然它似乎是客觀的，但我周圍的事物實際上被感到是「在我的知覺中」得到的。從這個意義上來說，它們將仍然是主觀的。但事實並非如此，它們明明白白地存在於外界。我毫不懷疑無論它們存在於任何形式，它們都只是某些事物在我身上所引起的結果。我必須再進一步說明我的觀點，它們依賴於我的存在，依賴於我始終睜著眼睛等等，這是毫無疑問的。那些事物完全是客觀的，不存在一個更客觀的世界。甚至現在，它們的客觀性還是那麼強烈和自然，以致於我發現自己經常傾向於把這歸於它們內在的某種特徵。根據物理學家們的看法，這些特徵就是物理世界的事實。我在這幾頁文字中所使用的「客觀經驗」這個名詞，就有這種涵義。比如，作為一個客觀經驗的一把椅子就是指外界某種堅硬的、牢固的和重的東西。無論如何它不只是一種被知覺的東西，或是一種任何意義上的客觀現象。

　　　在某些情況下，這是事實，即直接經驗的客觀方面
和主觀方面的區別也許會變得有點不確定。或者是後像

（after-image）或者是針真的扎在我的手指上，這並沒有使區別變得不重要些。可把這與自然科學中的一個例子加以比較：在物理學中，導體和絕緣體之間的區別仍具有很高價值，儘管我們在這兩極端之間發現了許多中介情況。與現在我們討論的問題相聯繫的主要一點就是如下事實，即最高的客觀性已在事物及運動等中達到了。

重申一下，當我剛開始研究物理學時，我不僅僅去研究物理世界。另一門課程必須和這門研究聯繫起來：我被引導以一種思維方式。在這種方式中，直接經驗這個名詞獲得了它的涵義。物質世界並不是與始終圍繞於我四周的客觀世界等同的。更確切地說，我知道物質對象影響一個特別有趣的物理系統即我的有機體，並且當這種複雜過程在這個系統中發生之後，其結果就導致我的客觀經驗的產生。顯然，我認為，我不能把這最後的產物，把我經驗的事物和事件同產生出影響的物質對象混同起來。如果說傷口並不是一個發出射彈的槍砲，那麼，在我面前我所看見和感覺到的事物就不能和相應的物質對象劃等號。這些物體僅僅在我的物質有機體內建立了某種轉化，這些轉化的最終產物就是在我的視野中看到的或是我用我的手指感覺到的東西❶。

儘管如此，但這種說法仍是正確的，即後者意義上的事物是我知道的最早的物體。此外，我現在懂了，任何像物理學中的物體那樣的其他物體我是永遠不能直接地瞭解的。坦白地說，物質世界的特徵只能在推論和構造的過程中加以研究，不論這個構造可能是怎樣必要。正是與這種構造的世界相對而言，我們面前的

世界現在才被叫作直接經驗的世界。

　　例如對一把椅子來說，如果我必須承認它依賴於我的有機體中的某些過程，那麼現在我怎能這樣說，它是一個客觀經驗？在這個基礎上，椅子沒有變成主觀的了嗎？它變成了還是沒有變成。就在此刻我們已經改變了詞語「主觀的」和「客觀的」的涵義了。在前面的行文中，「客觀的」表示一種與我的經驗的其他部分不相同的那一部分經驗所具有的特徵，諸如它們實際具有大小、顏色、堅硬度等特徵一樣。至於剛才所使用的「主觀的」一詞，它指的是全部經驗對於我的物質有機體的遺傳依賴性。在後者的涵義中，主觀性本身不是一個經驗的屬性；更確切地說，它是我們賦予所有經驗，因而也就是賦予那些客觀經驗的一種關係，這些經驗我們已學會把它們視作有機過程的結果。這個名詞的兩種意義經常被令人遺憾地混淆起來，似乎從遺傳上說是主觀的東西也應在經驗中表現爲主觀的。比如，一些內省主義者似乎認爲，確切地說，在我面前的這把椅子一定是一種主觀現象。它在我面前出現，只是一種學習和解釋的結果。另一方面，因爲沒有這樣一個主觀的椅子能被發現，行爲主義者嘲笑內省主義者立足於一個想像的鬼怪的世界中。簡單的事實是，一些依賴於我的

---

❶　我們已經看到，同樣的警告適用於作爲一個知覺事實的我的身體之間的關係。我的身體是我的物理有機體內的一定的過程的產物，這些過程起始於我的眼睛、肌肉、皮膚等等，就像在我面前的一把椅子是在同一個物理有機體內的其他過程的最終產物一樣。如果這把椅子「在我面前」被看到，那麼這裡的「我」就意指我的身體作爲一個經驗的我的身體，而不是指像物理世界的一個物體那樣的有機體。對於這一點，即使心理學家也並非總是完全清楚的。

有機體中的過程的經驗具有客觀性的特徵，而另一些依賴於同一有機體的不同過程的經驗，則具有作爲主觀性的特徵。這個對比與兩種類型的經驗的遺傳主觀性無關，也就是說它與如下事實，即與兩種經驗都依賴有機體內的事件這一事實無關。討論完這些，我希望對術語「客觀經驗」的誤解將不再可能存在了。當我談到一把椅子時，我指的是一把我日常生活中的椅子，而不是什麼主觀現象。

　　另外，我們已經看到，客觀經驗的椅子不能與作爲物理學家世界中的一部分的椅子相等同。現在，由於直接經驗世界是我最先知道的，並且由於我現在知道的所有有關物理世界的東西都是隨後從經驗世界的某事件中推斷出的，因此，我怎能忽略經驗世界呢？它畢竟仍是所有有關物理事實的猜測的唯一基礎。如果要我加以選擇，我當然能提出這樣的問題，即是否在某種意義上說，物理世界似乎更爲重要些。但是儘管這樣，我必須承認從認識和接近的角度來說，經驗世界比物理世界更重要；並且我研究物理現實的唯一方法就是觀察客觀經驗和從中得出恰當結論的方法。當然，隨著生物學的進一步發展，我或許能夠發現構成我的觀察和結論的神經過程，並且能夠給出有關這些事件的物理學的理論。但又因爲生理學世界是物理世界的一部分，我不可能直接地接近它。任何我能在生理學上取得的進步，都依賴於我對在直接知覺的經驗中被我稱爲身體的現象。如果我們聽聽行爲主義者所說的，我們會有這樣的印象，即對他們而言，這裡所說的物理的和生理的世界是我們能直接知曉的，對行爲主義者來說，他們的知曉與直接經驗毫無關係。我仍然不能改變有關我自己的處境的報告，在這處境中沒有直接通向物理的和生理的事實的直接通

道。自然，因爲這一缺點，我發現要成爲一個行爲主義者將是十分困難的。

　　那麼對行爲主義的說法該如何看待呢？他們認爲在物理學中，觀察處理的是客觀現實，而在直接經驗中，它處理的是那些沒有科學價值的東西。

　　讓我描述一下當我研究一個物理的或化學物體的性質時，我自己的程序。在這些化學物質的混合過程中，有沒有相當數量的 $H_4C_2O_2$ 產生？我通過我面前的一定客觀經驗知道了這種混合的存在，並且我通過嗅覺，即進一步的直接經驗，所以，讓我們再來考慮涉及精確測量的例子。在某種給定條件下，肯定會在電線中流過的電流強度是多少？在某一儀器的量度上的指針位置以視覺方式告訴了我答案，因爲儀器是我視野的一部分，確切地說，電線和某種給定的條件顯示它乃本身是客觀經驗的一部分。我在物理學中所可能做出的一切論說和測量情況也同樣如此。我對物理事實的觀察總是保留在與以下的觀察同樣的一般水平上：那些涉及**後像**（ after－image ）的觀察或對在**邊緣視覺**中發現的模糊的觀察，以及對健康感覺的觀察。因此，我在物理學中的觀察的準確性不能與在物理研究中所宣稱的對直接經驗的迴避相聯繫。當我進行物理學研究時，我並不迴避直接經驗；因爲我不能夠迴避它，在這裡程序發揮著作用。因此，至少有一些涉及到直接經驗的觀察，它們肯定爲科學構成了一個完全適合的基礎。

　　如果我在物理學研究中能做的所有具體論述都主要是建立在經驗領域的觀察的基礎上，那麼某些結果就顯然是不可避免的。當我作爲一名物理學家工作時，我是怎樣定義我的專業術語的呢？因爲我的物理學的知識完全是由包含於或者來源於直接經驗

的概念和觀察所組成，所以我在這門科學中用的所有術語，都必須最終指向相同的來源。如果我試圖解釋這些術語，我的解釋當然可能會涉及更遠一層的概念和術語。但這個過程的最終步驟將總是：指向我所在談論的某些經驗的所在地，並暗示做出某種觀察的地方。甚至像**熵**這樣的最抽象的物理學概念，如若與某種直接經驗沒有關係（雖然它可能是間接的），也可能沒有意思。我將永遠不能定義物理學中的術語，或者理解別人所給出的這樣一個定義，它在這方面，它不同於我可能在心理學中用作定義的東西。儘管如此，但是在這點上物理學的方法也取得了勝利。當物理學家與我討論有關他們的科學的時候，我對這些定義的理解從未有什麼困難。因此，那些最終要涉及直接經驗的定義，在一種精確的學科中，必須確保充分安全的運用。物理學中的定義的精確性並不能產生於這樣一個被宣稱的事實，即在這門科學中定義是獨立於直接經驗的；因爲不存在這樣的獨立。

但是行爲主義者告訴我們，對直接經驗的觀察是個人的私事，然而在物理學中，兩個物理學家可以進行相同的觀察，比如對於電流計的觀察。我否定後一種說法的正確性。即使從行爲主義的觀點來看，這種說法也是不正確的。如果某人觀察一個電流計，他觀察到了某些不同於作爲一個物理對象的電流計的東西。由於他的觀察對象是某種機體過程的結果，只有在這個過程剛開始時，才是由物理的電流計本身所決定的。在另一個人看來，被觀察的電流計又只是這些過程的唯一最終結果，而這是在這第二個人的機體內部發生的。雖然發生於這兩個人的過程從物理學意義上說是由同一物理對象引起的，但這兩個人絕不是觀察同一架裝置。但是，在大多數情況下，他仍對於他們的觀察結果的陳述

非常吻合，以致他們從未問過自己，是否他們兩人所經驗的電流計（物理學對像）當然地具有足夠的相似之處。在這裡，過程又再一次發揮作用了。直接經驗的私人性並不影響任何人——在物理學中。當在這種情況下與別人一起工作時，每個物理學家天真地確信他的合作夥伴「面前也有那個電流計」。因此他理所當然地認為，他的夥伴有與他十分相似的客觀經驗，並且他毫不猶豫地把他的同事所說的話當作是對這些經驗的表述。根據行為主義者的看法，這就當然意謂著，物理學家允許私人事件在精密科學中占有一席之地。奇怪的是，似乎這根本沒有干擾科學的程序，就像也並不干擾日常生活中的事情一樣。在日常生活中，相同的態度是非常普遍的，並且是自然地發生的。因此在某些情況下，相信別人的特殊經驗，肯定是毫無害處的，並且不能被看作是科學發展中的阻礙。因此，如果心理學並沒有更快發展，其原因不可能是上面所說的這種對別人所說的話的相信。

　　物理學中的觀察就是直接經驗領域的觀察，這個事實還有一個結果。作為一名觀察著自己的儀器的物理學家，我不擔心我作為一名觀察者的行為會對我所觀察的事物的特徵產生什麼嚴重影響——只要我把自己看作為一個與儀器保持充分距離的另一個物理系統。但是，作為直接經驗，無論被觀察的儀器還是我觀察的活動兩者都依賴存在於同一系統的，即我的有機體中的過程。再者，當行為主義者宣布因為觀察者和被觀察的事物包含在一個系統之中，因而直接經驗的觀察就無科學價值的時候，他肯定是錯了。因為在物理觀察的情況下，情景是相似的：被觀察的材料和觀察過程是屬於同一系統的。因此我們看到，物理學家和心理學家又再一次處於完全相同的境地。當我觀察一個電流計時，我稱

自己爲物理學家還是心理學家已無關緊要。在這兩種情況中，我的觀察都是直接指向相同的客觀經驗的。這種程序在物理學中發揮作用。它爲什麼不在心理學中使用呢？一定存在著一些情況，在這些情況中，在直接經驗領域的事實觀察並不嚴重地干擾這些事實。

誠然，這個論據意謂著它本身適用範圍有顯著的局限性。這並不是說所有形式的所謂的內省都是合理的；更不是說，內省的發現差不多都是獨立於內省的活動。在這裡，行爲主義的批判的立場只是在不正確地把它應用於所有關於直接經驗的論述中時，才誇大了這個合理論據的範圍。像這樣的批判的觀點在許多例子中被很好地採用了。

我已經描述了，即使作爲一名物理學家，我也必須處理直接經驗。關於物理學方法的客觀性，一個像行爲主義者那樣的極端主義者，的確會從這一描述中產生一些疑問。但幸運的是，在伽利略（Galileo），牛頓（Newton）和哈伊根斯（Huygh ens）的時代即物理學剛剛邁出眞正重要的步伐的時候，這樣的疑問還產生。這些偉大的研究者只是實用而樸素地進行他們的工作，幸運地不受物理學中的行爲主義的影響。這種物理中的行爲主義因爲要保持認識論的論結而阻礙了整個發展過程。儘管要在邏輯的基礎上證明這個程序的正確性有時是困難的，但這個程序的確在發揮作用。那些希望以一種有效方式進行研究的學科通常都對這種顧慮都不予以十分的重視。對心理學來說，這樣也許更好，即在聽取了行爲主義的完整的批評之後，它再樸素地回到它的任務上去，並運用任何能產生好結果的技術。

作爲一種科學的態度，行爲主義對直接經驗的鉅大衝擊在我

看來是十分奇怪的。行為主義者一般對以認識論的考慮不太感興趣。只不過有一點突然地吸引了他們的注意：「我怎麼會知道別人的直接經驗呢？我永遠也不能掌撐有關這些知識的有效性的可靠證據。不過對物理學而言，這又是另一回事了。我似在那兒是安全的。」行為主義者忘記了證實一個獨立的物理世界的存在與證實別人具有經驗是同樣困難的。如果我是一個極端的純粹主義者，我或許會對前一點進行爭論，就像行為主義者對別人的直接經驗的設想進行爭論一樣。由於某些原因他沒有把他的批評應用到對物理世界的假設中去。他沒有說：「你不應該研究一個物理世界，它的存在將永遠僅僅是一個設想。」相反，他以他在心理學中所缺乏的健康的樸素觀來設想這個世界是現實存在的。這大概是因為物理科學的成就給人以深刻印象，並且它已經成為行為主義之理想的緣故。但是。作為一個方法論的純粹主義者，行為主義者不應只把成就看作是在這些事情上令人滿意的證明。當然，就我個人而言，我在這方面完全像任何一位行為主義者那樣對此確信。我還充分意識到如下事實，科學經常在認識論有疑惑的地方有信心能提出假設來。但是從這個觀點出發，我當然也能相信別人有直接經驗。關鍵是，這能使我的工作更簡便更有成效。我要再一次重複，對這種態度，我感到更合理了，因為我發現我們在物理學中的工作也是建立在直接經驗的基礎上的；在這門學科中，對別人的直接經驗的設想，被視為當然；因此，物理學高於心理學的鉅大優越性不能產生於在這方面的任何差異。

　　此刻，我看到行為主義者露出諷刺意味的微笑。或許他們會這樣說：「柯勒（Köhler）先生在反對完美的科學的行為主義方面永遠不會取得什麼進展。」我的回答是，行為主義的基礎就

如我的批評那樣，也是哲學性質的：行爲主義是在認識論的基礎上成長起來的。在與認識論的這種聯繫上，在行爲主義與我們之間的唯一區別是考查的視野的寬度有所區別。行爲主義者只能看見一個認識論定理——一個人不能觀察另一個人的經驗。作爲一個極端主義者，他孤傲地牢牢堅守這個觀點，而不願它被運用的背景。我知道這種背景；在前面的爭論中我們對此作了說明。顯然，我傾向於採取這種較廣泛的立場，並由此得出我的結論。

第二章

作為一門年輕科學的心理學

　　到現在為止，直接經驗已被認為是物理學和心理學共同的原始材料。如果我們不理會物理學遠遠領先於心理學這一事實，那麼為了取得與物理學相似的成就，我們能做些什麼呢？

　　現代物理學的一個優勢源於對經驗的仔細選擇。這種選擇在物理學研究的關鍵時刻起著重要作用。物理學家很自然地忽略那些我們在第一章所定義的所有主觀經驗，因為在物理學世界中沒有與情感、情緒等等相關類似的東西。因此，那些試圖觀察和描述主觀現象的心理學家們所面臨的困難，物理學都簡單地避免了。

　　但是選擇和排除並未停止在此發揮作用。在早期的發展過程中，大多數客觀經驗被認為是相應物理事實的證據，後來採取一種更為批判的立場，即傾向於把這種材料中的大部分予以排除。目前，選擇的過程已變得十分重要。例如，科學的發展已經使得幾乎在任何地方從定性觀察向定量測量的轉化成為可能。實際上，現在所有的物理測量都是以一種極其間接的方式進行的。物理學家極少去直接觀察那些被視作所研究問題中的物理變項的經驗；而是相反地，他的觀察指的是另一種完全不同的經驗，這種

觀察具有可得到更爲準確結果的優點。在這裡，在後種經驗和物理變項之間的關係的知識當然被認爲必需的。在所有的客觀經驗中，看來沒有一個比在另一個視線的尺度上定位一根視線（一根指示針）更能滿足物理學家的要求了，特別是當第一根線與其他線中的某一根重合的時候。那些仍被在測量中所使用的經驗的範圍實際上已被減到了最小的限度。同樣的量表和同樣的指示物看起來幾乎被廣泛地使用著。這種簡單的情形告訴物理學家許許多多關於物理世界的不同的內容。它可以給出有關「空氣」或「伏特」，「安培」或「溫度」等等幾乎是無窮盡的依據。除了觀察的重合以外，檢查他的儀器與所觀察的系統之間的關係，物理學家還要讀出度量工具上的一定的數字。在這過程中，沒有涉及到什麼更多的直接經驗。在這種情況下，不可能有許多機會犯錯誤。由於這一優點，即使像物體大小這樣簡單的事實，也不是直接測量的。物理學家不是通過直接地與一個標準物體的尺度進行比較來測量一個對象的長度。這樣的比較不會精確得很；再者，它會受到**視錯覺**（ optical illusions ）的干擾。他寧願採取重合線與點的方法。實際上，他是用這種方法來定義物理長度，然後通過觀察它的界線與在度量工具上的一定點的吻合，來測量一個物體長度的。

如果現在我們問自己，在心理學中是否我們應該模仿物理科學的程序，這個問題一定會有兩個答案，因爲程序有兩個方面。首先，它涉及到在客觀經驗基礎上對物理系統做出說明。現在，人和動物的行爲可以在客觀經驗中被觀察——一種主體的直接經驗在其中並不發揮作用的觀察。顯然，這樣一種行爲的研究是十分合理的，因此它在將來會獲得進一步的發展。的確，在行爲主

義時代之前，這種研究就已經存在了；這個學派在讚揚客觀程序
的長處，反對內省的方法是完全正確的。雖然行爲主義者遠不能
正確地看到，即使在客觀的研究方法中，觀察者的客觀經驗仍是
些原始粗糙的材料，但只要我們的問題能得到第二個恰當的回
答，他們的錯誤也不是特別重要的。不幸的是，行爲主義在此處
傾向於採取錯誤的立場。

　　我們已經看到在現代物理學中，客觀程序具有一種使用一小
組被選擇的客觀經驗的特徵，因而它也具有排除了所有其他的客
觀經驗的特徵，因爲後者不能滿足定量測量的要求。我仍應該在
作爲行爲科學的心理學中的相同的事情嗎？顯然，回答將決定於
被觀察的行爲的性質。判斷這樣一種方法的好壞是困難的。如果
一種看法能適用於給定的主體，它是好的；如果它缺乏與材料的
聯繫，或者它錯誤地引導了研究工作，那麼它就是不好的。因
此，在一門學科中或對一些問題來說是一個極好的方法，或許在
另一門學科或對另一些問題來說是完全無用的甚至是有害的。在
這方面，行爲很容易被看作是具有顯然不同的側面，相應地，這
就給心理學家帶來了不同的任務。無論在什麼地方，像物理學中
所運用的間接的定量方法如果可能適合應用於我們的研究任務，
這就說明它們當然必須被運用。比如，里克特（C.P.Richter）
和他的合作者似已經發現了一種方法，用這種方法能夠研究動物
的各種驅力以及它們在時間進程上的變化。這種方法是由記錄一
般的或特殊的活動的數量構成❶。很自然地，所有研究行爲的學
生將會對這種方法的未來發展產生強烈的興趣。當與內部和外部
條件相聯繫的活動數量產生有價值的信息時，在這種情況下，它
就是一個正確的方法。

　　但在以下情形下，即或者我們的問題，不是數量類型的問題，或者在那些我們不能用其他更好的適用於準確測量的事實的觀察來取代直接觀察的地方，那麼情況會怎樣呢？顯然，行為的各種不同質的類型與在同一特定類型行為中的定量的差異一樣重要。一旦我們知道這些定性的差異，同時我們也知道了我們在此情況下還在研究的行為是什麼特殊的類型，那麼定量測量的問題就變得十分重要了。但是在任何情況下，必須首先區別性質類型。因此，當觀察一條幼犬時，我們或許不得不問自己，牠的行為是代表玩耍的活動還是對現存制約的更強烈的反應。這樣的問題不一定就意指幼犬的「精神生活」；更確切地說，它是指一種存在於實際被觀察到事物中的性格的差異。這種差別是行為的一種性質。另外，當在一個多少有關關鍵意味的情形中觀察一個人時，最重要的是去觀察他是用沈著還是顫抖的聲音與我們交談的。現在來說，這本質上是一個質的個別的問題。在未來，一種可以測量聲音的穩定性的方法或許會被發現。但是，要正確地使用這種方法，我們還必須通過直接觀察知道我們所指的作為聲音時間特徵的穩定性和不穩定性的涵義是什麼，否則，我們就可能處於測量了錯誤的東西的危險之中。

　　間接方法在行為的許多其他形式中的運用也受到類似的限制。行為主義者認為，我們能夠研究主體的情緒行為而不考慮他們的主觀經驗。至少，在這種情況下心理學家經常努力把觀察轉

---

❶ 參見里奇（C.P. Richter），《動物行為和驅力》，（*Animal Be-harior and Internal Drives*）《生物學季評》（*Quarterly Review of Biology*），2，1927.

移到一些精確的記錄和測量是可能的領域中去。爲了發展呼吸描記的（pneumographic）方法、體積描記的（plethysmographic）方法和電鑄製版術的（galvanographic）方法等等，已經做了大量的工作。然而結果不都是鼓舞人心的；另外，我們對這樣記錄下來的曲線的解釋，完全依賴於對受試者的經驗以及對其在一種更普遍的性質意義上的行爲同時做出的直接觀察。我們絕不會感到單以曲線就得出結論是合理的。現在，這些方法本身看起來就成問題，而不是說它作爲心理學問題的一種幫助有什麼問題。一般說來，用它來觀察諸如一個主體行爲中的憤怒之類的東西時，它還是較比去測量他血液中的腎上腺素更爲簡便和更爲可靠。

　　爲什麼這個困擾著心理學的困難而似乎在物理學中並不存在呢？回答非常簡單：物理學是一門古老的科學，而心理學則還處於嬰兒期。物理學家們花費了幾個世紀漸漸地用間接的但很精確的觀察代替了直接的較定性的觀察。他們的成功是同他們在此之前獲得的有關物理世界的知識相聯繫的。大多數間接的方法和測量是以鉅大的信息背景爲先決條件的。當物理學的觀察仍屬較定性的水準和不精確的時候，它必須收集這些信息。只有通過這種途徑，它才能發現那些重要的物理關係，以這些關係爲基礎，定性的直接觀察現在就大量被間接的、精確的測量所取代。在精確地測量電流強度變爲可能之前，奧斯特（Oersted）必須要能夠發現電流旁的磁鐵的偏轉。他的觀察是定性的直接觀察；但一個間接的定量方法是它的發展目標。即使在今天，當龍特根（Röntgen）發現 X 射線時，他也沒有立即進行測量。首先，他必須在定性實驗中，分析它們的性質，當然，隨後他的射線可

能成爲測量晶體恆量的一種手段。我們太容易忘記如下事實了：在自然學科誕生之初，以及更特殊的新領域出現之際，自然學科幾乎都完全依賴於定性的觀察。誠然，定量的間接方法現在已是精密科學的最顯著的特徵了，特別對那些讚美這些方法的外行人而言。但是我們應該知道，在大多數情況下，這些方法代表的僅僅是直接和定性的原始方法的改進形式。只有在這個基礎上，改進的大廈才能建立起來。在十八世紀，卡文迪許（Cavendish）用以下方法去測量電阻：他用那些幾何形狀相同的材料縛在手臂上，他一隻手用這些不同的材料薄片去碰觸電池的一端，用另一隻手碰觸另一端電極，然後比較它似在他手臂上的電擊情況，從而測量出不同材料的電阻。這種方法不恰當嗎？相反，在以後一個新領域中，這種方法非常合適。通過這種方式，他獲得了以後可用來發展更精確的方法的初步知識。

　　隨之而來　　　　無論我們是否在什麼地方在心理學中遇到一個好　　　　　　　　　　　　　　　　　　能立即　　　　　　　　　　　　　　　在十七世紀　　　　　還可以立即被定量地解決，因爲在這種情況中，日常生　　　　　　　　　　　的基礎。但對大多數心理學問題來　　　　　　　　　　　　　　　　　也有　　　　　　　　　　　　　　　　知識　　　　　　　　　　　　　　　　的知　　　　　　　　　　　　　　　　的首　　　　　　　　　　　　　　　　步的　　　　　　　　　　　　　　　　學

有認識到它的歷史背景。如果我們希望模仿物理科學，那麼我們
必須不要在它們高度發展的當代形式中去模仿它們。更確切地
說，我們必須在它們的歷史青年時期模仿它們，那時它們的發展
狀態與我們現在的發展狀態是相當的。否則我們就會像那些想努
力模仿成人的儀表堂堂的舉止的男孩，而並不懂得它仍存在的原
因（raison détre），也不知道發展過程中的中間階段是不能被
跳過。在這方面，對物理學歷史的回顧是非常具有啓發性的。如
果我們要竭力仿效自然科學，那就讓我們明智地這樣做吧。

　　行為在細小差別中是非常豐富的。只要我們認識到它的豐富
性並且直接地研究它，適合我們主題的定量方法就能逐步地被發
現。目前，在這個廣闊的歷史前景中，定性觀察將經常比不成熟
的測量法更有成效。

　　　　如果有機體更類似於物理學所研究的系統，物理學
　　　　　　　　　　　可以不
科中。但是實際上，這種相　　　　　十分顯著。使得物
理學家的工作變得如此容易的優勢之一就是他的系統是
簡單的。他的系統之所以簡單是因為在一定程度上，實
驗者自己決定系統的　　　　
　　　的。相反，有機
人驚奇的區別是物理和化學
的形式在有機　　特定
了初步的研究而創造出
　　　有非生
道，比如在研究一個神經——膜的

是在研究自然行為的「一部分」。這樣一個標本的功能特徵不同於相同的神經和肌肉在正常行為作用時所表現的特徵。一些行為主義者正確地說道，我們必須研究的是整個有機體。不幸的是，在整個有機體中，我們很少能夠限定一個特定度量的變化，似乎它獨自受到外界條件的一定變化的影響。一個因素的變化通常涉及到其他因素的伴隨變化，後者的變化又影響前者。現在，隔離功能關係和減少參與活動的變項是使得物理學中精確研究得以簡便的極好技巧。因為這種技巧在心理學中不適用，以及因為我們必須或多或少地把有機體看作它原來的樣子，所以任何把我們立體的行為視作複雜的行為單位的觀察，在我們這種情況下都是正確的。

　　但是實際上，年輕的心理學不能抵擋當代科學輝煌成就的誘惑。每每一陣目光短淺的模仿之風就會使它大為激動。費欽納自己就是第一個在心理學幾乎還未誕生之時，就模仿成熟物理學的人。顯然，他認為像測量之類的東西就能使心理學成為一門科學，其結果也是眾人可知的。測量作為前面的定性觀察的精緻延續是非常有成效的，若沒有這樣準備過程，它會容易地成為一種死板的程序。今日，我們不再懷疑成千上萬的定量的心理學實驗是徒勞無益的。沒有人準確地知道他在測量什麼。沒有人研究了整個程序建立其上的精神過程。看起來似乎在費欽納時代，心理學成為一門科學不是因為他的心理物學，而只是這一機遇，儘管定量計畫還未成熟。

　　同時，這一教訓似乎已被忘記了。當一個人觀察能幹的心理

學家們測量個體智力的熱情時，他差不多都會想起費欽納的時代。從實用的觀點來看，顯而易見，他們的工作不是沒有優點的。看來，對某種操作所需的大約的全部能力，實際上是通過這樣的測驗來測量的。因爲總的來說，測試的分數令人滿意地反映了它與學校的和日後生活中的成就的相關。但是這個成功包含著一個鉅大的危險。測試並未顯示出實際上是哪些具體過程參與到測試成就中去。分類只是一些數字，它可以允許有許多不同的解釋。形象地說，一個特定的分數，其意思可能是「智力」是三等、「精確度」是一等、「雄心」是四等，以及「易產生疲勞度」是三等。但也許它表示的是如下意思：「智力」是六、「精確度」是二、「雄心」是一，和「易產生疲勞度」是四等等。因此，不同比率的一定組成部分的總和可能會得出完全一樣的智商值（I.Q.）。顯然甚至對於實用目的來說也是個問題。比如，一個兒童應該根據共同構成其整個 IQ 的多個具體因素的性質和強度來予以對付。當然這不是新的批評，但是看看這些測試在我們學校中的影響，我們必須重申這一批評。我們仍太容易對我們的測試感到滿足，因爲它們作爲定量方法看起來如此地具有科學性。我必須再一次堅持認爲這是一個膚淺的觀點。如果我們把測驗與我們理想的行爲——物理學家的行爲——加以比較，我們就會發現它們之間有一個顯著的不同點。當物理學家面對一片研究的新領域，他會問些什麼問題呢？它仍會是這種問題：光是一種振動的過程嗎？如果是的，那麼它是在傳播的方向上還是在與這個方向成直角的方向上振動呢？磁力（magnetism）是否由分子結構上的電流的磁場所產生的呢？爲什麼液體會形成表面張力呢？爲什麼液體會形成有規則形狀的薄膜呢？一種元素的光譜怎麼會

包含成千上萬的不同條件呢？這就是我們發現的物理學家感興趣的問題。在這些問題中，他系統地闡述了他的基本問題。在尋找這些問題的答案時，他的確在一定階段上運用了定量的方法，它像在尋找答案的過程中起了很大的作用。為了建立精確的定律，他也運用了它們。但所有這些都受到關於事件和事物的性質這一問題的限制。給定的現象到底是屬於這種類型還是那種類型？這些是實驗科學中的主要問題。在進行實驗科學研究時，測量變得如此重要，它成為一名僕人。

如果我們問自己，我們用我們的測驗去加以解決的關於智力行為所涉及的過程的問題到底是些什麼問題時，我們並不是許多人都能給出一個現成的答案的。一些心理學家甚至已經建議智力應該被解釋為正被測量的 X，並且認為在科學中，測量比任何有關事物性質的問題更重要。這就很清楚了，我仍不是模仿物理學研究中的基本模式，而是試圖僅僅仿效它外在的數量形式。我們現在假定，有一名物理學家他對各種不同類型的汽車感興趣。如果他對汽車的研究只局限於：對汽車的體積、表面溫度、它們周圍空氣的離子化程度、它們所能轉動的最大頻率，以及它們的總重量等等，那麼我們不會給予他們很高的評價。如果他現在根據這些「動力係數」數據進行計算，通過他的奇怪方法解釋「動力」，忽略所有有關使得汽車工作的過程的問題並且仍然多年地滿足於這種方法，那麼人們或許對他就毫無尊敬可言了。當然我這樣比喻有些誇張了。我這樣有目的地做是為了引起人的注意，定量方法本身遠不能確定給定活動的價值。不幸的是，人們的興趣是如此狹隘，以致於只對研究的定量方面產生先之之見，因此立即引起更大的麻煩。有種毛病的人不能發現那些並不立刻引導

他們進入定量研究的問題。但是，此時這樣的問題或許比許多純粹的定量問題更重要，從該詞的更深一層的意義上講，它們更具有科學性。要解決這些問題，定性觀察可能是全部過程的第一步；但是由於在當代物理學中，定性方法似乎遭到輕視，所以我們缺乏勇氣去從事這一工作，不管它們實際上是多緊迫。這樣，我們就處於錯過這些機會的危險之中，這些機會恰恰是當心理學還是一個未成熟科學時的最好機會。

在動物心理學中，這種情況有時傾向於同我們剛才討論的情況相似。在以動物的實驗中，唯一的定量方法實際上是統計學方法。換言之，我們不是進行嚴格意義的測量；而是對一個動物或一群動物在給定情況下做這樣或那樣的事情的次數進行統計。自然，爲了獲得可比較的這種方法能適用的事例材料，我們把動物放在它們的行爲限定在少數可能性之內的情形中。我們統計出的實際行爲和我們實驗的結果對這些各種可能性來說其頻率是一定的。這樣的方法是可以加以批評的，但是我們應該認識到，如果單一地使用它，它有可能限制了我們對行爲的認識。如果我們腦中有一個特定的問題，我們就必須以這樣的方式去選擇實驗條件，即把動物的行爲中不是這樣的可能性加以排除。一些心理學家的確至少觀察到了這些行爲的其餘形式，因而有助於解釋他們的定量結果。但是另些心理學家拒絕這樣做，因爲他們認爲只有定量觀察是科學的。這就使得只有數字才是他們的研究材料。以後這個方法或許是有價值的——只有當他們是那些總能發現有趣實驗問題的幸運者時。但是對別人而言，同樣的態度有可能導致保守主義。因爲偏愛數字和曲線，他們就會遠離一門年輕學科的新觀點和新問題的眞正泉源；對它的研究對象進行的廣闊展望。

　　我們不能誇大定性信息作爲定量實作的一個必要輔助成分的
價值。如果沒有這些信息，行爲心理學將很容易變得像想像中它
是精確的一樣枯燥無味。對能使用的定量方法的太大興趣，在心
理學的發展還依賴於發現新問題而不是依靠單調地重複標準的方
法的時候，它不是一種有希望的心態。如果有人說行爲心理學不
需要這個建議，那麼，我會回答說華生（Watson）已遭致批
評，因爲他的著名的對於兒童的觀察沒有以定量控制的實驗形式
——也是一種被奉若爲神明的形式——出現。我不認爲這些觀察
是對兒童的主要的反應和兒童的早期學習進行了完全適當的描
述。但是它仍的確展示了一些我們從抽象的數字排列中學不到的
有趣事實。有一次，一個有名的心理學家友好地對我的有關猿的
聰慧行爲的研究工作說了一些贊許的話。他還補充道，你因爲沒
有應用統計學方法而遺漏了主要一點。我認爲這番話說明了他在
一定程度上不能認識到我所用的基本方法努力加以解決的問題是
什麼。這些問題涉及的是一種特殊生物種類在各種情形中顯示的
智力行爲的特徵形式。如果「結果」以一種抽象的統計形式加以
處理，那麼在這些觀察中的所有有價值的東西都將消失。在這些
情況下，這似乎表示了一種對頌揚定量法的警告。我再次重申，
定量研究是以定性分析爲先決條件的。有成效的問題是在定性分
析中被發現的。

　　在物理學中，測量通常來源於具體的問題。這些問題在某種
意義上是有關自然的未知方面的初步假設。當然。這些被觀察到
的但又是神秘的事實，在物理學中我一次又一次用那些有關自然
的未知方面的假設去加以解釋。但是物理學家並不只是爲假設而
創造這假設的。任何可用來解釋某種觀察的特定假設，除了這些

事實還有別的事要做。全部興趣自然都集中到這些結果及其檢驗上。以此為例，在電介質的傳遞過程中發生了什麼？阿爾荷尼斯（Arrhenius）做出了大膽假設：在傳導溶液中分子分離成獨立的離子。這些微粒的電荷可解釋溶液是導體這一事實。但是如果離子確實是獨立的微粒，那麼它們的獨立性一定會在電介質的光學行為上產生結果。這些結果在新的實驗中馬上被測試了。這個例子說明，一個好的假設對科學發展來說，它與觀察和測量同樣重要。實際上，物理學的成長可被形容為從假設到觀察和測量，又從觀察和測量到假定這樣的前後往復的運動。

有機系統提供了無數令人迷惑的事實，對這些事實，同樣的程序可以被頗有成功地運用。我們知道一些關於刺激對我們主體的感覺器官上的影響的情況。我們也觀察到它們的外顯反應。但在這兩者間，還存在在七十年前的非洲地圖上更多的不明領地。顯然，行為既依賴於有機體的動力學，同時也依賴於外部的制約。生命系統的內部一定程度上不易被觀察到，對那兒發生的事件提出假設將是我們的任務。因為在刺激和反應間一定會發生許多現象。這個反應不可能只以外周刺激來理解。那些知曉物理學歷史的人傾向於認為，尋找關於行為的隱藏前提的富有成效的假設的任務，是最為重要的。心理學的整個未來或許就靠它。在這點上，行為主義的全部創造力應該集中於與物理學的良好競賽中。行為主義對待內省和直接經驗的批評態度僅僅是這個學派的否定特徵。它的肯定主張在哪裡呢？如果我對行為主義的工作感到有點失望，那麼首先是因為這個學派在解釋行為時，一定程度上缺乏功能性的觀念。當行為主義者從生理學中借用反射動作（包括內分泌反射）的概念，並且以制約作用來解釋行為的所有

形式的發展時，這幾乎算不上是一個令人滿意的成就。行爲主義者像當今的許多人一樣，似乎讓人們深信他們是否定論者。「在心理學中，你不應該承認直接經驗。」這是他們的第一戒律，「除了反射和制約反射，你不應該認爲還有其他功能」是第二戒律。我們沒有必要回到第一個話題上去，第二點在我看來甚至從由我們隨意控制的有機體的情況謹慎的知識的角度來看，也是與之不相符的。我也不知道爲什麼有機體會被想像成這麼一個粗劣的東西。 我不禁感到，行爲主義除了這兩種功能以外排斥了所有一切的機能，這表現了一種不健康的狹隘觀點。當這個學派自稱是革命的學派時，它實際上是固執己見的和保守的。甚至在現在，物理學作爲一門成熟的科學，它仍允許自己每年提出至少一個有關原子核的新見解。儘管心理學是一門年輕的科學，行爲主義者極少想到我們的科學所需要的新的功能的見解。顯然，當行爲主義誕生的時候，有人把有關有機體功能可能性的最終眞理放[illegible]

爲什麼我說行爲主義的功能性的概念是粗劣的呢？我的說法是由把它與物理學家歸之於非生命世界的各種不同的過程相比較而提出的。我重申，一些簡單的物理系統的功能變化，比行爲主義者眼中人的神經系統遠[illegible]。誠然，迄今爲止還沒有一個肥皂[illegible]因爲[illegible]展現出功能特徵，它在我看來，絕對地[illegible]行爲主義者眼中的有機體。這個聲明同樣適用於非生命世界的無數其他系統。雖然它們沒有反射和制約反射現象，但它們的行爲[illegible]令人想到動物的行爲。在行爲主義者看來[illegible]被藐視[illegible]開始效仿自然科學的時候，[illegible]了[illegible]

驗，而且更奇怪的是它還排斥了衆多的它所模範的物理科學提供
的功能概念。現在甚至這個學派的一些人也開始反應這種態度
了。

　　一個毫無偏見地看待人類和動物行為的觀察者，幾乎都不會
認爲反射和制約反射是用來解釋事實的最自然的概念。如果一個
人深深地確信以這些術語可以說明所有有關神經系統的眞理，他
就當然沒有自由觀察行爲的眞正動機。因爲他感到不需要新的功
能概念，他還爲什麼勞心費神去注意那種產生這樣的概念的信息
呢？另一方面，若把觀察局限於對一些反應的計算，這些反應是
在通常實際條件下可能發生的，那麼這將起到保護行爲主義研究
所使用的保守的格式的作用；因爲觀察的狹隘保護了理論的狹
隘。

　　就算是我們對行爲的各種不同形式有較公平的興趣，但我們
怎麼能發現新的功能概念呢？難道不是因爲在刺激的可觀察條件
與可觀察的外顯反應之間的●●●●●●之大，以致使有關聯結的
功能的假設肯定是不成熟的嗎？毫無疑問，我們應利用神經生理
學和內分泌學所給出的所有線索。但是甚至在這些領域的較新發
現中，也沒有確切地告訴我們，爲了達到目標，我們需要些什
麼。實際上在這種情況下，任何假設也比空等要有用。經驗科學
的假設經常建立在多少有點貧乏的基礎上，●●●這些假設將被●
●並且不斷地被修正，但它仍肯定不會造成危害。如果它們被證
實是全部或部分正確的，沒有人會對它們來源的合法性感到顧
●●。如果它們被證實是錯誤的或是無效果的，它們總是能被拋棄

　　實際上，完形心理學●●由●●●●●●●力學方面●主

要假設上沒有特別的困難。在對動物和人的行爲的觀察中，不涉
及主體的直接經驗。總而言之，如果存在這樣的經驗，實驗者假
設它對插入於外界條件和外顯行爲之間的生理事件的過程沒有影
響。對這些事件的假設必須能解釋觀察到的行爲而不必求助於非
生理因素。直接經驗沒有力量干涉生理的因果鍵。〔**二元論者**
（Dualists）設立了相反的假設。但我不認爲他們的思維方式能
給行爲的功能分析有多大貢獻。〕

　　雖然這是我必須用來思考我的受試者的方法，但當我觀察他
們的行爲時，我不能排斥我自己的直接經驗。甚至在使用物理學
的最間接的方法時，我也必須依靠知覺事實，所以我怎能排斥我
的直接經驗呢？再者，我們已經看到，在研究行爲時，我必須使
用已不再在物理學的定量方法中使用的許多形式的客觀經驗。但
是如果我的經驗可被作爲我評說其他人行爲的基礎而予以接受，
那爲什麼在構造有關神經系統的功能的假設時，我還會猶豫不決
不知是不是該使用它呢？

　　假設我現在是一名受試者。在這種情況下，實驗者還是想知
道在被觀察的刺激制約和被觀察的行爲之間的中介神經系統中，
有什麼隱藏的過程。我能幫他在這個空隙上建立一座橋梁。我的
外顯行爲的許多方面是伴隨著直接經驗的。現在我們不懷疑，這
種經驗同某些過程是非常緊密聯繫著的。對這些過程實驗者至少
希望建立一個工作前提。在這些情況下，以我的直接經驗作爲理
論工作的基礎是自然的。的確，我的神經系統（它導致我的行
爲）中，並非所有的事件都伴隨著直接經驗。任何我們以這種方
式被引入的假設只有有限的範圍。只有生理學在未來能跨越這些
局限性。不幸的是，目前有關腦的功能的生理學觀點同我們自己

的猜測一樣是推測性的。因此，充分利用直接經驗中的推論提供
給心理學家的機會是可取的。

我們並不是提議，爲了這一目的，在內省一詞的技術層面上
去進行內省。只有那些關於經驗的簡單陳述，這種陳述是所有觀
察者（人、動物、儀器等等）慣於做出的陳述，將會被用來發展
的事業。讓我們從客觀經驗談起。在正常情況下，客觀經驗依賴
於刺激感覺器官的物理事件。但它也依靠那種現在我們希望予以
揭示的生理事件。物理學家對前者感興趣：客觀經驗對在有機體
之外的物理活動的依賴性使得他能夠從經驗中推知那些物理活動
是什麼。我們則對後者感興趣：由於經驗依賴於腦中的生理活
動，這樣的經驗應該包含著有關這些過程的本質的線索。換言
之，我們認爲，如果客觀經驗允許我們溝通物理世界，它也一定
允許我們描述和物理世界緊密聯繫的生理世界。

但是顯然，如果伴隨的生理過程的特徵是從經驗的給定特徵
中推知的，那麼我們就需要一種支配這種轉化的指導原理。許多
年前，海林（E. Hering）引入了這樣一種特定類型的理論。它
的內容如下：如果根據經驗的相似點，把它們的各種不同類型和
微細差別放在一起，經驗可以極系統地整理。這個過程可比作動
物園中的動物歸類和植物學中的植物歸類過程。經驗所依靠的過
程不是直接可知的，但是如果它們被知道了，那麼就可根據它們
的相似點而對它們加以整理。在這兩個系統的順序之間，即經驗
的系統和伴隨的生理過程的系統之間，可以假設能得到各種關
係。但只有當我們提出這兩個有序系統具有相同的形式或相同的
作爲系統的結構，這兩者的關係才會是簡單明瞭的。有時候這一
原理在若干個「心理物理學的公理」中被更加清楚予以程式化

了❷。我們在這裡討論時，舉一些它應用的例子，這就足夠了。

　　某一給定音高的聲音可以由許多程度的音量來產生出來。用幾何學的話來說，所有這些音量的自然系列是一條直線，因為在從最輕的聲音到最響的聲音的變化過程中，我們感到在同一方向上連續不斷地前進。現在，伴隨的腦活動的什麼特徵是對應於這些不同音量經驗的呢？這個理論沒有給出一個直接回答。相反地，它假定不管被談論的特徵是什麼，它的不同細微差別或程度必須表現出和音量一樣的次序，也就是說是一條直線。另外，如果在經驗系統中，一個特定的音量占於其他兩個音量之間，那麼在相聯繫的腦活動的順序中，對應於第一個音量的生理因素也必定位於對應於其他兩個音量的過程之間的某地方。這使得這條理論所涉及的二個系統的結構達到了均衡。

　　　似乎全或無的規律不允許我們選擇「神經活動的強
　　度」作為音量經驗強度的生理學的相關物
　　（correlate）。但如果神經衝動的頻率或密度被認為
　　是音量的相關物，這條原理同樣可以被很好地應用。

　　另外還有一個例子，顏色也可以從其與伴隨發生的腦過程之間的關係來加以討論。這個關係已被繆勒（G. E. Müller）非常徹底地思考過了。誠然，他的假設超越了我們現在正在討論的原理，他建立了有關相關腦過程。他的理論也比較特殊化，因為

---

❷　參見繆勒（G. E. Müller），《心理研究》（*Zeitschr. f. Psychol.*），14，第189頁。

它包含了有關這種視覺過程的本質的論述。它們被設想為是化學反應。以下原因充分說明了此理論的「侵略」現象。如果顏色經驗的系統和相關的生理過程系統具有相同的結構，這些生理活動一定如顏色一樣在許多方向或「向度」上可變化的。極有可能化學反應組成了滿足這個條件的唯一一種類型的過程。因此有關系統結構同一性的理論能夠在我們想要有更具體的假設時，限制了要去加以考慮的事實的數量。

完形心理學以一種比海林（Hering）和繆勒（Müller）原理更一般更具體適用的原理進行工作。這些作者涉及的只是經驗的邏輯順序，為此目的，從其上下關係中被抽取出來，並根據其相似處而加以判斷。它的論點是當相關的生理活動也是從其上下關係中選出來的，也是根據它們的相似進行比較的時候，所產生的邏輯順序必須和經驗的邏輯順序相同。但這裡所說的經驗表現出的是一種它本身經歷的順序。比如，此刻，在我面前的黑色平面上有三個白點，一個點在中央，其餘兩點分別在它兩邊的對稱位置上。這也是一種次序；但它不僅僅是一種邏輯的次序，它是具體的並且屬於經驗的特定事實的。我們設想這個次序也是由腦中的生理活動決定的。我們的原理涉及的是具體經歷的順序與隱藏其下的生理過程之間的關係。當把我們的理論用在現在這個例子中，這個理論首先認為，這些過程是按一定順序分布的；其次，這種分布從功能方面來說是對稱的，就像一群白點從視覺方面來說是對稱的一樣。在同一個例子中，一個點在兩個點之間；這個關係是經驗的一部分，就像點的白色是經驗的一部分一樣。我們的原理論是說，在隱藏於經驗下的過程中一定有一些東西對應於我們在視覺中稱之為「在中間」的東西。說得更具體些，它

堅持認爲，「在中間」的經驗是與所伴隨的腦活動的動力相互關係中的功能的「在中間」一起前進的。當這條原理用在經歷的空間順序的所有情況中時，它或許可系統地闡述爲：經驗的空間順序在結構上總是與潛在的腦過程分布中的功能順序是一樣的。

這是一種特殊形式的心物（身）同型論（psychophysical isomorphism）。這種特殊形式是在空間順序的情況下所採取的。它的全部重要意義將在以後的章節中闡明。現在我想提一下這同一原理的另一個應用。一個事件在時間上處於兩個事件之間，這是一種常見的經驗。但是經驗時間就像經驗空間一樣一定在腦活動中也具有一個功能對應物。我們的理論以爲經驗中的時間上的「在中間」是有潛在的生理活動的序列中的一個動能「在中間」相伴隨的。如果在這個意義上此理論仍普遍地適用，我們就可以得出這樣的命題（原理）：在時間上所經歷的次序，在結構上總是和在相聯繫的腦過程的序列中的一個功能次序同樣的。

這條理論的適用範圍不局限於時間的和空間的順序。我們經歷過更多的不僅僅是空間的順序和時間的關係的順序。一些經驗以一種具體的方式結合在一起，但另一些則不是，或者不是緊密結合起來的。這些事實也是經驗。就在我寫這句句子的時候，從我隔壁房子裡開始傳出一種討厭的聲音。我的句子雖然在時間上是持續的，但它作爲一個特定的單位而被經歷著的。那些刺耳的聲音是不屬於這個特定單位的，雖然這兩者的確是同時被經歷的。在這個例子中我們的理論採取這種立場：經驗中的單位是與潛在的生理過程中的功能單位相伴隨的。在這方面，經歷的順序被設想是經驗所依靠的過程中的相應順序的眞實代表。這一理論的這最後一種應用或許對完形心理學具有最重要的意義。作爲一

個有關感覺經驗同時也是有關較微妙過程的生理學假設，它實際
涉及到了心理學的整個領域。

　　我剛才是從嚴格意義上講的客觀經驗範圍之外的例子。我正
在書寫的一句話從一定意義上講不是如一把椅子在我的面前那樣
一種方式的客觀經驗的一部分。但是我的關係句子的陳述不比其
他有關經驗空間和時間的順序的陳述更簡單明顯。當然也並不是
總這樣，對主觀經驗的觀察不應該無限制地推崇。在現在這一點
上，只有這個領域中的非常簡單的陳述才被視為充分可靠的。我
們目前也無必要超出客觀經驗的範圍。我們剛剛已經看到它為我
們的近期目標提供了一個恰當的運行基礎。

　　在前面的敘述中，我以自己的經驗作為對其他不能被觀察到
的行為，構成部分本質的假設的材料。現在，我能把我在這片領
域中的觀察帶到科學的公眾前的唯一方法是通過口頭或書面的語
言，這種語言據我的理解它是與這種經驗有關的。但是我們已經
決定，語言作為生理事實的一個結果是先行生理過程的外周產
物，我的經驗則依靠這些過程中的其他部分。根據我們的一般假
設，這種經驗的具體順序表示著這些過程的動力順序。因此，如
果對我而言這些字詞表示對我經驗的描述，那麼它們同時也是在
這些經驗背後的過程的客觀代表。因而我的字詞被認為是有關經
驗的信息，還是有關這些生理事實的信息就無關緊要了。因為就
事件的順序而言，信息在這兩種情形中是相同的。

　　如果我們現在回到行為的觀察中去，我們不得不把語言作為
一個人類主體行為的特殊形式來對待。此處我們可以安全地又一
次把語言看作為一種指涉語言範圍之外的事實的信息。只有最膚
淺的觀點才會把字詞看作為僅僅是語音的活動。當行為主義者聆

聽一個科學的爭論時，他自己會發現他不是對言語的語音特徵，而是對言語的符號意義做出反應的。比如，他會把這些名詞，如「實驗」與「versuch」、「動物」和「tier」看作是等同的，雖然在這兩種情況下第一個字和第二個字在發音上十分不同。當說話者本身就是受試者（研究對象）並且向我們提供一個自我報告時，為什麼這種看法就該改變呢？

　　再次重申，一個主體的陳述可被認為是他的經驗的或是潛藏於這些經驗下的過程的指示物。如受試者說，「這本書比那本書大」，他的話可以被解釋為是指他經驗中的「比較—經驗」，但也可以解釋為代表一種在兩個感覺過程中的相應的功能關係。因為依我看，在這兩種情形中順序是一致的，到底選擇哪一種是沒有特別重要意義的。從行為心理學來看，必須給出生理學的解釋，但是沒有理由其他的解釋應該被排斥在外。一隻小雞的行為可以不用告訴我牠能夠對一種亮度與另一種亮度的關係做出反應。另一方面，如果在一個實驗的過程中，一個人類主體告訴我一個物體在他看來比另一個物體更亮，這個句子的科學涵義同一隻雞的行為的涵義是完全相同的。那麼為什麼語言——行為的一種最具教益的形式之一——應該被實驗者忽視呢？當然，我們能把運用於雞的相同的技術用於人類，我們就能避免在人類心理學中使用語言。但是我們為什麼該這樣做呢？行為主義者不喜歡語言似乎有歷史的原因。內省主義者在試圖分析經驗時已使用了「口頭報告」。我準備承認他們所謂的內省看起來只有有限的價值。不幸的是，這些被誤解的努力產生了如下結果，行為主義者現在不僅可慣於對內省等持有否定態度，而且對其他完全是無害的一般伴隨著內省的事物也持有否定態度，所以他們不喜歡語言。

第三章

對內省的批評

　　在每一門學科的那些被認可的和有條理的事實的周
圍，都曾經瀰漫過一種由例外觀察所得到的懷疑的塵
霧。

——詹姆斯（W.James），《信念》（*The Will to believe*）

　　威廉·詹姆斯（William James）已經很好地描述了對某種
「不規則」現象的突然興趣，是如何經常標誌著科學新時代的開
始。在這樣的時代，那些異常的情況經常成為科學工作的中心。
我們現在應該知道內省是一種人為的系統程序，以此達到保衛心
理學並反應與上述那種由對異常現象的興趣而引起的相似的革命
的目的。這種保護是通過一種特別有趣的觀察的技術而實現。在
討論內省時，我不打算把它當作一個特別的學派來加以對待。我
所該說的是指所有那些以某種方式處理經驗的心理學家，這種方
式我將在下面行文中予以討論。

　　內省主義者可能都同意我對行為主義的極大部分的批評。實
際上，有些內省主義者可能已經在前面章節中看出了他們自己的

觀點。那麼內省主義與完形心理學的觀點之間有何區別呢？我們
只要考慮經驗是如何被觀察的，這種不同就會變得清楚了。首
先，我建議先考查一下內省主義者對待客觀經驗的方式，這是他
們一直特別積極的領域。令人驚奇的是，我們將證明他們工作的
前提是與行為主義的前提非常相似的。

就在我們試圖以一種平等的方式觀察經驗的時候，我們定會
聽來自於內省主義者的反對聲。如果我說在我面前的書桌上看見
了一本書，將會引起這樣的批評：沒有人能看見一本書。如果我
舉起這本書，我傾向於說我感到了它的重量，它在我的手指之
外，並且它大約在我看到書的地方。我的批評家會說，這種說法
是典型的未受過訓練的觀察者的語言。他會補充道，從普通生活
的實用目的來說，這樣的說法或許是完全令人滿意的，但它們仍
然大大不同於一個受過訓練的心理學家所給的描述。比如，這種
說法意指名詞「書」和「書桌」指的是物體或事物。在正確的心
理學討論中，內省主義者認為，這些術語是不被允許的。因為觀
察是向我們提供簡單和基本的經驗材料，那麼我們必須學會區別
「感覺」和「知覺」，即在這種單純的感覺材料與其他一些成分
之間的至關重要的不同點，單純的感覺材料與這些其他成分一起
通過學習過程而加於我們身上。內省主義者告訴我們，這本書不
可能被看見，這是因為這個名詞涉及到有關目前這個例子所屬於
的特定的一類物體的知識，以及涉及到這些物體的使用等等有關
的知識。純粹的「看見」與這些知識毫不相干。作為心理學家，
我們擔負著把所有這些獲得的涵義從由簡單感覺所組成的被視材
料本身中分離出來的任務。達到分離的目的，以及把我們的注意
集中於我們只關心的感覺上，或許實際上是困難的；是否能這樣

做的能力確實是區別心理學家和外行之所在。每個人必須承認最初的舉起一本書並不能給予一個在手指以外的重量的經驗。一開始只能有觸覺，或許還有手指中的張力。然後，外界的重量一定是一個長期發展的產物。在這個發展過程中，我們手中的純感覺逐漸地同其他因素聯繫起來。一個相似的想法立刻會出現，在純粹的感覺材料中，不可能有什麼像物體一樣的東西。只有當感覺經驗被徹底地賦予了意義，物體對我們來說才存在。在成人的生活中，意義充斥於所有的經驗，誰又能否認這一點呢？最終它甚至導致了某種錯覺。對德國人來說，德文名詞「Igel」聽起來好像只有刺蝟這種動物才會有這樣的名字。但是「eagel」這個字在英語中同「Igel」在德文中有相同的發音，在一個美國人或英國人聽來似乎只有一個「adler」才能叫這個名字❶。在這個例子中應該承認我們必須區別像這種在兩種語言中相同的聽覺經驗和因國家不同而附著的不同的涵義。再者，「＋」這個符號看起來具有相加的意思，特別是當它在兩個數字之間；但是它也可以被選來作為除的符號。如果我們暫時對是否接受最後這種說法感到猶豫不決，那是因為一個特定的涵義與這個簡單圖形的聯繫自我們上學起就被深深地刻在了我們的腦中。但是一旦這種聯繫的鉅大力量在此處被認識到，我們就應該承認或許一個成人的樸素經驗中的任何東西都受到與此相類似的影響。甚至特定經驗的最令人印象深刻的特徵也是由此而產生的。

現在，在這個意義上，所謂意義，它是依賴於個人經歷的。它表明，我們的經驗多少有幾分偶然特徵。因此在心理學中，我

---

❶ 「adler」是德文的「海鷗」

們必須努力忽略它而集中只注意實際的感覺。做到這一點的過程就被稱為內省。

當我是個大學生時，所有年輕的心理學家都要認真地學習這門課程，雖然在某些情況下，這個理論教得含糊不清而不是一種清楚的系統闡述。不幸的是，如果內省主義在這點上是正確的，那麼這樣的直接經驗就只有有限的價值了。在所有的客觀經驗中，只有被選擇的部分才可能在大規模的整理完成之後被保存下來。

當然主要的問題是到底根據什麼標準，一些經驗被選擇作為純粹的感覺事實，而所有其他經驗則被認為只是學習的產物而予以拋棄。不管回答可能是什麼，現在讓我們先考慮幾個例子，這些例子在本質上不同於我們前面所討論的那些例子。

假設我們站在某個街角，看見一個人向我們走來。他離我們有十碼遠，現在只有五碼遠了。我們對他在這二個地方的身體大小會怎麼看呢？我們可能會說，在這二個距離時，我們關於他的身體視覺大小大致是相同的。但我們被告知，這樣一種說法是完全不能被接受的。簡單地考慮一下幾何光學的原理，我們就會發現，在這個人靠近我們的過程中他的視覺高度一定是加倍了，並且他的視覺寬度也是如此。因此，他的全部大小一定四倍於它在十碼遠的大小。如果要完全清楚地說明這一點，就必須在實驗室中重複這個觀察。這裡我們用兩塊長方形的紙板代替人。第一塊紙板的長寬為三英寸和二英寸，第二塊低板為九英寸和六英寸。如果第一塊紙板放在距我眼睛前方一碼遠的地方，另一塊放在三碼遠的地方，從光學的角度來看它們一定具有相同的大小；因為它們邊線所構成的面積隨著它們的距離的變化而變化。在較遠處

的長方形的確看起來比較近的一個大得多。但這正是內省主義者不接受它作爲有關感覺事實的眞實陳述的東西。他會說這種陳述不是指實際的感覺經驗。他還會提出一個證據來說明它的觀點是正確的。他會邀請我們通過他在我們面前放著的屏幕上的一個洞進行觀察。現在這兩個長方形出現在同一背景上，因爲屏幕擋住了其他所有物體。在這些情況下，長方形大小的區別也許將會有所減少。如果這種區別還不完全消失，實驗者也許會進一步幫助我們去觀察根據他所認爲的它們的實際大小。他會把屋子弄暗，只開一秒鐘都不到的一會兒的燈。這爲了排除眼和頭的移動，很可能現在這二個長方形具有相同的大小了。內省主義者還可能邀請我們以一種我在此不能描述的方式進行實踐，在一些訓練之後，即使帶有洞的屏幕和其他任何設備都被省略，長方形也可能會眞的具有相同的大小。一旦取得了這些結果，內省主義者就將會感到滿意。現在他會說你知道什麼叫內省了。他還會補充道，經過訓練的觀察者一定會發現這些長方形大小是一樣的。另外，人們會進一步相信一個物體的後像是根據他們在屏幕上看見它時的距離的遠近而改變它的大小的，因爲在未受過訓練的觀察中，後像的大小在注意點離我們眼睛的距離變化時，確實看起來在變化。當然，根據內省主義者的觀點，它不可能眞正地變化，因爲在這些情形中，視網膜的後效範圍仍嚴格地保持不變。

我下一個例子可以被認爲是上一個例子的自然結果。當同朋友們共餐時，我們看見的在餐桌的左邊、右邊和對面的盤子是什麼形狀的呢？我們會說它們是圓的，就像我們自己的盤子一樣。但這又是一個內省主義者不會接受的說法，根據他的觀點，它們一定是橢圓形的；他會補充道，一旦我們考慮到它們在我們的視

網膜上的投射，我們就不得不承認這是正確的。實際上，一些盤子一定是偏平的橢圓形，甚至我們自己盤子也會變成一個橢圓形，只要我們不是垂直地往下看它。一個相似的方法可以像在上個例子中所使用的一樣適用於這個例子。在一個與眼睛視線方向相傾斜的屏幕上顯示一個圓圈；在另一個與眼睛視線的方向成直角的平面上顯示一只橢圓形。後者圖形的形狀是以這樣一種形式選擇的，即它在視網膜上的投影與圓圈從傾斜面上的投影具有相同的形狀。一個從未受過訓練的觀察者將會堅持說他看見的圓圈是一個圓圈，橢圓是一個橢圓。但是內省主義者堅持說在實際的感覺經驗中有兩個實際上相同的橢圓。他會給我們一個上面有兩個洞的屏幕，通過它我們可以看見這兩種圖形，但是它排斥了那些一開始我們就能靠之認識到平面的角度的材料。現在兩種圖形確實看起來是相像的；全部看起來像橢圓形。因此內省主義者看來已經清楚地闡述了他的觀點。經過一些訓練之後，他還會說即使沒有屏幕，任何人也可以看見這些真正的感覺事實，只要他採取正確的態度即內省的態度。作為進一步的闡述，他會說如果後像被投射在與眼睛成不同角度的平面上，那麼圖像看起來會改變它的形狀，就像我們把它投射在一個或另一個平面上時一樣。因為在這些觀察中，視網膜的後像根本不改變，所以只有沒有被告之的人才會相信他們在這些情況中看來好像正在看見東西。因此，用經過訓練的內省的方法去觀察特定感覺經驗的重要性似乎被令人信服地證明了。

　　自從赫姆霍爾茲（Helmholtz）發表了他的《生理光學》（*Physiologisohe Optik*）之後，另一個似是而非的經驗被廣泛討論。一個未經訓練的觀察者不僅把物體的大小和形狀看得比相

應的視網膜的大小和形狀的變化的反應更穩定；而且對於他的根據亮度與視網膜投射的變化強度的關係看高度的方法也同樣如此。假設一個垂直的屏幕放在一張桌子上，靠近窗戶並與它平行。在屏幕靠近窗戶的那邊，桌上放有一張黑紙，在對稱的屏幕的另一邊放著一張白紙。這兩張紙是通過特殊方式選擇的：黑紙暴露在從窗戶外直射進來的亮光中，反射出同吸收了少得多的陽光的白紙反射出來的等量光線。儘管如此，前一張紙看起來是黑色的，後一張白紙看起來是白色的。這也是一個內省主義者拒絕接受的觀察事實，因爲在特定情形中，投射在觀察者的視網膜上的圖像都是一樣強烈的。因而他推斷，感覺，也就是紙張的亮度，一定是相同的。他還相信這種相等性實際上能被證實。他會再一次拿出一張上面有兩個洞的紙板，拿著它使它的一個洞充滿了黑紙的一部分；另一個洞充滿了白紙一部分。現在紙張的周圍事物，垂直的屏幕等等被排斥在視覺以外。在這些情況下，在兩個洞中出現了相同的灰色的細小差別，顯然，他告訴我們，這些是眞正的感覺。他還可能指出經過一段實踐，大多數人能夠不借助於任何特別的裝置，認識到這兩種亮度的相等性。如果確實如此，他們已經學會了以內省的態度進行觀察。當畫家仍對物體的表象感興趣時，他們爲了看見事物的正確亮度，普遍地採取了這種態度。

所有這些事實，大小、形狀和亮度的所謂的**恆常性**（constancy）都是從純粹的錯覺的角度來說的。如果眞實的感覺現象出現，恆常性必然會被破壞。在這方面和其他方面上，它們可與許多其他的「光學的錯覺」比較，它的圖表充滿了心理學的教科書。比如有著名的繆勒－萊亞（Müller－Lyer）圖案，即帶有

箭頭的圖形，在它們中間兩根相同的線條看起來令人驚奇地具有不同的長度。當這個圖案被重複地檢查之後，如果主體努力地把客觀相等的線條從它的環境中分離開來，那麼他會馬上發現這種錯覺會變得不大令人驚奇，直到最終它完全消失。看起來開始看見的線條的不相等性不是一個感覺事實。如果我們相信內省主義者所說的，這同樣也能像以下所述的一樣被證實：兩個圖形準確地被畫得一個在另一個上面。如果現在觀察者把他的注意力集中在這兩條等長線的左端，他就會發現這兩個端點的想像的聯繫是垂直的。如果他對右端做同樣的測試，他會發現相同的結果。如果我們知道任何有關幾何學的知識，我們看來就會被迫承認這兩條線有相等的長度。類似地，如果觀察者仔細地採取正確的分析的態度，大多數其他的錯覺也會消失。那麼這些錯覺怎麼能被認為是真正的感覺事實呢？

　　以下是一個進一步的例子。在過去的十年裡，德國和美國的心理學家徹底地研究了動景（似動）（stroboscopic movement）。在適當的條件下，在彼此不是距離太遠的兩點上兩盞燈連續地閃爍會引起從第一盞燈到第二盞燈的運動的經驗。但如果觀察者採取內省的態度，他除了發現一個「灰色的閃光」什麼也不會發現。結果內省主義者認為任何有關在此情形中的實際運動的報導都應被懷疑地接受。當他們皮膚上的兩點迅速連續地被觸摸時，難道比努西（Benussi）的研究主體沒有描述相似的經驗嗎？在他們的描述中，運動的經驗大多數不發生在皮膚的表面上；而是它在空間劃過一個弧形，然後只在實際的刺激點上接觸皮膚。猶如內省主義者所認為的，這樣的經驗不可能僅僅屬於觸覺世界。當然所有的觸覺經驗都保留在皮膚上。

　　如果所有這種觀察都是錯覺，這些錯覺不僅使我們對給定的物理條件的性質，而且在有關我們自己的感覺材料上蒙受欺騙，那麼一定有一些有力因素在起作用，它搞混了這些材料，只是它們還沒有被內省顯露出來。我們已經知道歪曲的影響的性質是什麼。至少內省主義者非常確信，如同前面的例子中所說的一樣，它只能是學習。他是這樣論辯的：那個在街上走近我們的人不是因爲簡單的視覺原因才變得越來越大的。放在傾斜平面上的圓圈看起來不像一個橢圓；雖然它的視網膜圖像或許是個扁平的橢圓，但它看上去仍是一只圓圈。那個上面有陰影的白色物體仍是白色，在充足陽光下的黑紙仍是黑色，雖然前者可能比後者反射少得多的光線。顯然，這三個現象有一些共同點。它們作爲物理對象總是保持不變的，但對我們眼睛的刺激，如距離、方向或不變物體的明度卻是變化的。現在，我們看起來經歷的東西同物理對象的實際不變性比它們與變化的刺激吻合得更好。因此大小、形狀、亮度才會有恆常性。很清楚，如果這些恆常性來自於我們有關物理情境的知識，換言之，如果它們以學習的某種形式發展，那麼這正是我們所不得不期待的。從早期的童年時代起，我們日復一日地發現當我接近一個遠處的物體時，它證明要比它在較遠的距離的時候看起來大得多。同樣我們已經知道在傾斜方向上的物體不暗示出那些當從前面看它們的時候顯示出來的眞正形狀。另外以同樣的方法我們已經徹底地熟知在不正常的明度條件下的物體顯示出錯誤的亮度或暗度。若條件變得正常，它們會被正確的亮度或暗度所取代。這樣的觀察已被許多次地重複過，我們已知道在每種情況下什麼是眞正的大小，眞正的形狀和眞正的亮度，漸漸地我們變得不能區別我們獲得的知識和實際的感覺事

實。結果，我們現在似乎看見了不變的真正的特徵，而依靠距離、方向和亮度的這樣的感覺事實則看不出來了。因此，意義、知識或學習在現在的例子中和它們當我們在外部空間似乎意識到「事物」、「重量」等的時候一樣有效。

　　我們可以接受內省主義者的說法，即或許只有極少數的經驗還保持著完全未受學習的影響。這畢竟不是一個新假設。再者，他能指出，如果未受訓練的人們似乎見了從這個觀點看來僅僅是學習的結果的東西，那麼這僅僅是一種錯覺，這種錯覺在其他情況中也發生：我們記得符號＋，它看起來像相加的符號。但內省主義者還有進一步似乎支持他的解釋的證據。過去學習的所有影響只能在它們被回憶的程度上產生作用。回憶是以現在情景中的某些部分能夠喚起過去所學的東西為前提條件的。在恆常性的例子中，它們是不同於在其他部分中所看到的距離、傾斜方向和各種不同的明度的。顯然，如果這些距離、傾斜方向和變化的明度不再可見了，那麼正確的大小、形狀和亮度也就不能被再次激活。但是當這兒所討論的情形通過屏幕上的洞被觀察時，正確的大小、形狀和亮度卻正好能發生。在這些條件下，關鍵部分的表面環境以及表面的整個環境、距離、方向和明度均被排斥在視覺以外。因而也就沒有關於我們所知道的情形的回憶了；恆常性必定消失了；表面一定會顯示出它們真實的感覺特徵。同樣的情況也來源於恆常性可以被內省破壞這個事實。顯然，在內省過程中，表面大小、形狀和明度在一定程度上同它們的背景相分離。但是正如我們剛剛看到的，這意謂著它與能引起對過去已獲得知識的回憶的因素相分離。因此，很自然的，在這些條件下，純粹的感覺事實就出現了。

如果後像的大小和形狀在背景的距離和方向變化時，也被證實是令人驚奇地變化了，那這也似乎是內省主義者的解釋的直接結果。後像被定位於背景上，如果這個背景的距離和方向像回憶的因素一樣運動，那麼一個給定的後像一定在背景的距離和方向變化時，看起來展現不同的大小和形狀。

同樣的解釋幫助我們理解爲什麼恆常性不存在於極端條件下。十碼遠的人看起來幾乎不比在五碼遠處小，但在五十碼遠處他確實看起來小了，在一千碼處，他可能眞的成爲一個微小的物體了。多數時間，我們當然對我們周圍附近的物體感興趣。因此我們對遙遠的事物知道得甚少，結果是隨著距離的增大，眞正的感覺經驗越來越少被獲得知識所干擾。

必須承認在所有這些論據中，有一種鉅大的說服力。許多心理學家毫不驚疑用獲得知識去進行解釋的正確性。這種解釋看起來符合人類思維中的一種非常自然的傾向。從未研究過心理學的物理學家，只要他們知道了我們現在所討論的事實，就會立刻給出這樣的解釋。如果你向一個新手展示這些現象，他也會立刻提出類似的解釋。

這個理論適合於無數的事實。實際上沒有一種視覺情景不顯示出某些有待探明的經驗。當我們睜開眼睛的時候，我們總會看見大小、形狀和亮度，其中只有極少的部分會逃脫內省主義者的裁決。例外的不是事實本身，唯一有點不同尋常的是它們表現出不同於人們想像的樣子的令人驚奇的偏差。這種表現是一種心理學的複雜現象；事實本身是每一時刻和每一個體的事情。

即使如此，那些不被信任的客觀經驗的範圍我們還未在此予以徹底討論。物體的位置面臨相似的批評。當把眼光注視我面前

固定一點時，我看見的物體會在注視點周圍的不同位置上，這些位置對應於它們在我的視網膜上的圖像的不同位置。如果現在我把眼光固定在另一點上，這同一物體應該出現在變化了的位置上，因為它們的圖像在我的視網膜上占據了新的位置。但是實際上這些物體看起來並未移動。當眼睛移動的時候，它們的空間位置被證實是完全獨立於視網膜位置的。或者以被視運動的速度為例，相同的物理運動可以從許多不同的距離觀察。當我距移動的物體十碼遠時，視網膜速度將是它在五碼遠時的一半。但在我的經驗中，這兩種情況下的速度好像大約是一樣的。很清楚，對於大小、形狀和亮度的恆常性的解釋也適合於解釋視覺速度的恆常性。因此，在我們周圍的客觀經驗中，沒有留下多少可被內省主義者稱之為真正的感覺事實的東西。

儘管如此，但這還不是內省主義者所主張的觀點的最嚴重的結果。顯然，被解釋為學習的產物的經驗各方面將不僅被排斥在感覺世界以外，而且它們還會被排斥在一般研究以外。要讓大多數內省主義者承認它是一個清楚的原理，他們確會感到猶豫不決；但在他們研究工作中，他們實際上似乎已經接受了它。只要一個經驗不幸被如此解釋，內省主義者似乎對經驗的存在就不會表現出比對天文學更大的興趣。這意謂著大多數客觀經驗實際上在內省主義心理學中並沒有發揮什麼作用。實際上，無論在什麼地方，由觀察而發現了某個多少有點不同尋常因而也是特別有趣的現象時，內省主義者馬上就提出了他的單調乏味的解釋，自此之後，他極不可能會再給予那個現象以絲毫的注意。這是一個嚴重的形勢。不管經驗主義的解釋，即依據先前學習的知識的解釋是對還是錯，在普通生活中我們幾乎只是同被內省主義拋棄的第

一手的客觀經驗打交道。我們的全部興趣都指向這普通的經驗。
成千上萬的人將永不會把其周圍環境的物體轉化爲所謂眞正的感
覺，他們將總是像他們發現這些物體時一樣，對其大小、形狀、
亮度和速度做出反應，他們將喜歡或不喜歡這些物體在他們面前
出現的形式而並不管內省的方法，因此他們與內省主義者如此喜
愛的特別的感覺事實沒有聯繫。因此，如果他的觀點盛行的話，
這種形成我們整個生活內容的經驗將永不會被認眞地加以研究。
心理學只觀察和討論那種在我們大多數人看來永遠只隱藏於僅僅
是獲得性的特徵之下的經驗。甚至最優秀的內省主義者也不知道
他的眞正的感覺事實，除非他採取他的特別的態度。對他來說，
幸運的是，當他離開心理學實驗室時，他就把這種態度扔掉了。
他的眞正感覺的世界距離普通經驗是如此之遙遠，以致於如果我
們知道了它的規律，並且全部這些規律一起發揮作用的話那就不
會使我們能再回到我們實際生活的世界了。如果情況確是如此，
內省主義者不能抱怨自己的命運。內省主義心理學不能長久地滿
足人們。由於它忽視日常生活的經驗，集中注意那些只有人工方
法才能展現的稀有的事實，無論專業內省研究者還是非專業的支
持者都遲早會失去耐心。於是會發生另外一種情況，將來會有一
些心理學家，當內省主義者一說這是處理經驗的唯一正確的方法
的時候，就攻擊他。如果情況眞的這樣，這些心理學家會說，研
究經驗當然不能使我們感興趣。我們要做的是一些更生動的事
情。我們要研究自然的行爲。目前，我們已知道，剛才被描述爲
內省主義者觀點的後果的情況，不再只是一種可能性，而是一個
事實了。行爲主義正是作爲對內省主義的反動而誕生的。

　　讓我們回到以上有關內省主義的討論上來。我們把它的發現

稱爲「不眞實」，這是不合理的。當我運用內省主義的方法的時候，我經常發現與內省主義所發現的經驗相同的經驗。但是我並沒有賦予這些事實稀有的肯定，好像它們比日常經驗的事實更「眞實」一樣。如果普通經驗包含著獲得的知識，那麼內省所揭示的經驗則依賴於內省的態度。人們不能顯示，在沒有內省態度的情況下，它們也存在。再者，如果我們哪怕只是暫時地承認我們現在正在討論的所有現象實際上是先前獲得知識的產物，那麼我們是否可以說：這些現象不是實際事實，因此也不具有心理學意義？由於我知道水是通過氫的氧化形成的，難道在我面前的一定量的 H_2O 就不是眞正的化學物質了嗎？氫是一種「眞正的」化學物質，難道水就不是嗎？難道水沒有被化學家所研究？我不知道爲什麼受到獲得知識影響的經驗就應被認爲比未受此影響的經驗更不重要。以符號十作個例子，它的外觀當然受到了我們有關算術運算的知識的影響。當它在兩個數字中間時，它看起來像「加」，即它的獲得的意思似乎定位於視野。顯然這是一個奇怪的事實，它立刻引發出一些吸引人的問題。爲什麼我們不研究這樣一些問題？對於那些可以正確地或不正確地適用經驗主義解釋的所有其他經驗，情況也正相同。爲什麼我們忽視這些問題呢？這些問題當它們被貼上學習的標籤時，它們涉及到附著於它們的意義和先前獲得的知識。

　　實際上，這些問題理應得到特別的注意。在我們已提到的例子中，有兩種現象。一種是符號十所屬的現象，它可由如下事實清楚界定，即在童年階段，我們實際上知道某種特定意義是如何悄悄地進入一種特定經驗的。第二種類型是我們舉的大多數例子所代表的，還不能做出這樣一種說明。事物的客觀性、我們的手

之外的重量的位置、大小、形狀、速度、位置和亮度等的恆常性
絕沒有已被證實真正是學習的產物。對我們大多數人來說，看來
極有可能本來就是如此。但是我在這裡提及的觀察和論據全都不
能夠被當作是經驗性的觀點的令人信服的證明。因此這只是一個
假設，即第二類的事實不是本質地區別於第一類的。但作為一個
假設，它應該被清楚地認識到。

　　為了處理一個假設，通常做的事是對它進行檢驗。內省主義
檢驗它的經驗性假設嗎？我們沒有證據說它這樣做了或者企圖這
樣做，因為一旦內省主義者建立了假設，他們就不再對事實感興
趣了。因此，如果所有的心理學家都是內省主義者，這樣的假設
就永遠不會被檢驗。這是更擾人的，因為許多心理學家當他們的
經驗性的確信被叫作假設的時候，他們就容易發脾氣。如果這些
確信僅僅是假設，那麼完形心理學能提供什麼其他解釋呢？極有
可能我們對於經驗性的論題的批評只是開始，接下來是有關感覺
功能的吸引人的多少有些新意的見解。

　　當一個科學的討論傾向於採取這個立場時，它總觸及到一些
特別根深柢固的前提條件，這些前提是人們所不願看到並認為是
公開的。這只使得如下事實更明顯了，即內省主義者的觀點對心
理學發展構成了一種危險。讓我們暫時假設大小、形狀、速度、
位置、亮度等的恆常性實際都不是學習的產物。其結果將是：所
有這些現象都屬於感覺經驗。但如果是這樣，感覺經驗將成為根
本不同於構成內省主義者的感覺世界的感覺推測那類東西。接
著，他的感覺功能的概念一定會被拋棄。當燃，我們是不是必須
得出這個結論完全依賴於經驗性的論題的正確性。但顯然這個論
題恰恰不能被自由地討論和檢驗。這是一個例外的情形：正如被

內省主義者所使用的，經驗性的解釋起到一個保護他的有關感覺
功能的特別的觀點的作用。看起來內省主義者堅特經驗性的論題
不只因為它是這樣的吸引人，更因為他們對於感覺事實的某種本
質的堅定信念不允許他們承認某種經驗。這些「不正常的」經驗
不斷地被經驗性的假設所解釋掉，因此這個假設一定是正確的。
只要有利於經驗性的假設的論據被仔細地予以檢查，我們就會看
到：這是內省主義態度的正確解釋。這些論據與學習無關，但與
對純感覺經驗世界的確信有很大關係。

　　以亮度的恆常性為例。一張上面有影子的白紙看起來是白色
的，一張在明亮光線下的黑紙仍是黑色的，即使在這些情況下白
紙可以反射出比黑紙少得多的光線。在這個經驗中，白和黑告訴
內省主義者它們是先前學習的產物了嗎？絕沒有。他的論據完全
是間接的：由於他的觀察與他的有關真正的感覺的性質的信念是
不一致的，所以它不能夠被接受。對此他能做些什麼？內省主義
者根本不感到窘迫。因為亮度的恆常性被解釋為僅僅是學習的產
物，它立即變得無害了。

　　讓我們對他的論據進一步予以細節的討論。若我們以一種特
殊的方式看紙，我們這時的觀察就能改變它們的亮度。因此，內
省主義者說，第一眼所看見的亮度不可能就已是真正的感覺經
驗。這個聲明顯然意謂存在一個有關感覺事實的本質的前提條
件。內省主義者設想這樣的事實一定獨立於觀察者的態度的變
化。但在這一點上他的推論並不是完全地一致的。如果在內省的
態度中，一張顯然是白色的紙能被轉變為有一點黑色，一張顯然
是黑色的紙轉變為一張較亮的紙，那麼這樣態度一中止，相反的
變化就會自然地發生。因此據說在內省中顯露出來的真正的亮度

和在前面被看到的並且現在又一次被看見的亮度一樣，它是可變化的。從一個純粹的邏輯觀點來看，在內省過程中發現的經驗因此也可能被這樣拋棄，因為當觀察者回到他的日常態度時，他們就消失了。但是內省主義者遠不是以同樣的測量對待兩種經驗。他認為他在內省中經歷的任何東西都是真正的經驗，並且當他重新採取一種更樸素的觀點時，它仍存在，雖然現在知識的影響又一次使它變得模糊不清。因此，一定存在一種更進一步的信念使得他偏愛他的特別感覺經驗。

這另一個信念容易被發現。為什麼內省主義對大小、形狀、位置、速度和亮度的恆常性感到驚奇呢？為什麼他沒有因為它們的表面價值接受它們呢？顯然，因為在刺激的某種給定條件下，他期望擁有那些同他實際擁有的經驗完全不同的經驗。他會說視覺大小應該與視網膜大小成比例，視網膜形狀的變化應該緊接著被視形狀的變化而變化，視野的位置應隨著視網膜位置變化而變化，視覺速度隨著視網膜速度變化而變化，視覺亮度隨著視網膜強度變化而變化。現在，當外行人的日常經驗總是同這些期望相抵觸時，由內省主義所培養的特殊態度會成功地取得了那些我們經常總該擁有的其他經驗。這一事實使得內省主義者偏愛他的特別的發現，也使他相信這樣的「純粹的感覺」雖然是潛在地但穩定持久地存在著。因此，顯然，內省的程度和結果因其與有關刺激與感覺經驗之間關係的某種前提吻合而被認可。同樣的前提必然導致對諸如像恆常性之類的許多現象的指責，沒有人能理解內省主義的方法，內省主義沒有意識到這關鍵的一點。當我還是一個年輕的學生時，我已許多次讀到繆勒—萊亞（Müller－Lyer）錯覺不代表一個真正的感覺事實，因此它會被分析性的

觀察和相應的實踐所摧毀。如果這被作爲一個證據，一種經驗顯
然被給了高於另一種經驗的更高的價值。爲什麼會這樣呢？回答
是，一種經驗與外周刺激使人所期待的東西是一致的，而另一種
經驗則不然。借助於經驗性的假設或其他類似的方法的幫助，那
種不吻合的經驗被拋棄了。作爲內省主義的科學的決策，另一基
礎的基本信條是：眞實感覺經驗的特徵僅僅依賴於外周刺激的相
應特徵。

內省主義者的信念還採取一種更極端的形式。爲了發現如在
亮度恆常性的例子中的眞正的感覺事實，他是如何進行的呢？他
試圖隔離開白紙和黑紙的部分，以使它們不再與它們的具體的環
境相聯繫，看起來隔離也是一種能破壞繆勒－萊亞錯覺的方法。
類似的，在所有別的例子中也是如此。這樣一種分析性的態度將
具有與帶洞屏幕相類似的作用。這種屏幕掩蓋了物體的具體的周
圍事物，取而代之給它們一種新的共同的環境。如果現在干擾人
的事實消失，隔離發揮作用的原因就可以通過它排除所有能扭曲
眞正感覺情景的因素來解釋。這些因素是怎樣發生作用的呢？內
省主義者認爲，這些因素起到回憶過程的線索的作用，這種回憶
是重要的先前獲得的知識。我們必須認識到，在這點上，內省主
義者的解釋又一次是片面的。毫無疑問，在感覺領域中事實的隔
離只會對這些事實施有影響。在這些情況下，它們傾向於與局部
刺激制約有著更爲嚴格的聯繫。但對這一點會產生兩種截然不同
的解釋：(1)要麼眞正的感覺經驗總是只依賴於局部刺激，並且它
只是先前獲得知識的回憶，這依賴於環境中的因素。這是內省主
義者的觀點。(2)或者，在一定地點的經驗不僅依賴於對應這個地
點的刺激，而且也依賴於環境中的刺激條件。我將立刻聲明這是

完形心理學的觀點。根據第二種解釋以及第一種解釋，隔離和一個相同環境的引進將促使局部神經更好地對應於局部刺激。但內省主義者只考慮一種選擇。他偏愛那個允許他相信局部感覺事實是由局部刺激嚴格決定的理論。他在用其他前提而不是經驗的假設保衛他的一個簡單的感覺世界的時候，他在這個方面偏好也是明顯的。在一個著名的例子中，當受試者沿著客觀相同的繆勒－萊亞圖案的主線的眼動時，這些運動在圖案的兩部分具有不同的振幅，這個不同對應於它們的外觀，即對應於錯覺的差異。從這一點得出一個結論：錯覺不是一個視覺事實；它是由這樣的不對稱的眼動所引起的，或者至少由相應的神經支配傾向所決定的。這個說法是帶有偏見的，因為萬一這兩條線實質上在第一處具有不同的視覺長度，眼動或神經支配傾向將當然相似地不對稱了。只有一個帶有偏見的人才會得出這樣的結論：這樣的觀察證明了繆勒－萊亞效應的間接源。這種人的偏見是什麼呢？他絕不會承認一條線的長度更依賴於制約而不是其視網膜圖像的長度。內省主義的最基本的假設因此是：真正的感覺事實是依賴於局部刺激的局部現象，根本不依賴於它們環境中刺激的制約❷。只有當我們知道了這條規律，我們才能知道在什麼情況下內省主義者開始內省了。他們在不通過特別努力，就能獲得局部刺激和感覺事實之間的簡單關係時，我們極少發現他們會去內省。但是應在這種

---

❷　這是著名的拼塊假設。一些內省主義者已說過完形心理學也必須認識到刺激制約和感覺事實之間的一定關係。這說得很對！我們不反對在這樣的制約和一般的感覺事實之間的關係，但只反對在局部刺激和局部經驗之間的僵化的關係。

關係沒有得到的地方，他總會求助於他的內省的程度以及用以保衛他的主要話題的假設。我們的探究取得了一個顯著的結果，在一開始，內省主義的信條看起來似乎與行為主義的觀點形成鮮明的對比。如果內省主義者不是直接經驗的倡導者，那麼還有誰能扮演這個角色呢？但實際上，他對直接經驗的熱情顯然被限制了。內省主義服從一個對其來說經驗等的證明是毫無意義的權威的命令。這個權威使直接經驗經過一個逐個篩選的過程，發現它們的大多數是有缺陷的，宣告它不適合於矯正的方法。這個權威普遍被稱為感官生理學。這個生理學的分支學科擁有對神經系統的感覺功能的明確觀點。當內省主義者提及生理學，他猶如討論一個有用的僕人。但當我們看看事實時，就會發現這個僕人是內省主義者的主人。

如果情況是如此，那麼內省主義是否如我們的第一印象所提示的，它非常不同於行為主義呢？我們拿內省主義的生理學前提與行為主義的生理學前提比較一下，我們會馬上知道，恰恰相反，在這方面這兩個學派有許多共同點。

行為主義的主要概念是反射和制約反射的概念。反射動作的主要特徵在於神經衝動從一個感受器沿著規定的途徑傳遞到一些規定的中心，然後從這些中心沿著進一步的規定途徑傳遞到一個效應器官。這個概念解釋了器官的反應順序對給定刺激的依賴性：這個順序是通過傳導體的特殊排列執行的。行為主義者的確不假設結構上這樣的排列是完全僵死不變和永恆的。但是儘管承認興奮的一定擴張，這個「忍受」的唯一生物學價值可以在以下事實看出，即其他的條件，它能使這種聯繫很堅固，因此具有能進行工作的一定的可能性。以這種方式，功能的順序在一定程度

上受到反射弧的規定；但在神經系統的較高層次，聯繫可能被另一個因素建立（或者阻塞）。這另一個因素就是制約作用。

瞭解了這些之後，我們現在可以比較一下那些內省主義者對眞正的感覺經驗的所謂標準的觀點了。首先，局部感覺依賴於局部刺激。它不依賴於神經系統中的其他過程，甚至不依賴於那些產生於同一感覺器官的鄰近部分的過程。能解釋這種局部感覺的獨立性的唯一假設是過程沿著封閉的途徑從感覺器官的一點到腦中的一點的傳導，這一活動伴隨著感覺經驗。但這只是一個反射弧的頭一半，從這一點看內省主義完全同意行爲主義。現在如果經驗經常不遵守這一原則，原因在於還有第二條原則。在神經系統的更高層次，開始不存在的聯繫仍可以在個體發展中形成。結果是一定的經驗將有規律地被其他的經驗跟隨和伴隨，特別在回憶的形式中。回憶給那些經驗添加了它的材料。本質上講這個原理同制約作用的原理是相同的，因爲在這兩種情形中新聯繫的形成都是主要點。因此，我們在此又一次發現內省主義和行爲主義之間沒有眞正的不同點。

在他們有關是內省還是行爲的客觀觀察是心理學的正確方法的吵鬧爭論中，他們誰也沒有想到另一個問題或許要緊迫得多，即他們有關神經系統的功能的共同假設是否是合適的。看起來雙方都認爲這些假設是不言而喻的。由於它們根本的前提都被雙方認爲是理所當然的，所以我們對在行爲主義中困擾我們的保守主義會同樣在內省主義中被發現，就不會感到驚奇了。

大多數內省主義者看起來沒有意識到心理學是一門非常年輕的學科，因此它的未來必須依賴於目前還是不受驚疑的發現。至少在感覺經驗中，在他們開始觀察之前，他們應該最終瞭解所有

可能的觀察結果的實質。因此，每當觀察不吻合已建立的眞理時，他們就顯示出一種否定主義的態度；他們的實驗傾向於僅僅成爲一個防禦的程序。如果別人指出那些不相符合的事實，他們會熱切把借助內省和輔助的假設去除這個干擾。對新觀察的批評在科學中是一個健康的過程；我們已認識了這些花費他們全部科學生命來保衛他們的敎義的內省主義。

　　在這些情況下，我不知道爲什麼內省主義比行爲主義更受偏愛。在它們的基本概念上，這兩個學派是如此相像，它們的所有爭論使得我想起在一個家庭中的不必要的爭吵。無論如何，完形心理學的主要問題將涉及到在內省主義和行爲主義的討論中將永不會提及的問題，因爲對這些學派來講，以下這些問題是不存在的：作爲經驗和行爲之基動的過程是不是依賴於神經通路的聯繫？這些聯繫的傳導性的變化是不是就構成了一個個體的發展？

第四章

與機械論相對立的動力學

　　有時往往會出現這樣的情況，即人們的觀點是保守的，但卻同時又是正確的。對我們年輕的學科來說，當我們採取保守的觀點且這些觀點又不斷與實際的經驗相矛盾時，我們不可能說這一年輕科學仍是正確的，它必須始終受到經驗假設的保護。

　　只要對內省主義的論據加以徹底檢驗，就可證實它們幾乎是不可信的。我們在舉過的一個例子中發現，當連續觸及受試者的皮膚上的兩點時，就會產生運動的經驗。這個經驗不被認為是一種真正的感覺事實，因為它的運動形式是一種在空間進行的弧線而並非是在皮膚上移動，只有這個曲線的兩端在皮膚上被感覺到。但是為什麼感官刺激產生的經驗，總被定位於感官作為一個經驗的對象所處的地方呢？在視覺中不是這樣的；形式和顏色不是在我們感到我們的眼睛的地方看見的形式和顏色。對大部分聲音來說，同樣也不是在我們確定我們的耳朵的地方聽見的。看來在內省主義的論據背後，似乎混淆了刺激所引起的過程與隨後產生的感覺經驗，因而這也是生理地點與經驗地點的混淆。

　　這個例子表明，這些論據的明顯的自我論證妨礙了它們的關鍵性的思考。在現在的例子中，任何這樣的檢查都能立刻破壞那

種自我論證。在本章中，我將努力顯示內省主義和行爲主義的主
要假設，也都同樣處於如此境地。這些假設絕不是公理式的，雖
然它們都同意一個普遍的或許有一千多年歷史的偏見。

我們已經知道，只要這些信條受到經驗主義相反事實的解釋
的保護，它們就能保持下去。許多在前面一章中所討論的有關經
驗的實驗研究涉及這些解釋。比如，爲了能知道有些時候白色就
是黑色或者黑色就是白色，一個學習者顯然需要時間以及許多學
習過程，特別是因爲他必須完全地學會它，以使他的學習結果達
到如下程度：他學習的成果將取代眞正的感覺事實最終出現在他
的視野中。據此我們可以這樣設想，年輕的或十分年幼的主體不
會在很大程度上顯示出亮度的恆常性來。但是當測試小雞的時
候，牠們被證實具有大約和我一樣多的亮度恆常性❶。對兒童和
幼猿的類似的大小恆常性的實驗也得出了這樣肯定的結論❷。雖
然證實學習對任何正被討論的現象沒有影響是困難的，但現在看
來這些現象極爲不可能全是先前習得知識的結果。我想在此重
申，我並不否認客觀經驗會受到其他獲得的特徵的影響。但在我
們證實這個影響實際上不存在的地方，除此之外並沒有任何間接
的論據可被接受。

由於在這些例子中，經驗主義的解釋失去了它這麼多的合理
性，對基本理論加以根本的改變看來是避免不了了。換言之，我

---

❶ " Optische Untersuchungen am Schimpansen und am Haushuhn "
Abhamdl.d.Preuss. Akad.d.Wiss,1915.

❷ 所引證的研究以及弗蘭克（Frank），《心理研究》，7，1926；
10，1927，貝爾（Beurl），《心理學雜誌》，100，1926。

們這兒討論的現象，如大小、形狀、定點、速度和亮度的恆常性、**動景運動**，以及著名的視錯覺等等，對我們理解感覺的過程，應當處於與內省主義者的「正常的」感覺同等重要的地位。我們當然承認，在某一確定距離及同一背景上，視覺大小主要依賴於視網膜大小，（暫且不談對比及其他類似的例外情況）在某一確定的明度下，亮度依賴於視網膜強度等等。在這些情況中，我們發現大小、亮度等等是隨著局部刺激性質的變化而變化的，因為外周刺激施加的影響不是那種會干擾這種簡單關係的影響。由於同樣的原因，當採取內省觀點時，我們可以發現經驗是對應於外部刺激的，因為這種分析性的觀點可以暫時地消除周圍刺激的作用。

但我們絕不是說，把外部事實隔離出來就表示一種更「正常的」狀態。相反，如果在客觀經驗中，觀察僅根據事實的表面來進行，那麼我們關於在這樣的經驗之下存在著潛置的過程的基本假設，就一定會尖銳地反對內省主義和行為主義的前提。我們的觀點將是，有機體不是通過局部的和彼此獨立的事件對局部刺激做出反應的，而是對它所面臨的刺激形式做出反應；我們還認為，這個回答是一個統一的過程，是一個機能的整體，這個過程和整體在經驗中產生了一個感覺的物景，而不是局部感覺的鑲嵌圖。只有從這個角度出發，我們才能解釋：若恆定地給予局部刺激，會發現局部經驗隨著周圍刺激的變化而變化。

但是「統一過程」和「功能整體」這些術語在大多數科學家們聽來有點模糊不清。因此，較詳細地介紹我們的論題看來是有好處的。如果我們首先問自己一個問題：為什麼現在盛行的觀點似乎使一代又一代的人如此信服，那麼這將大大有利於我們的討

論。

　　主要的原因看來是，感覺經驗似乎是一種有序的東西，它所引起的行為也同樣如此。從歐洲科學的早期時代人們就相信，當自然的過程還處於人們通常所說的自身黑暗之中時，這些過程就永不會產生有序的結果。在物理世界中的力的偶然交流，不是到處引起混亂和破壞嗎？科學已能夠對某些孤立的規律加以公式化。但在許多因素同時作用的地方，為什麼事情會朝有序的方向而不是朝混亂的方式發展似乎還未能釋明。

　　另一方面，我們知道，如果對起作用的因素從外界施以適當的控制，那麼無序就能被制止，有序就會產生。只要我們能開始通過對選擇制約加以嚴格控制這一手段，來對機能的可能性加以限制，那麼我們就能迫使自然的力量做有序的工作。這通常也被認為是使物理活動有序的唯一合理方法。千百年來，它已成為人類對自然性質的看法；在現今的時代，當我們建造和運轉我們工廠中的機器時，我們仍是以同樣的方式使自然變得有序。在這些機器中，自然被允許產生運動，但是這個運動的形式和順序是由機器的結構；即由人，而不是由自然所提供的。

　　從這一點看，對一門年輕的科學來說，不管我們在什麼地方發現過程的分布具有有序的性質，一門年輕的科學將傾向於以特別控制的安排為前提條件。亞里斯多德天文學就是一個極好的例子。星球的運動展示出值得注意的有序，這種有序是如此不同於人們所設想的自由狀態的運動情況，以致於對於希臘的理論家來說控制安排的假設似乎是必要的。顯然，他們認為，一顆恆星瘋狂運轉或者一顆行星飛離軌道的可能性是被某種東西排除了，這種力量決定了它們的運行路線。因此在亞里斯多德的理論中，星

球被固定在嚴格的一些晶體球面上，它們轉動並使星體一起運轉。毫無疑問星球有固定的軌道。甚至在這幅圖景中也有「工程師」出現：亞里斯多德談到了星神，是它們使機器有序地工作。三百年前就有許多人懷著敬畏的神情抱有這樣的想法。這種晶體的功能意義與在磨坊的機器上使其功能變得有序的功能的意義是一樣的。人類在感情上需要安全感。很長一段時間這種需要可以通過亞里斯多德的天文學的原始假設得到滿足，但是它們現在我們看來是狹隘和粗糙的。在伽利略的天文學中，令人震驚的發現是什麼呢？他發現在空中有如此之多的事情在發生，因此天文學的有序比以前人們愉快地相信的要不嚴格得多。如果天堂開始顯示出堅固的可依靠性的缺乏，如果它們接近於地球上的不安定性情況，那麼誰又能在他的最重要的信念中有安全感呢？因此原始的恐懼激起了他那個時代的亞里斯多德派向伽利略進行瘋狂的攻擊。看起來很有可能哈維（Harvey）發現血液循環所引起的興奮也包含著一種相似的恐懼，因爲這個發現立刻侵擾了把人看作是一個嚴密的結構的觀念。若在人的身體內部有這麼多不安定，生命作爲一個整體不就成爲一件最危險的事物了嗎？

　　早期的生物學家想用施加於有機體生命的有序之上的特殊排列來解釋有機體生命的所有顯著特徵以及大多數的有機體生命的令人驚奇的有序。從這種趨勢中可看出存在著相同的動機。笛卡兒（Descartes）的對有機體的功能的「機械的」解釋也許在某些方面非常大膽；只是在假設——除了受到工程師，即靈魂的影響以外——有機體內各過程的有序運行是由排列、聯繫和通道引起的時候，才是保守的。形象地說，有機體對他而言就如天空對亞里斯多德而言——它充滿了晶體。他的確不懂得動力學定理。

但這些定理雖然我們比他知道的要多得多，可是自他那個時代以來，生物學理論中的主要變化看起來只是改進了他的思維方式而不是發現了有關生物學中的功能有序的完全嶄新的概念。在這個領域中，我們自己的情況又是如何的呢？固然，生命的機械概念現在遇到了某些疑問。另一方面，生物學家看起來對有機體的有序還沒有更好的解釋。

如果我們試圖對天文學和生物學中形成的機械理論作更準確的描述，我們會很快發現另一種解釋的可能性。在一個物理系統中，事件是由兩種因素決定的。第一類因素是力的因素，另一類因素是系統過程中所固有的。這些因素我們稱之爲決定其命運的動力因素。在第二類因素中我們有了該系統的特徵，這些特徵使其過程服從限制性的條件。這種決定因素我們稱之爲**拓撲地形**（topographical）因素。比如在一個傳導網絡中，電流的靜電力代表它的動力方面。另一方面，網絡的幾何圖形和化學組成是限制這些力的運行的拓撲地形條件。馬上可以看出在自然的所有系統中，動力因素在起著作用，特殊地形條件的影響，在某種情況下它可能是極小的，而在另一種情形中，它卻可能是主要的。在一個絕緣的導體上，電荷以自由方式分布於導體的界限之內。如果現在電荷表現出一種代表平衡的特殊的分布方式，那麼這是因爲動力的原因。另一方面，在一個蒸汽機中，活塞只能以一種被汽缸的堅固器壁所規定的方式移動。

因此，現在我們被帶入到了有關物理系統的分類問題中了，這個問題與我們的問題有著極大的關係。我們假設在所有我們所涉及的系統中，其過程嚴格地由某些因素決定。但是我們必須經常記住，系統隨著限制性的地形條件和動力因素這二方面因素對

它的相對影響的變化而發生極大的變化。如果在嚴格確定的地形條件下並且這些條件不會被動力因素所改變，它們的存在意謂著排斥了某種動能形式，其過程被限制在和這些條件相適合的可能性之內。最極端的例子是，在一個系統中，先前建立的地形排列排除了一種可能性以外的所有可能性。作為這種類型的例子，我已經提到二個活塞，它的活動受到汽缸壁的限制。在這個例子中，汽缸中的蒸汽試圖在各個方向上擴張，但由於特定地形的限制，它只能在一個方向上自由移動。在這樣一個系統中，在動力上，除了上面所說的運動以外沒有什麼東西被決定。運動的方向則由汽缸所規定。

　　動力的因素和施加的地形條件之間的極端關係，在典型的機器中我們可以幾乎或完全都看到。可以作用於這種或那種系統的不同的單向功能的種類是非常多的。但一般的原理在任何系統都是一樣的。有時候動力學確實被允許具有那麼一點自由。但我們仍不能據此建造起動力因素能在其中作為運行形式的主要決定因素的機器來。

　　顯然，當亞里斯多德考慮天體運動的有序時，在這種意義上，他想到的是一種機器。他的球體是他假設作用於有序之上的地形條件。因為笛卡兒派的神經病學家已運用了相似的假設，所以他們認為動物和人的神經功能到處都顯出驚人的有序。如他們所看到的，這樣的神經動力學將永遠不能說明協調的功能。因此，特殊結構條件的假設在任何情況下就成為當然的事，在這些情況下神經系統顯現出有序的行為。

　　在這些情況下，我們看到無論內省主義者還是行為主義者都以視機械類型的功能為理所當然的前提，就不會感到特別的驚奇

了。例如以視覺爲例，在一個給定的時間內，在這麼多的刺激衝擊視網膜。然而在視野中一般並沒有產生混亂。一個物體出現在這兒，另一個物體在那兒，顯然就如同它們在物理空間裡的分布一樣。在物理空間裡靠近的點在視野中也是靠近的。在物理空間中的圓圈的中心也出現在視覺中的一個相似的對稱的圖形中間，等等。所有這種有序是值得注意的，同時它對我們同這個世界打交道來說也是必要的。現在，物體的圖像投射在視網膜上的有序性很容易通過瞳孔、水晶體等來加以解釋了。但那些從視網膜轉送到腦，並在這兒決定視覺經驗的過程又是怎麼回事呢？由於這個經驗看起來仍顯出同樣的有序，那一定存在著阻止混亂在任何地方產生的因素。只有一種因素看起來能做到這一點：視神經系統一定由大量的地形排列組成。這些排列一定在每一處保持神經在正確的軌道上作用。如果從視網膜上的每點開始，神經衝動沿著規定的途徑傳送到腦中的同樣是規定的終點；如果在所有這些終點中視網膜點的幾何形狀被重複，然後動力的因素完全被阻止影響神經流的分布，那麼結果因此將是有次序的。這個次序是一個結構問題而不是神經流中所固有的因素的問題。

在觸覺和聽覺中，如果我們作相似的思考，將會產生相似的結果。我們現在來談談學習和習慣形成的情況。在設法解釋這些事實的時候，心理學家說在神經系統的某些部分，比如在它的視覺和聽覺部分之間，通路不是在小時就一次固定好的。這種觀點認爲，或者是在一開始並沒有一條現成的傳導通道；或者是，從機體組織的某一點開始有好幾條向幾個方向傳導過程同樣好的通道，以致並沒有規定一個特別的順序。但是在成年時，在這兩個部分之間建立了許多聯結，回憶的精確性顯示這時的事件是以

定向的和有序的方式發生的。放在我們面前的桌上的東西叫一本
書，它的組成部分叫書頁。如果某人在這些物體作爲視覺事實出
現在他面前的時候，不能回憶起這些名字，那麼這將是一個嚴重
的病理症狀。聯想作用中的正常順序暗示著如下解釋：在一開始
沒有傳導通道或者有幾條具有相同傳導性的通道的地方，學習已
通過使一條通道比其他所有的通道傳導更好而使這條通道被挑選
出來。這樣，活動過程將會沿著這條通道進行。如果我們暫時不
去考慮學習是如何實際做這類事情的，聯想和回憶的有序可用這
種假設來加以解釋。顯然，這一解釋是根據地形條件來說明的。
在現在的例子，的確，這些條件不能存在於嬰兒期；同樣確實的
情況是，建立這些條件的變化仍舊有點模糊不清；但只要我們假
定這些條件是在聯想形成的時候建立的，那麼活動的方向現在就
被嚴格地規定了，而且這些條件是獨立於動力因素的，它們就是
在此種視覺部分中的傳導。就像一列火車仍在它的鐵軌之上，因
爲這些鐵軌組成一條阻力最小的路，也如同火車頭的鉅大力量毫
不影響火車的方向一樣；因此，聯想和回憶中的有序就是通道，
沿著這些通道運行的過程的性質對它們的過程沒有什麼影響。

　　我們現在來討論一下這種觀點的結果。首先，所有在精神活
動中發現的有序現在可根據遺傳性的機械排列或者根據後天獲得
性的限制予以解釋。因此如果某一特定表現不是這類學習的事
例，它的原因肯定或是在於開始的地形條件，或是在於過去的學
習，即已獲得的這些條件的變化❸。這些解釋同先天論和經驗論

---

❸　在第一類情況中，我們可以把在出生時未具有的，而是隨著成熟逐
　　漸發展到其最後形態的結構上的排列包括在內。

的解釋是相符的❹。先天論者和經驗主義者之間的討論無疑表明，先天論的解釋總是一種根據遺傳解剖學事實的解釋。如果在一個確定的例子中，這樣的解釋似乎不能被接受，那麼只留下另一種可能性，即學習的可能生。對作者來說，如下情況從來不會發生，即當神經系統中遺傳的和獲得的排列兩者都不是這一事實的原因時，機能會是有序的。由於這樣一種更進一步的解釋經常被深深懷疑，因此，引進**活力論**（vitalism）的概念就是十分緊迫的了。

在一條單向道路的末端發生的事是由早期的在它開端發生的事情所決定的。根據感覺功能的現在圖景，客觀經驗必定由純粹的局部感覺事實組成，它們的特徵是由相應的外周刺激所嚴格地決定的。由於要保持有序的緣故，在個體的通道和在腦的相應的細胞中的過程已彼此互相隔開，並且與其周圍的組織也相分隔。結果在神經系統的其他部位中的任何過程都不能改變感覺經驗；更特別的是，感覺經驗不可能受到主體觀點的任何變化所影響。如果我們列數該領域的元素在某確定時間裡表現的內容和性質上的特徵，那結果一定是難以窮盡的。因此感覺經驗僅僅是一個鑲嵌圖，是一個完全加法性的事實聚合體；這個鑲嵌圖如同它的生理基礎一樣，是固定不變的。我們完全有理由補充道，在這幅鑲嵌圖中，感覺經驗也是驚人的「貧乏」。這個領域中的不同部分之間的任何相互作用的功能變得不可能了。能夠發生的唯一動力

---

❹　名詞「empirist」當然與名詞「empiricist」不具有相同的涵義。後者指的是那些宣稱所有的知識都來源於外界經驗的哲學家，而前者則是指試圖通過先前的習得來解釋極大部分心理事實的心理學家。

活動局限在組成元素之中；它們的分布作爲一個整體僅僅是一個幾何圖形。

在神經系統的機械論中，腦細胞和效應器官（如肌肉之間的聯繫與感官的點和那些細胞的點之間的聯繫是同屬一類的。在這些情況下，一個徹底適合於心理學研究的程式將如以下所述：我們必須發現在效應器官中的什麼反應是伴隨著特定刺激的。這就是著名的**刺激－反應公式**，它在美國心理學中長期享有鉅大聲望。它的立場與認爲神經系統完全缺乏其自身的任何特徵的過程這一觀點完全相一致的。

在這個理論中，動力因素被減少到只具有極小的重要性，這就導致了另一結果。在物理學中，動力的互相關係是由互相聯繫的過程和材料的特徵所決定的。比如，有一種含有 Na_2SO_4 和 $BaCL_2$ 的溶液中，因爲 B_a 的某一特徵，$SO_4=$ 和 H_2O 通過它們的共同關係決定在這個混合物中有什麼事物發生，於是 B_aSO_4 會沈澱下來。如果二個導體中的二股電流流向同一方向，它們會引起導體相互吸引；如果電流流向相反的兩個方向，它們會相互排斥。這個領域各部分之間的任何動力的相互作用，這樣一個領域可以按任意選擇的方式放在一起。在一個純粹的鑲嵌圖中，每一個元素和它周圍部分的性質都是完全相同的。沒有什麼其他結果更清楚地表明排除動力的相互作用會涉及到什麼內容。因爲我們剛剛知道，如果這樣的相互作用存在，物理事實將肯定不會不受到它們鄰近的事實的特徵的影響。這一點將在下一章我們討論聯想和回憶的時候再次被提到。

當我們遇到這幅他們所假設的生理動能的圖景時，大多數心理學家對是否同意感到猶豫不決。他們會宣稱我們不應該僅從字

面去接受那關於神經系統的過程的初步假設。他們會說，有誰不承認在組織的某些部分中，會存在傳導聯結會存在著中斷呢？我的回答是，如果關於神經功能的首次嘗試性的描述使用的只是一種類推法，即類推機器，那麼對這些理論家來說，也許從未想過其他種類推。不管它是初步的還是最終的，這是一幅我們在這兒正在討論的機械圖景，並沒有提及其他性質不同的理論。至於中斷的問題，這個概念僅僅是說明了在機械有時缺乏精確的功能，它仍是以假設局部事件的分離產生了有序為前提條件的，它遠沒有指出缺乏完全的分離也會引起積極的結果。在這種情況下，我們有關神經過程的觀點或許會比一個完整的機械論更模糊不清；但我並沒有看到，這意謂著它是一種解釋功能有序性的新的方法。如果所有的傳導部分在某些點上都遺漏一點，那會發生些什麼情況呢？各個局部過程不能簡單地混合起來嗎？如果不，那麼這些理論家又期待有什麼情況發生呢？恐怕他們回答這個問題有些困難。

讓我們再次把理論與觀察事實相比較。我們清楚地知道，亮度的恆常性和大小的恆常性這些都是事實，它們同機械論的假設是不相符合的；因為在這兩種情況中，感覺經驗當然不單是由相應的局部刺激決定的。我們記得，正因為這一堆難題，我們才求助於經驗主義的解釋。但與此同時，由於動物心理學提供了反對這些解釋的強有力的證據，所以現在必須承認，經驗主義和先天論的假設都不可能是正確的。因此我們必須努力找到某種功能，這種功能是有序的但又是不完全由遺傳的或獲得的安排所限制。如果這樣一種功能存在，我們應該也把它運用到如形狀、速度、位置的恆常性等等其他觀察中去。它們總的來說，非常相似於亮

度和大小的恆常性，因此，一種適合於後者的解釋也極有可能有助於我們對前者的理解。這當然意謂著選擇先天論的和經驗主義的兩種假設中的任何一種一般都一定是錯誤的。

內省主義者的論點是：態度的改變並不影響眞實的感覺經驗，這也是同事實不相符合的。這個論點幾乎就是一種關於眞實感覺經驗的適宜的定義。作爲純粹的觀察，我能「通過內省」把在陰影中的白色和在充足光線下的黑色轉變成兩個相似的灰色。幾乎沒有一種觀點比這種變化對感覺經驗產生更根本的影響了。在所有內省損壞了自然的經驗且因此發現了它的眞實感的例子中，情況也同樣如此。這就是在內省中所發生的事情，至少在以下一種觀察中，這一點已廣泛地爲人們所認識到了。在我們分析一段樂音時，我們聽到的也許是幾個連續的音符，它們是從原初的單位中浮現出來的。許多人承認，在這個例子中，一種立體的特殊的態度把一種感覺材料轉變成另一種感覺材料了；做出一個整體聽到的聲音與在分析時出現的陪音一樣，也都是一個良好的感覺事實。如果這是當然的，那麼我們怎能再去反對其他例子中類似的證據呢？

至於如下說法，即在一個感覺領域內的每一點都無例外地依賴於它的局部刺激的意義上，感覺經驗是由純粹的局部事實鑲嵌而成的，我必須重申，這種說法並未爲這種激進的假設提供任何基礎。相反，它似乎是一個關於事物性質的先驗信念的表述，儘管經驗與此相反。就觀察而言，局部的視網膜刺激不是單獨地決定局部經驗的大小、形狀、位置和亮度，視網膜速度也不如它應該的那樣單獨決定被視物的速度。如果視網膜事實的幾何學決定空間經驗的話。作爲一種觀察，許多所謂的錯覺可以被引用來顯

示局部過程是由刺激的集合所決定的。在一定程度上，這一爭論最終得通過實用的原理來加以解決：哪種理論在心理學的進一步發展中被證明是有成效的，那麼這一理論就贏了。

　　有一種觀察，幾乎所有的心理學家們都同意其局部感覺經驗不僅僅是由局部刺激決定的。這個例子是顏色對比，目前大多數心理學家都設想這是在神經系統中的相互作用的結果。在這兒視網膜刺激和感覺經驗之間的點對點的相關不再得到保護，因為局部經驗很明顯地是由在一個較大範圍內的條件所決定的。但是在作了這一讓步之後，我們怎能好像什麼重要的事都未發生一樣繼續研究呢？甚至在這個例子中，科學也要花費一些時間才能接受這個明顯的證據。赫姆霍爾茲（Helmholtz）拒絕這樣做。為了挽救他的基本前提，即局部感覺事實是由局部刺激點對點地決定的，他當然利用了經驗主義的假設。但在我們這個時代在邁出第一步之後，我們不僅應該認識到一種對比理論已取代了另一種理論，而且應該認識到不可能在整個感覺經驗領域的只有一個基本的原理。當將來發現一個經驗同局部刺激不符時，我們將不得不考慮這樣的可能性，正如「對比」所顯示的，這樣一種經驗依靠的是一組刺激而不是單獨的局部刺激。以類似的方式，我們會最終理解為什麼在一些情形中主體的特有的態度會影響感覺經驗。只要在給定地方的感覺經驗顯示是受到一個在較大範圍內的刺激的影響的，當然就毫無理由說為什麼這樣的影響不會是由一個特別態度的過程所產生的。

　　在以下的幾章中，我們將沿同一方向討論進一步的事實。首先存在著一般被稱之為感覺經驗的組織這一現象。這個術語指的是：感覺頁域以某種方式具有它們自己的社會心理學。感覺這種

領域似乎不表現爲始終如一的連續統一體，也不表現爲彼此無關的部分的模型。我們實際上看見的首先是如事物、圖形等等具體實體，以及這些實體所組成的群體。這表明了有某些過程的作用。在這些過程中，一定範圍內的內容被統一起來，並且在同時和它的環境相對地分離開來。機械理論及其分離元素的鑲嵌圖當然不能說明這個意義上的組織概念。

再者，已經顯示許多感覺經驗不可能和刺激的純粹局部條件相關係，因爲這樣的局部條件從來不會引起像這些經驗一樣的東西。我這裡提到的事實只是空間中一定範圍和時間向度上的伸展的特性。現在，擴展的物理過程（其部分基本上是相互聯繫的）也可能有它們自己的特徵，並且這些特徵可能不只是與局部刺激有關。但是神經系統的機械論排斥這種可能性，因爲在功能上互相聯繫的擴展的過程，這一假設與機械論的主要信條不符。

我們已經看到在機械論中，任何感覺事實都嚴格地由它的刺激決定。如果，刺激之間聯繫的特徵在決定局部感覺經驗時不起一點作用。而只有當腦中的過程自由地互相影響時，它們才能起作用。我們記得，物理學中的相互作用始終依賴於那些互相作用著的事實的「關係中的特徵」。現在，如果我們回顧一下在感覺經驗領域中的那些可獲得的知識，我們會發現，在無數例子中，局部感覺材料是依賴於局部刺激和鄰近刺激之間的關係，在對比和音融合的例子中也是如此。前一章中我們所討論的觀察，情況也是如此。比如亮度的恆常性依賴於周圍環境的明度和亮度與被觀察的物體的亮度之間的關係。這將馬上變得很清楚，即剛才我們所說的組織也是由互相聯繫的局部特徵決定的。

看到這些事實，如果我們說神經系統的機械論不能適當地說

明感覺經驗的事實，那絕不是在誇大事實。這個領域中的每一現象都在指向一種理論，在這種理論中，主要的重點在於動力的因素而不在於結構上的預先規定條件。再者，在許多觀察中該領域動力學幾乎都直接地展現在主體面前。比如這種情況出現在當突然的刺激，或刺激的一個突然變化之後，緊跟著的是活動而不是狀態的時候。假設一個明亮的圖形突然出現在黑暗中，這樣一種圖形立刻既沒有完全的大小也沒有了它確切的位置。它看起來似乎在作一種擴展和接近的有力運動。再一次，當它突然消失時，它表現出收縮和後退的運動。根據機械論，這樣的觀察結果完全是不可理解的。我們還可以舉出觸覺，以及當然還有視覺和聽覺中的如下事實來說明：當其他的物體和活動加入的時候，原有的物體和活動就改變了它們的位置。生理學家費雷（Von Frey）已證實，當手臂上的兩點同時被觸摸時，它們之間的距離要比當它們單獨被觸摸時的距離短得多。斯考茲（Scholz）和凱斯特（Kester）都測量了在一定情形下的兩束光或者兩個聲音所表現的彼此之間的吸引力。若沒有機械論仍在享受的鉅大的歷史聲望，所有的人都會毫不猶豫地認為這些觀察結果是動力的相互關係的證明。顯然屬於同一類的頻閃觀測器的運動，現在一般被認為是魏海默（Max Wertheimer）用來作為他第一次反對感覺經驗的拼嵌理論的基礎❺。如兩個刺激連續不斷地投射在視網膜上不同位置上，主體通常會看見一個運動，這個運動起始於第一個刺激地點，終止在第二個刺激區域（參閱第三章）。在良好條件下，主體將不會報告說看見了兩個刺激，而會說他看到了從一個

---

❺　《心理學雜誌》（*Zeitschr. f. Psychol.*），61，1912。

位置向另一個位置移動。一個把感覺領域解釋為獨立的局部事實的拼合塊的理論怎能解釋這樣的觀察結果呢？關於頻閃觀測器的運動它已被廣泛地予以討論，在這一爭論中經驗主義的論據自然扮演了重要的角色。但是以下主要觀點不再有任何疑問：如果客觀條件和觀察者的態度不是完全的不合適的，那麼頻閃觀測器的運動就是一個令人驚奇的現象。畢竟，電影的技術是建立在移動觀測器的效果之上的。當然，當觀察與機械論的主張相矛盾時，就有人不相信觀察結果。或許這些反對者可能相信以下事實，即當頻閃觀測器的運動在給定區域內重複時，它和普通的運動一樣表現出其運動的負後像。從歷史上說來，魏海默（Wertheimer）的研究是完形心理學的開端。在現在的討論中，我正跟隨著另一條線索，這僅僅是因為我懷疑是否頻內觀測器的運動是否可作為首次介紹完形心理學時使用的最好的材料❻。

　　當然有許多證據可用來為機械論辯護。有時候據說，這個理論能向我們提供一幅關於神經功能特別清楚和簡單的我們都能懂的畫面，因為在實際生活中，有序在任何地方都是由這些排列所產生的。我必須承認，這種花費最少的科學努力的策略在我看來是不可接受的。我們的問題指的是有關主體方面的實質，這時候科學家

---

❻　比努西（Benussi）已為研究這些問題做出了鉅大的貢獻。他對觸覺領域內的相似現象的研究我們已在上面提及。「動景（似動）運動」（stroboscopic movement）的一些極為重要的特徵已被魏海默和特納斯所發現〔《心理研究》（Psychol. Forsch.）7，1926〕。

的安逸和習慣根本不在考慮之列。更有甚者，只有心
理學家、神經病學家和生理學家靠通過限制組織中的排
列來解釋有序的假設來節省時間和勞力。他們只簡單地
把他們的問題傳遞給別人；因為在一個功能的問題被解
釋為一個限制排列的問題的任何時候，研究生物的發展
即研究個體發育和系統發育的科學都不言而喻地被要求
來解釋機體組織結構的排列的起源。因此，在這裡迴避
某些學科中的困難就意謂著另一些學科中增加了困難。
另外，功能的問題遲早得用功能的語言來加以解釋。或
許可以用在雞蛋和微生物中起作用的特殊排列來解釋它
們的解剖結構的個體發育；但是沒有人會試圖運用那種
所謂能迫使系統發育經歷確定的進程的排列來解釋系統
發育。

　　作為進一步的論據，我們可以提出：作為一種明顯
的解剖事實，有機體確實包含著能為適當功能提供保證
的特殊排列，這些事實確實不能被否認。例如，在感覺
器官和與其相聯繫的腦的部分兩者之間存在著聯結纖維
就證實了這一點。但讓我們別忘記，有機體中存在著另
一個傳導系統，它清楚地顯示機械論的局限性。在血管
中，許多物質被連續不斷地從一定的地方運送到另一些
地方。誠然，這樣的血管組成了一個「專司運轉」的排
列；但在這個系統之中，並沒有特殊的排列來運送血液
的每個成分到其正確的位置上。在這種情形下，選擇和
有序只由血液的各種不同化學成分與同時存在的各種不
同組織的狀態之間的關係所決定。因此從解剖學意義上

來看，大器官的存在並不證實是由機械的排列使功能的
所有細節保持有條理的。

　　我們經常被告之，神經纖維實際上是分離的傳導
體，在這些傳導體中，運行的是本質上相互獨立的衝
動。現在我懷疑是否我們仍能堅持説，在某一特定神經
中的各個纖維中的衝動是互相獨立地運行的了。除了這
一點以外，生理學上的研究成果使我們不再懷疑，在神
經節的組織中，單個的神經細胞的功能在動力學上是互
相聯繫的。

　　如果感覺經驗的事實既不能用遺傳的或獲得的排列來解釋，
那麼在感覺功能中其決定性因素是什麼呢？讓我們回到我們的如
下觀點上來，即在物理系統中，地形條件和純粹的動力因素這兩
方面的相對影響的變化範圍是很大的。在典型的機器中，地形條
件起著非廣泛的作用，以致動力因素只起到在那些條件所舖設的
通道上產生位移的作用。但是這樣一類機器這一狹窄的世界之
外，還有無數其他的物理系統，在這些系統中的過程的方向絕不
完全是由地形排列所決定。

　　讓我們假想，順著一條狹窄管道移動的水流中，有一滴水
珠，那是因為在它之後的水壓高於在它前面的水壓才使之流動
的。只要管壁排斥所有向其他方向流動的可能性，這種水壓的差
異就只能在一個方向上產生作用。但讓我們假設沒有管道，水滴
現在成為一個大得多的水的體積中的一部分。在這種新環境中，
水滴或許也會移動。但在這種情形下，它將受到壓力的許多次的
調節增減，並且它將在最後合成的梯度方向上移動。這個運動當

然如在管道中的運動一樣是嚴格地被決定的，但現在在每一點上沒有特別的限制排列來控制它的方向。在這新的情形中，水流中的任何水滴因為動力的原因而採取特別的運動方向；結果每時每刻在各處都出現了合成力。但是這些力本身在每一點上又是如何被決定的呢？它們是由此時此刻之前發生的所有位移和相應的功力變化所決定的。實際上，在一定程度上，它們也是由水滴剛剛移動的道路所決定的。所有這些當然意謂著在每一點上的水流是由水的各部分之間的自由的相互作用所決定的。誠然，在這樣的一個系統中的某個地方，位移通常受到嚴格的限制件的制約，如器壁迫使液體的表面沿著器壁的表面移動。但是如果在內部體積中沒有這樣的限制條件，那麼就只有水的各部分之間的相互作用單獨地決定在每一點上有何情況發生。當然在液體表面上所施加的限制沒有達到的任何一點上，什麼也不會發生。這是這些限制條件影響水流的唯一方式。它們的影響可以通過它們鄰近水流的被迫使的運動，以及通過這個運動在容積的其他所有部分的產生的動力結果而被感覺到。在機器中幾乎被完全阻止的就是這種類型活動；現在盛行的神經病學的理論假定，在神經系統中這類活動也是被阻止了。完形心理學看不出這種假設有什麼令人信服的理由。實際上這個學派提出，這樣的過程在生理學和心理學中是最為重要的。

在管道中一滴水以一種有助於不同的壓力相等化的方式運動。它是一種所有系統的所有點上的力的作用。當這滴水被更大體積的水包圍時，不僅它自己的運動而且整個水流的運動都表現出相同的規律。但是現在在每一點上的水流的方向也是由引起壓力相等化的動力因素的趨向所決定的。

　　管道可以這樣地建造起來從而使得任何特別的有序可以實際上作用於整個系統的水流之上。在這種情形下，最後產生的有序是通過排除自由的行動，即排除動力上所決定的行為所產生的。自然，我們必須向我們自己提出如下問題：是不是當活動的分布依賴於自由的相互作用時，也能產生有序。亞里斯多德派學者和神經機能的理論家們假設自由的相互作用總是會導致混亂時，他們是一貫正確的嗎？首先，在我們周圍自然界發生的事情似乎證實了他們的觀點：當力和過程盲目地相遇時，結果往往造成混亂和破壞。但是當這個假設是正確的時候的情形一般或多或少的是這種類型：一開始我們看見的一個靜止不動的事物或者看見的是一個無變化地自我運行的過程。突然一個新的因素從外界撞擊到這個事物或這個過程上；再過一會兒，我們又感到另一個與上一次因素無關的這樣的干擾，如此等等。在這些情況下，的確，幾乎任何事情都可能發生，並且這樣累積的事件的最後結果有可能就是破壞。在我看來，就是當大多數人談及關於自然界中的力的自由運動時，他們所想到的圖景似乎偶然的作用只是相互影響的唯一形式。

　　但是，對我們現在所進行的討論來說，另外一些情形要有趣得多。例如，如果在一個大的容器中，水沿一個方向或另一個方向移轉，那麼在某特定的時刻，每一點都有一定量的壓力存在，任何地方的局部壓力之間的差異都趨向於改變水和水流的分布。現在假設容器本身不改變，並且沒有外界的因素偶然地作用於該系統之上，那麼在水的各部分之間的不斷的相互作用的結果將是什麼呢？如果我們試圖以如下方式來尋找答案，即想像水被分成了一些小的體積，每個小體積接受它所在位置的合成梯度壓力移

動，並且因此改變了這個位置上的梯度；如果我們注意到以這種
方式水流的範型一般即使在極短的時間內也不會保持同樣的形
狀；那麼我們馬上就會傾向於放棄這個我們力不能及的任務，並
且得出結論：在這個情形中，不會比在活動依賴於累積的事件的
情況下產生更多的有序。但是在這點上我們完全錯了，我們僅僅
把自己的混亂投射到客觀事件的運動過程上了。因此我們犯了**擬
人說**（anthropomorphism）的錯誤。物理學家對此採取一種非
常不同的觀念。觀察和理論的計算都使他得出結論：一般來說，
在一個系統中的動力的相互作用總傾向於建立有序的分布。

讓我們回到在本章開頭提到的一個例子上來。根據亞里斯多
德學派的理論家的看法，若不假設存在使星球保持在正確軌道上
的嚴格的限制，天文運動的驚人有序看起來就難以說明。在現時
代，沒有人相信那些曾被認爲起到這種限制作用的晶體假設。但
是行星仍沿著它們有序的軌道運行著。顯然，它們不是學會以這
種有序的方式運行。因此，隨之而來的結論就是除了先前建立的
和獲得的限制以外，一定還存在其他傾向於建立和保持這種功能
的值得注意的有序的因素。當然，在有關太陽系的現代概念中，
正是引力的變項自由作用引起了並且保持著行星運動的有序。

如果許多條直的電線被無規則地懸掛起來，並使得它們在這
種無規律的分布中指向不同的方向，那麼進入這些電線的電流會
立刻使它們平行起來。這就是電動力學的互相作用所產生的有序
的結果。

或者假設在一種液體中注入一種與它不相融的油。儘管在兩
種液體的共同表面上存在著分子間激烈的相互作用，但它們之間
的界限十分分明。顯然這種有序的分布不是由任何嚴格的限制決

定的；相反地，它正是產生於在界面區域作用的動力因素。如果
兩種液體的具體密度是一樣的，表面張力就會改變油的形狀直到
形成一個完全的球形，它能浸入於另一種液體中。還可以很容易
地舉出更多的例子。毫無疑問，只要動力態仍然不受到外來的偶
然影響的干擾，它就傾向於建立有序的分布。

如何解釋這種趨勢呢？我將嘗試用幾句話來作一回答。在這
樣的系統中，在一定時間裡每一點上都有一個特定的最終合成的
力。所有這些合成力共同形成了一個連續的壓力模式。對作為一
個整體的系統來說，立即的效果只能有一種方向：所有局部的變
化（它們作為總體被考慮）使系統更接近於力的平衡。的確，慣
性因素或許會引起暫時地背離這條簡單的規律。但是，隨後，在
許多系統中，慣性的速度立刻被摩擦破壞，以致於實際的發展展
現出一種可用純形式來表示的規律，於是一個有序的平衡立刻建
立起來了。（重要的是應該知道把它用於神經系統的情況。在這
個系統中沒有受慣性速度影響的過程。）馬赫（Ernst Mach）
已經簡單地解釋了這個事實，即最終的結果總是組成一個有序的
分布：在有序的分布中，力的模式同材料的分布一樣，是有規律
的。但是很顯然，力在有規則的範型中比在無規則的分布中具有
更徹底的平衡。因此，未被干擾的相互作用是在平衡的方向上發
生作用，所以它必定趨向力和材料兩者的有序的分布而發揮作
用。

動力的自我分布在這個意義上來說是一種功能，完形心理學
相信它是神經病學和生理學原理的核心內容。更具體地說，可假
定視野中的感覺事實的有序，在很大程度上是這種自我分布過程
的結果。從這種觀點看來，一個靜止的視野對應於一個潛在過程

的平衡分布。當條件變化時，它們導致發展總是在平衡的方向上。

　　這個觀點如何與視覺過程依賴於視網膜的刺激這個事實相聯繫的呢？我們應記得，過程的自我——分布若沒有任何施加的限制，一般是不發生的。在我們這個具體的例子中，視網膜刺激的範型在眼中建立了光化學反應的相似範型。神經病學家宣稱，在視網膜和腦中的視覺部分之間，傳導近乎是一種隔離的道路，因此視網膜過程的範型在一定程度上在腦中的視覺部分被重複了。如果這是真的，那麼動力的自我——分布將在這兒開始；並且它們所隸屬的條件將成為從視網膜上產生的衝動作用於視覺皮層的範型。

　　我們毫無理由否認，這個理論面對的任務要比任何機械論所必須處理的問題困難得多。當有關分布過程的任何問題根據解釋結構的排列來解答時，就不須涉及許多有關過程性質的知識。另一方面，若沒有關於自我——分布理論的一般原理，或者沒有關於參與過程的性質的假設，那麼一種動力學在其中起到重要作用的理論就不可能形成。如沒有有關這些過程的充足的生理學證據，那麼關於它們的性質的假設就只能以感覺經驗的事實中得到。在現在的特定情況下，這樣的假設也只能通過該領域中進一步觀察來予以檢驗。我們要花費一些時間才能為此尋找到堅實的基礎。但是必須記住，我們在前進的道路上可能發現的任何窘困都絕不與動力的自我——分布的基本概念有關。它們或許是由關於這一概念在人類大腦中被應用的特殊過程這一假設所引起的。

　　動力學在當代理論中起了一個很小的作用，以致於在前面段落中所使用的名詞，許多心理學家像聽來有點神秘，因而對完形

心理學家的意圖產生了懷疑。因爲這個原因，所以在此作以下申述似乎是適當的：我們在本章中提及的概念與活力論的概念毫不相干。相反，我們的動力概念未來或許可以用來對那些**活力論**提出來用以攻擊生命的科學解釋的反對觀點。如果果眞如此，生命的機械論將會失去它的基地——儘管有時活力論反對這些理論的論據還是相當令人信服的。但是活力論不會因此受益——因爲從它對機械論的反對觀點中可以看出，它錯誤地得出如下結論——生物學的主要問題不能根據自然科學來解決。我們的概念提示了正確運用自然科學方法來解決這些問題的新途徑。

第五章

感覺的組織化

　　動力的分布是功能的整體。以簡單的電路為例。沿著導體以一定方式分布著不同的勢能和電流密度，這種方式使得一個穩定或靜止的狀態被建立和被保持下去。這個分布中的任何部分都不是自給自足的；局部電流的特徵自始至終是由如下事實所決定的，即作為一個整體的過程假設了穩定的分布方式的存在。

　　如果要把一個相似的概念應用到構成感覺經驗基礎的過程中去，那我們就必須犯如下一種錯誤。詹姆斯（William James）反對心理學元素論，他曾經說過，在感覺領域中，局部經驗同它鄰近的經驗是以一種純粹的智力理論所鞭長莫及的方式交織在一起的。他還認為，最初的感覺經驗始終是連續的，所有的中斷和界線都是在以後因為實用的原因而被引入到這個領域中的。

　　從完形心理學的觀點來看，這種說法與事實不符。儘管在這個領域中充滿了一般的動力的相互依存性，但是在它之中存在著一些邊界，動力的因素作用於這些邊界而達於間隔的測量，而不是統一的連續性。在物理學中有很好的例子可以說明這一點，有許多事實也都有利於證實在神經系統中也同樣如此。

　　視覺領域表現出兩種有序。一種有序為機械論所理解的，它

是那種試圖以此來解釋一個特定的過程在它周圍的過程中怎樣保持它正確的位置而不離開正道的那種有序。但在這一領域中還存在著另一種不常被我們注意的有序，儘管它和第一種有序一樣重要。在大多數的視覺領域中，特定區域的內容「彼此互相共同」結成限定的單位而把它們的環境排斥在外。詹姆斯不承認視覺領域的這個組織是一個感覺事實，因爲他受到了經驗主義的偏見的影響。這種偏見在這裡比在其他任何地方都更具有危害性。在這種偏見的影響之下，會有不少的讀者對理解下面的論述感到困難。

在我面前的書桌上，我發現了許多限定的單位和事物：一張紙、一枝鉛筆、一塊橡皮、一枝煙等等。這些視覺事物的存在涉及到兩個因素。被包含在這一事物中的東西成爲一個單位，並且這個單位同它的環境相分離。爲了證實這不僅是個言語上的問題，只要我們高興，我們還可以試圖建立別的單位，把一個視覺事物與它的環境部分放在這些單位中。但在有些情況下，這樣的嘗試是完全不可能的。但在有些情況下，我的嘗試很成功，其結果是如此的奇怪，以致於最初的組織似乎僅僅只是作爲一種實際的事實表現得較爲可信而已。

讀者會說：「當然，你正在談論心理學事實；但是某些事物也可以成爲心理學事實而並不需要它們屬於感覺經驗。確實，你會承認，一張紙、一枝鉛筆、一枝煙是通過使用而被認識的物體。你運用這些物體已有許多年了，因此你有了比你知道它們是實用意義上的單位所需要的機會更多的機會。你現在把這種先前已獲得的知識投射到你的視覺領域中去了。那麼你爲什麼還去如此著重於你的觀察呢？這是大家都知道的，並且如剛才上面所說

明的那樣，它現在已獲得令人滿意的解釋了。或許在亞里斯多德撰寫他的心理學課本的時候，這一點就爲人們所熟知並且被這樣地解釋了。

　　我的回答將比這一說法要花費更多的時間。只要這一說法仍被接受，那麼甚至完形心理學最基本的論題也不能被正確地理解。確實，這張紙、這枝鉛筆等等都是衆所周知的物體。我毫不猶豫地承認我是通過在以前的生活中與它們無數次接觸才認識到它們的用途和名字的。毫無疑問，這些物體現在所具有的意義中的許多成分是這樣得來的。但是從這些事實還要跨一大步才達到如下的觀點：如果沒有先前已獲得的知識，紙、鉛筆等就不會是分離的單位。怎麼證明在我獲得這個知識之前，視野沒有包含這樣的單位呢？當我看一個綠色物體，我能立即叫出這種顏色來。我還知道綠色被用來作爲街上的交通信號或者作爲一種希望的象徵。但從這一點我不能得出結論說，這些綠色是從這樣的知識中產生的。相反，我知道作爲一個獨立存在的感覺事實，它獲得了**衍生的涵義**（seconary meanings）並且我很願意承認這些已獲得的涵義在實際生活中有其便利之處。完形心理學認爲感覺單位以完全相同的方式獲得名稱，又具有豐富的象徵性，並且現在已知道它具有某種實用功能。然而，在把這些後繼的事實加於其上之前，它們已作爲單位存在了。完形心理學宣稱正是被限制的整體的最初分離才使感覺世界有可能表現得對成人來說如此受到已形成的意義的影響；因爲在意義逐漸進入感覺領域的過程中，意義沿著自然組織畫好的路線前進，而通常進入到了分離的整體中去。

　　如果經驗主義的解釋是正確的，那麼特定的實體只在它們能

表徵已知事物的程度上，被從感覺領域中分離出來。但事實絕非如此，當我朝一個黑暗角落望去時，或者當我在傍晚走在霧中的時候，我經常發現在我的面前有一種莫名的東西，它從環境中分離出來成為一個特殊的物體。然而，同時我完全不能說出這是一種什麼樣的東西。只是在後來，我才可能發現了它具有某種東西的性質。實際上，這樣的視覺事物有時候在幾分鐘之內一直難以認出。因此可以說我對於事物的實用意義的認識，與它們以分離的視覺單位的形式的存在無關。相同的論據，我們可以一種更普遍的形式重新論述。不管在什麼時候我們對自己或別人說：「那個在山腳下，那棵樹的右邊，在兩座房子中間等等的東西可能是什麼？」我們都是在詢問經驗的涵義或是詢問某個被視物體的用途，並且正是通過我們的這個問題表明了視覺物體的分離是獨立於知識和涵義的。這是一條原理。

　　但許多人非常喜愛他們的經驗主義的信條，所以他們的解釋在這個窘境中立即採取了另一種形式。「那個你在霧中看見的未知實體」，他們會說：「看起來好像是分離的事物，這是因為它比它周圍的灰霧更黑的緣故。換言之，對作為有意義的特定物體的特別的感覺集合來說，並不需要在我們的眼睛中假設有特殊的知識。如果你把學習的作用局限於具體的事例，你似乎低估了學習的鉅大貢獻。自我們童年的早期開始，我們就經常觀察到幾乎有相同色彩並且在這方面不同於它們的環境的感覺集合傾向於以單元的形式運轉，即同時移動和被移動，出現和消失。石頭、紙、盤子、鞋子，許多動物和植物的葉子也是如此。近似同一的感覺集合傾向於和那些因為物理原因而作為單位運轉的物體相對應。如果因為這些經驗，我們把所有同一色彩的區域作為單位看

待，直到我們確實看來把它們本身看成為單位，那只是有關記憶的著名的一般化能力的一個例子。因此毫不奇怪，比如在霧中一個有細微差別的較黑區域被看作是一個獨立的物體，雖然我們不會認為它是一種特別的事物。」

我不認為此理論的這種修改是令人滿意的。在許多情況下單位是在這種解釋不能適用的條件下形成和分離的。以所有由分離的部分組成的視覺單位為例。如果在一個晴朗的夜晚，我們向天空望去，一些星星立刻被看作是屬於一起的，並且看起來它們是同它們的環境相分離的。仙后星座是一個例子，北斗七星是另一個例子。人們已在很長一段時間裡把相同的群體看作是單位，這時兒童不需指導就能看見同樣的單位。類似地，在圖1中，讀者的面前有兩個圖塊群體。為什麼不僅僅是一個有六塊圖塊的群體呢？或者不是另外兩個群體呢？或者為什麼不是三個各有兩塊圖塊的群體呢？當不經意地看到這個圖片時，每個人都把它看成是兩個各有三塊圖塊的群體。在這些情況中，學習的一般化效果是怎樣的呢？任何以前的學習都不能把仙后座與它周圍的其他固定的星星隔開。就每個人的經驗所及，所有固定的星星都是一起移

圖1

動的。一般來說，我們不可能宣稱因爲它們有規律地在一起運動，我們就已學會把許多分離的相似圖境看作爲一個群體，它們遠不是這樣的。現在在一張桌上我看五隻蒼蠅。從我這兒看，它們猶如黑點。一會兒這些黑點開始獨立地向著不同的方向移動了。被一陣微風從地上吹起的三片黃色樹葉也是如此；我的手一個接一個地在上面移動的三個相似石塊也是如此。我一般的經驗是一個群中的相似成員是可運動的，並且是獨立地運動的。如果在這種情況下群體仍然會再次形成和分開，但這種情況發生是無須我們知道它們的組成部分的實際運動情況的。

　　當分離的實體統一成一個群體的時候，相同性（或者相似性）在統一中所起的作用不能用學習來解釋。相同的因素在連續的區域中有一個使其統一的影響，不管它們是否代表已知的物體。因此用經驗主義來解釋連續同一事物的形成毫無用處的；因爲群體的形成證實了相同性有助於形成群體與已獲得的知識無關。

　　分離實體的群集，在一個測驗色盲的著名實驗中起著決定性的作用。在一塊長方形的區域裡充滿了一些點點，這些點彼此之間相隔幾乎相等的距離。從一般的視覺角度來看，一些點形成一個群體並且這樣一個群體同其餘的點相分離。由於這個群具有一個數字的形狀，所以我們可以毫不費力地讀出它來。有關的點幾乎有相同的顏色，它在這方面是不同於其他的點的。這就是爲什麼它們會統一爲一個群體，並且它們具有特徵的形狀立即被認出來的原因。但是色盲的人卻看不到色彩的差異。在他們的視野中，不會形成這樣的群體。所以他們不能看到並讀出這個數字。在這個例子中，對數字的一般瞭解對正常和色盲的受試者來說都

是一樣的。因此，有關群體的顯著差異一定是由有關感覺內容的特定差異直接造成的。

　　由分離部分組成的群集對理論有著特殊的重要性，因爲它們證實一個特定的單位可能是獨立的但也可能在同時是屬於一個更大的單位。在我們上面所舉的例子中，一個點就代表一個連續的、獨立的實體。但它仍然是一個更大的整體即數字的一個組成部分。這個數字又是從一個更大的區域中分離出來的。這樣一種單位的從屬性沒有什麼特別之處。在物理學中，一個分子構成一個更大的功能整體，這個整體包含著許多原子作爲次級的整體。從功能上講，原子屬於分子單位；但在這個單位中，它們並不完全失去它們自身的獨立性。

　　在對其他類似情況進行認眞觀察之後，魏海默（Wertheimer）第一個認識到了在感覺領域中自發的群集作用的基本重要性。他還通過許多例子揭示了這種群集所遵循的原理。他的大多數的說明採用的分離的點和線的群集，因爲當使用這樣的圖形而不是連續的物體時，其論證將少受到關於「先前知識影響到了結果」這樣的非難。但是他也著重指出，其他的感覺整體的形式也遵循同樣的原理。據我所知，沒有比魏海默（Wertheimer）在其論文中所給出的更好的對這一問題的介紹了❶。他的有些原理是容易理解的。其中有一條原理，即認爲相同和相似的部分容易形成單位，並且它們從不太相似的部分中分離出來。這一點我們前面已經談到了。在這條原理不能適用的地方，相對的近似性通常起決定性作用。在本書前面所舉的例子中（p.97），

────────────

❶　《心理研究》（*Psychol. Forsch*），4，1923。

兩個各有三個圖塊的群集形成了，因為在這六塊圖塊中一些圖塊之間的距離比另一些圖塊之間的距離短。那些被相對的短距離所分開的圖塊形成了群集單位。有時候根據確定條件來定義群集的一個原理，甚至於沒有根據群集所傾向於採取的方向來定義更為自然。如同物理學家習慣於說表面張力傾向於減小液面的範圍一樣，所以我們說，在感覺領域內，群集傾向於建立某種特定種類而不是其他類的單位。簡單和有規則的整體，還有封閉的區域，它們比不規則和開放的整體更容易和更普遍地形成。從這個意義上說，感覺領域的有序顯示了對某種特別種類的組織的強烈偏好，就如物理學中分子的形成和表面拉力是在一定的方向上進行的一樣❷。

作為一個基本的感覺事實的群集的本質，在赫茲（Hertz）用某一種鳥類所做的實驗中得到了令人信服的證明❸。把許多小花罐倒放在地面上，讓馴服的這種鳥高高地站在樹枝上。牠被允許看食物是如何被實驗者放在一個罐子的底下的。接著，牠馬上飛下樹來，掀起罐子，取到了食物。這當然是多年前獵人們所研究的**延遲反應**（delayed reaction）的一種簡單形式。但是在現在的實驗中，主要之點不是反應的延緩而是它對於視野範圍內的

---

❷ 在經驗主義解釋的一種形式中，據說我們已學會把任何總是聚集的事物看作為整體。魏海默指出，如果領域的一些部分開始同時並統一地移動，那麼它們就立刻成為一個移動的單位。換言之，如果一個「共同的命運」的確決定**感覺群集**（sensory grouping）那麼它是作為**主要感覺組織**（primary sensory organization）學習過程做到這一點的。

❸ *Zeitschr. f. vergl. Physiol.*, 7，1928（《心理學比較研究學報》1928年，第7期）

特別圖形的依賴性。當只有一個罐子時，這隻鳥可以毫不費力地做出反應。但當不只有一個罐子時，一切都得依賴於這個正確的罐子是否在整個罐子中具有突出的位置和不同於其他罐子的特別的特徵。如果它同其他的罐子一起放在一條直線上，從人的視覺上看來，它就被看作整個系列中的一個無差別的成員，於是這隻鳥也是任意地一個又一個地掀起罐子。即使當兩個罐子之間的距離有25cm 之大時，這種情況也同樣發生。但一旦從人的視覺看來，正確的罐子變得明顯地和其餘的罐子相分離，這鳥就會立刻選擇出正確的罐子。例如在圖2所示的例子中，正確的罐子從其他罐子的一條直線上移到了距直線有10cm 的地方。顯然在他的視覺中這條線也是一個緊密的整體，但正確的罐子可以容易地被作為一個獨立的事物從其中區別開來。甚至在圖3的情況下，正確的罐子距它旁邊的罐子有6cm，後者距最後一個罐子有2cm，群集清楚得可以使鳥做出正確的反應。但在圖4中，正確的罐子離它旁邊的一個罐子只有3cm 遠，這旁邊的罐子距最後一個有2cm 遠，這時候，回答將是一個可能性的問題了。一般說來，鳥不能挑出正確的罐子，除非有特定的群集幫助牠這麼做。另一方面，只需群集在人的視覺中是完全清楚的，那麼即使在正確的物體和它鄰近的物體有密切的接觸，鳥也能迅速和準確地做出反應。比如在圖5中，十二個罐子排列成一個橢圓形，正確的罐子被放在了靠近十二個罐子中的一個地方。在實驗者的視野中，這個情形看起來就像一個單獨的物體被附加在一個緊密的群體之外一樣。在這種情況下，鳥立刻選擇了正確的物體。這個例子在說明個體的距離不是決定性的因素這一點上，有著特別有益的價值。導致某種圖形產生的群集它是作為一個整體去決定鳥的反應

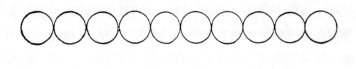

圖2

圖3

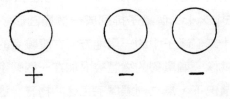

圖4

的。赫茲如何通過運用其他的原理，例如可以從大小或顏色的不
同，證明相似的結果，這在他的論文中是可以見到的。

如果我沒有搞錯，這些實驗在動物心理學中開闢了一個完全
嶄新的研究領域。在進一步的實驗中，應該有可能決定當這樣一
些特定事物出現在人的視野中的時候鳥和其他動物在什麼程度上
看見連續的實體。當然，如果在鳥的視野中，這樣的罐子不是分
離的單位，那麼理解赫茲實驗中的鳥的行為將是困難的。

通過對先天而盲的成人在手術後復明的第一個反應的觀察，
證實了連續整體的基本性質。在這些情況中，最引起眼科學者興
趣的問題是那些有關視覺深度、視覺中的形狀和觸覺中的形狀之
間的最初相似性的問題。對這些結果人們已經以多種方式加以討

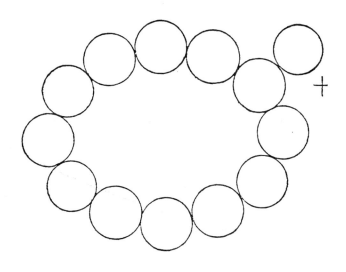

圖5

論過，但是被觀察的事實中有一個方面幾乎沒有受到適當的注意。在術後的第一個實驗中，當給病人看一個他以前通過觸覺所知道的物體時，他極少能做出令人滿意的回答。當現在只向他呈現視覺形狀時，除了極少的幾次例外，他都不能認出它們來。在他的反應中還有一些非常有意義的情形，即當他被問及有關在他面前的「那個事件」的問題時，他理解了這個問題，顯然，他認爲在他面前存在著一個問題所指向的並且他試圖去說出的特定的實體。因此，如果物體有一個簡單和緊密的形成，他就不必知道他必須把什麼「感覺聚集體」看作是一個事物。看起來他是立刻得到基本視覺組織的。

在魏海默的有關感覺群集的文章中，也討論了不同的整體性群集問題。經歷的時間與經歷的空間，特別是與「在前面」和「在後面」這些詞語所表示的空間向度具有某些共同的特徵。用來指設這一向度中的關係的詞語也被用來作爲任何地方以及在任何語言中的時間關係的術語。在英語中，我們在空間和時間的意義上都可能有一些東西在我們的「面前」或「後面」；我們既在空間上也在時間上「往前」看，死亡在時間上接近我們就像某人在空間上接近我們一樣。從**同型性**（isomorphism）的觀點來看，人們可以設想時間的向度在生理上的互相關聯與這種特殊的空間向度的在生理上的互相關聯，兩者之間有一種相應的關係。無論如何，時間的「點」形成了時間的群體就像特定的點同時要在空間形成群體一樣。聽覺和觸覺與視覺一樣，情況同樣如此。

人們可以很容易地顯示，群集在時間上所依靠的因素與它在空間上所依靠的因素幾乎是相同的。假設我相隔一定的時間敲三次我的桌子，然後等一秒鐘之後我重複以上的行爲，如此等等。

聽到這一系列聲音的人經歷了時間上的群集。從物理上講，所有這些聲音當然全是獨立的事物。它們就如仙后星座一樣是不連著的。換言之，在物理順序上不存在任何群集。另外，從一個純粹的邏輯觀點來看，群集的其他形式和實際被聽到的形式一樣是可能的。但是這些形式不發生予一個以被動的態度來聽的觀察者的經驗中。人們實際聽到的群集因此是心理的現象，根據同型論的觀點，它們也是生理的組織化的例子。在現在這個例子中，起作用的原理就是在時間上的相似性的原理，當然它嚴格地同在空間群集上的相似性的原理相似。如果聲音的間隔相同，一旦強度和性質的不同被引進到系列中來，群集將再一次形成，特別當它們發生在有規律的重複中的時候。因此，相同性在暫時的順序組織中和它在一個靜止的視野中起到相同的作用。

在感覺組織的最一般的情形中，群集的某一特定經驗都涉及到空間和時間。這裡有一個例子：在一個晴空裡，我們移動一盞小燈，它在周圍的黑暗背景中看起來像一個亮點。讓我們假設這個點以一個恆定的速度以圖6的形式移動。那麼在這種情況下，一個毫無偏見的觀察者會描述他所看到的是三個相似的圖形和三

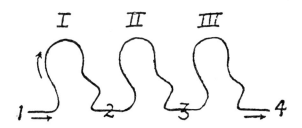

圖6

個運動（Ⅰ，Ⅱ，Ⅲ，），或許他然後會糾正自己說有七個運動
（1，Ⅰ，2，Ⅱ，3，Ⅲ，4）。但是他不會說他看見了五十三或
十六，或二十九個運動。現在，如果我們考慮那些作爲獨立事物
連續地衝擊著他的視網膜的刺激的數目，那麼任何更大的數目至
少都是與「三」和「七」的數目一樣正確。但是在這個視覺經驗
中沒有彼此獨立的事物的系列。觀察者實際看到的東西具有三或
七的小數目的特徵；換言之，運動看起來是以一種特定的方式被
組織起來的。對視覺經驗，如「他點了兩次頭」或者「他搖了幾
次頭」，同樣如此。這些運動除了傳達特殊的涵義，作爲視覺現
象它們還涉及與詞語「兩次」和「幾次」有關的組織。

在這兒提及某些心理學家所指出對組織的進一步間接的解釋
是很適合的。他們似乎相信，我們對刺激做出的那些外顯運動的
反應是與所討論的事實有關的。另一些人會說，這是一種特別的
感覺經驗，即在這些運動中所發生的動覺使我們產生了一個特定
組織的印象。在看到一些明顯的反對意見後，他們有時候補充
道，僅僅是移動的傾向就足夠了；或者，另一種解釋是，對以往
動覺經驗的回憶就能使一個領域產生其組織外觀。

在這兩種情況下，即無論是上面所說的運動還是動覺的經
驗，它們都被看作是決定性的，探討這些因素是如何在視野中建
立組織的，顯然這是非常重要的。我認爲，首先得假設，我們的
運動是以視野組織的方式來組織的；其次，我們的動覺經驗也是
如此。無論這一過程可能是由哪一種組織所導致的，它應該被認
爲進入到了視野之中，如果沒有在某一地方先前就已存在的組
織，它不可能被引進視野來。只要我們認爲動覺經驗的順序運動
是獨立的一個接著一個的瞬息事件的系列，它們的發生就永遠無

助於解釋視覺單位與群集的分離。以在黑暗空間中移動的亮點爲例。如果說在這個情況下，觀察者談及三個或七個運動，是因爲做出了或經歷了三次或七次眼動，那麼不言而喻，眼動或者這些運動的經驗是以視野表現的組織形式而組織起來的。要不然，爲什麼這些運動加之於視野之上的是三個或七個單位而不是五十三或二十九個單位呢？如果不談組織化這個因素，後者數字並不比前者更爲任意。

我已經說過完形心理學觀察到的現象絕不是什麼新東西，這些觀察長久以來我們以在眼動過程中所具有的動覺經驗對之加以解釋。這聽起來似乎僅僅是一種暗示，即伴隨視覺的動覺經驗可以被接受作爲一種對視覺組織的解釋。實際上這並沒有解決問題，提及眼動僅僅把問題從一處轉移到了另一處。因爲這樣一來，統一和分離的問題必須在動覺經驗的領域內解決了。

我絕不是否認，在運動和動覺經驗領域內就像在視覺中一樣也有組織產生的問題。相反，我確信，在這些領域裡，這些事實將仍是難以理解的，除非運用現在的觀點予以解釋。但是爲什麼運動和動覺是唯一能被組織的，因而也必然要完形心理學未處理的材料呢？如果組織在一個領域內是可能的，那爲什麼在其他領域內就不可能了呢？在下一章中我們將再一次討論這些問題。

通過以上的討論，讀者會毫不奇怪地懂得，腦中視覺中心的嚴重損傷會在人的身上產生某種「盲」的現象，但這些人同時卻絕不會失去視覺。蓋爾博（Gelb）和哥德斯坦（Goldstein）對這種情況的仔細考查表明，因爲組織已經幾乎完全消失，所以病人的視野已經經歷了一種本質的變化❹。比如在他集中注意力的地方，病人能夠看到一條線的一些極小部分，但是他不能再看見

輪廓清楚的伸延的整體了。這是一個特別有趣的觀察，即他已經自發地開始更多地依賴於運動經驗而不是視覺了。根據跟隨著他通過移動頭部而獲得的輪廓，他能夠建立起運動的整體並且能夠認出它們來。如果他的名字被寫在黑板上，他會以這種方式根據開頭的字母迅速地猜出其他的字母。但是用一個簡單的計策就可能排斥這個方法。一些寫字母相同顏色的線橫穿地畫在了名字的中間。由於病人從來不把名字看作是一個同時給出的物體，所以他也不能把它看作為一個物體，也不能把橫穿的線看作為一個不同的圖形。因此他不加區別地看一個字母的部分，然後看一個橫穿線的部分。結果是在這些情況下，他不能讀出名字。這個例子附帶地說明了伴隨視覺的運動功能在什麼程度上依賴於視覺組織。一般來說，組織是感覺領域的一種延伸。當只有局部小部分在一定程度上被組織起來時，在更大區域內的組織正常地施加於眼動的控制就變得不可能了。

　　但是為什麼在視覺組織中形成的實體對應於該詞的實際意義上的物體呢？在感覺動力學的規律和物理物體在自然界中形成的方式之間有沒有一種神秘的一致性呢？但我們還不必做出這樣的假設，因為在感覺組織和物理事實之間的對應關係中還存在著如此之多的例外。以分離的成員組成的所有群集，如天空中的星座，或形成群集單位的點和塊為例。或者以裝飾品中的集群為例，它們中的大部分當然從物理上說是彼此互相獨立的。在許多情況下，沒有相應的物理單位時，組織就是一個感覺事實。在沒

---

❹　*Zeitschr. f. d. ges. Neurol. u. Psychiatrie*，41，1918．（《完形神經學和心理學研究學報》，1918年，第41期）

有相應的物理單位的時候，不僅會發生群集而且還會發生連續的感覺整體。我想再次重申，有時候當我們走近一個我們在一定距離外看到的奇怪物體時，它會分製成一個我們熟知的事物和其他對象的部分。開始，這個物體和它的環境部分是作為一個未知的實體而聯合起來和分離開來的。這個例子還顯示，有時候一個實際上存在的物理物體在視野中並無對應物，因為它的表面部分已經同周圍區域混合在一起了。這些周圍區域正好具有趨向統一的特徵。在許多年前引起雜誌讀者興趣的**迷惑圖畫**（puzzle－pictures），就是這樣的一種例子。在現代戰爭中，這已成為一種藝術了，即在如槍、車、船等物體的上面塗上一些不規則的圖案，這些圖案部分可能和它們的環境部分形成單位，從而使以上的物體消失。在這些情況下，物體本身不再作為視覺實體存在了，在它們的位置上出現了不會引起敵人懷疑的無意義的圖塊；因為相似的圖塊經常地從物體的部分的偶然混合中產生，這些部分互相融合是由於它們的相似性之類的原因所引起的。

另一方面，要解釋為什麼視覺單體至少傾向於和物理物體對應並不困難。我們周圍的事物不是由人創造的就是自然界的產物。第一類物體我們為了實用目的而創造出來的。自然，我們賦予它們以形狀和外觀，使它們可能看上去和被認為是一些單位。製造者不必清楚地知道感覺組織的原理也能這樣做，沒有這樣的知識他們也會使他們的工作和這些原理相一致。因此，他們製造的物體將一般地表現為分離的視覺單位。再者，在簡單環境中產生一個不滿足分離的一般條件的緊密物體絕非易事；偽裝是一種困難的技藝。

對自然界所創造出的物體來說，情況有所不同。許多自然事

物都滿足的一個條件就是：在這樣一個事物的區域內，其表面特徵或多或少地傾向於形成某種種類，而鄰近區域的表面特徵大多數是不同的另一種類。造成這種差異的原因是，作爲一個物體之部分的共同來源可能賦予這些部分以同樣的表面特徵。一般說來，在有一個不同來源的鄰近表面不再表現爲這些特徵。對大多數物體來說，作爲視覺分離的一個條件就是以這種方式所給出的。即使一塊石頭半埋在由與它同種的石頭的細小碎粒所組成的沙子中，石頭的表面成分與沙的表面成分之間的一致性的差異，即視覺細節的差異，在大多數情況下都多得足以把石頭看作爲一個獨立的視覺單位。沿著一個自然物體和它的環境之間的界限，一般普遍地存在著特徵的一些間斷性。這種間斷性通過一個封閉的輪廓把環境和物體的內部分割開來。由於這樣的間斷性足可以使任何區域看上去如一個獨立的實體，所以當界限是一個物質物體的界限時，它一定也有這個作用。若沒有這樣的間斷性，當然也就沒有爲什麼分離會發生的原因了。這並不反對我們據此作如下的推理。實際上不可能找到不達到感覺分離的任何條件而仍被看作爲具體實體的物體。經驗顯示，不管在什麼時候，當組織的條件嚴格地起阻止一個特定視覺單位的形成的作用時，這個單位就不可能被同時看見，即使它是如此地被熟知並且只被當時的特殊環境所僞裝。要對這個問題進一步的詳細討論，三維空間上的視覺深度和事物的分離將肯定起到重要的作用。但是現在我們只能稍稍提及一下這個論題，因爲在深度知覺領域中實驗和理論都仍處在較初級階段。

在前面的敘述中，我已經重點指出了感覺組織爲神經系統做出了一種獨特貢獻的事實。重點指出這一點是必要的，因一些人

好像認爲根據完形心理學，「完形」即分離的實體，是存在於有機體之外，並且簡單地把它們自己延伸到或者投射到神經系統中去的。我們現在必須認識到這種觀點是完全錯誤的。

一旦我們對這一點認識得很淸楚，我們就當然會問自己，感覺組織在什麼程度上具有一個客觀的價値，即使它是神經系統的貢獻。在我們周圍的物理物體和我們的眼睛之間，光波是交流的唯一方式。在這些刺激中沒有組織；具體單位的形成在神經的功能中發生。但是，在某些方面，組織的結果也許可以告訴我們比光波能告訴我們的更多的有關我們周圍的世界的事情。我們不總是越靠近一個物體就越多知道它的情況。比如當一個透鏡被放在一個明亮的物體和一個屏幕之間的時候，如屏幕被放在最靠近透鏡的地方（因此也是最靠近物體的地方）時，屏幕上的物體的圖像不會變得最令人滿意的淸楚。在一個特定距離時，投射的圖像能比在更近的距離時的投射圖像更淸晰地表現物體。類似地，雖然這些光波是從物體傳達到我們的唯一信息，雖然感覺組織只在光波到達以後才發生，但是感覺組織能比光波給我們一個更準確的世界圖景。

我重複一下，光波本身絲毫也不提示哪一些光波是從物理物體之組成部分反射回來的，哪些是由它所在的環境中的物體反射回來的。一個物理表面的每個元素都獨立地反射光線；就此而言，一個物體（比如一頭羊）的表面的兩種元素，如同兩種元素中的一種不與動物環境的一個表面元素相聯繫一樣，它們彼此之間是不相連的。因此在被反射的光線中，沒有單位實際上存在於物理世界的跡象。誠然，我們的眼睛的固有屬性使得發生於外面世界某一點的光波聚集在視網膜的一點上。再者，一個物體表面

上的種種點之間的幾何關係在很大程度上會在視網膜投射中重複
出現。但每個局部刺激是同時單獨地起作用的。因此，就視網膜
刺激而言沒有組織，也就沒有具體單位和群集的分離。事實確是
如此，儘管在視網膜上像一頭羊之類的連續物體是由一個相同的
連續區域即羊的圖像來代表的。因為從刺激來說，這個區域的元
素在功能上是彼此獨立的，如同它們中的任何一個元素是獨立於
圖像之外的元素一樣。在心理學中，我經常提醒要反對刺激錯
誤，即反對把我們有關感覺經驗的物理條件的知識與這樣的經驗
混淆在一起的危險。我認為，還有另一種錯誤——我建議把它叫
做經驗錯誤——也同樣是不幸的。這個錯誤發生在感覺經驗的一
些特徵被粗疏地歸屬於刺激的時候。自然，這種錯誤經驗常把發
生於非常普通的感覺事實情況下，我們常傾向於根據這些事實來
思考問題。只要這些事實所涉及到的任何問題仍沒有被充分認識
到，這種錯誤就會長久存在。生理學家和心理學家都願意談論這
樣一種對應於一個物體的視網膜過程，即似乎在物體的視網膜區
域內的刺激構成了一個分離的單位。但這些科學家還是認為刺激
形成了一個完全獨立的局部事實的拼塊。

　　當這一點被充分認識到的時候，感覺組織的鉅大生物學價值
變得明顯了。我們已經看到這個組織傾向於具有與當時物理世界
的實體一致的結果；換言之，感覺經驗中的**共同屬於**（belong-
ing together）傾向於伴隨著物理意義上的「成為一個單位」，
在感覺領域中的分離伴隨著物理學觀點上的分割。因此，在許多
情況下，感覺的組織化意謂著重建失落在衝擊視網膜的波信息之
中的物理情境。確實如此，當沒有相應的物理單位存在時，組織
化經常形成連續的整體和分離成員的群集。但是當與更多的情況

相比較時，在這些情況下組織給出了一幅客觀事實的畫面，這個短處就被正確地認為是微不足道的。如果感覺場是由彼此獨立的感覺顆粒組成的，人們就會發現這樣一個環境中他們很難自己適應。從這觀點出發，可以幾乎不誇張地說，感覺的組織化在生物學上比發生於視野中的個別的感覺性質重要得多。色盲的人總的來說能夠應付他們的環境，雖然他們的視覺經驗比其他人的具有少得多的色彩。關於刺激中的在實用意義上具有重要性的相似和差異性，這方面的不足不是一個嚴重的阻礙。色彩的差異通常伴隨著亮度的差異；一般來說，後者就足夠建立起我們的行為主要依賴的領域的組織化。

組織對實際生活和對科學觀察一樣重要。在第一章中，我們已經看到一個物理學家的感覺經驗是他唯一的原始材料。我們現在可以補充說，這個經驗主要是就被組織的意義上對他而言是重要的。他所研究的系統、他的儀器、它的天秤、它的指針等等在他的視野中都無一例外地是分離的實體。如果它們不是以這樣的具體事物提供給他，物理學的研究就將絕對不可能。當行為主義者向我們推薦自然科學的方法時，他們總是忘記提及「客觀方法」的這一側面，雖然他們是不該忘記的。即使我們忽略視覺經驗，把物理觀察看作是物理學家身上的純粹的一系列生理活動，我們仍必須認識到這些活動是有組織的，並且只是因為它們的組織性，研究方式成為可能。

現在也該清楚地認識到為什麼剛開始聽起來如此吸引人的刺激——反應公式實際上非常容易使人誤解。實際上，它看來迄今為止還是可接受，只是因為行為主義者以這樣一種不嚴謹的方法使用了「刺激」這個詞。在第三和第四章中，我們已經看見這個

名詞不是在它嚴格的意義上被使用的，它一般不是會引起一個反應的「一個刺激」。比如在視覺中，有機體傾向於立刻對成千上萬的刺激做出反應；這個反應的第一階段是在一個相應得大的領域內的組織。在許多情形中，效應器官的反應會馬上開始；但是甚至這些反應的最初反應也經常依賴於同時正在發展的場域的組織。以眼動爲例，決定眼動的視覺規律涉及分離實體的界限，涉及這些實體在視野中的定位，等等。除了眼動，一個人的行爲一般也是和一個建立良好的場域聯繫在一起。大多數行爲經常與特別的事物——單位相聯繫。因此，正確的心理學公式應是：刺激的型式——組織——對組織產物的反應。神經系統的運轉絕不局限於初級的局部過程；它不是像一個在其中具有各自功能的傳導體以某種方式被放在一起的盒子。它對一個情境做出反應，首先通過對其來說是特殊的。作爲一個系統的動力感覺活動，即組織化，然後通過依賴於組織結果的行爲。假設在一個工廠中的某處，用 HNO_3 的元素製造出來了 HNO_3；在工廠的另一處這個酸又被用來溶解銀——是不是能說銀對氮、氫和氧做出了反應了呢？確實，這樣的說法是完全錯誤的，因爲銀所發生的一切是由酸的化學組織決定的，它不能被理解爲是對這些元素或對這些元素的總和的反應。類似地，我們不該把行爲說成是對「一個刺激」或「一些刺激」的反應。後一種表達方式也至少是模糊不清的，因爲這可能意謂著我們所探討的行爲產生於一些同時獨立發揮作用的刺激。

　　有一次我試圖使一位行爲主義者確信，當他在談到一隻雄鳥時，他把一隻雌鳥作爲「一個刺激」對待，他這時忽視了組織化的問題和事實。我所有的努力都是徒勞，雖然（或因爲）他把感

覺經驗看成為對心理學無任何益處的東西，但他還是如此不斷地犯經驗錯誤，以致於他不能知道為什麼雌鳥不該被叫做「一個刺激」。「一隻老鼠」、「一扇門」、「一個實驗者」，等等如此經常地被稱為「刺激」。當那些完全意到組織化問題的人把它當作一個縮寫詞來使用時，這個表達方式可以是無害的。但是當那些還沒有學會避免經驗錯誤的作者使用這個名詞時，結果將是最不幸的。這些或許從來不知道我們所說的組織化是什麼意思。

剛才我指出，在用它們的界線建立它們的具體實驗的時候，感覺的組織化傾向於產生與特定物理情境的實際組成相符合的結果。如果處於物理物體和眼睛之間的光波是彼此獨立的事物，這是怎麼發生的呢？在光的傳送中，某種東西一定被保存下來，它們總的來說有利於正確的組織。實際上，我們已經確切地知道這樣被保存的東西是什麼。雖然局部刺激是彼此獨立的，但是它們展現出像相近和相似之類的形式關係。從這方面講，刺激複製了在物理物體的表面元素之間的相應的形式關係。這些在物理物體中的形式關係作為在刺激中的相應關係而被保存下來。因為組織化依賴於後者，所以它也必須依賴於前者。

組織依賴於在局部刺激中的關係。這一事實使得以下情況變得十分地清楚了，即感覺組織不能根據這樣的局部過程來加以理解。獨立的局部事實與可能在它們中間得到的形式關係完全無關緊要。另一方面，如果我們設想感覺場域的組織描述了在腦中的相應區域內的過程的**自我分布，**（ self－distributions ）我們就能毫無困難地知道這樣的關係在組織中所起的作用。動力的自我分布通過局部活動間的相互作用來保持，但是我們已經看到在物理學的所有部分中，相互作用依賴於在一個系統的各種不同的部

分裡所給出的 **相互關係中的制約**。（conditions－in－relation）由於對視覺組織也同樣如此，我們完全有理由相信這個組織產生於腦的視覺部分中某種過程的自我分布。事實上對視覺組織的細心研究遲早會非常具體地告訴我們在視覺皮層裡是哪些物理過程在進行自我——分布。

　　一些批評家堅持說完形心理學家不斷地重複「整體」這個詞，忽視了整體的部分的存在，而且一點也不尊重科學方法的最有用的工具「分析」。沒有比這更令人誤解的說法了。在我們對組織化的討論的全部過程中，我們已經發現應該必要地既提及分離也提及統一。在物理學中，一個領域內的功能的相互聯繫與相對的分離也完全是不矛盾的。我們記得油在另一種液體裡保持以一個單位的形式存在著，儘管在水與油的共同接觸面上動力的相互作用是強烈的。在心理學中，我們也許可以這樣說，完形心理學的一個主要任務就是指出整體的眞正的而不是虛構的部分。所有的視覺事物都是產生它們的領域中的眞正部分，並且大多數事物它們還有從屬的部分。組織的原理涉及這些部分的分離，也涉及它們的一致的特徵。這些對眞正部分的分析在完形心理學中是一個非常合理和必要的程序。當然，它們比對局部感覺——它們當然不是視覺情境的眞正部分——的任何分析更具成效。

　　看來在這一點上提到了對另一種分析的評價。我可以接受和描述一個在我面前發現的感覺領域。這樣一種描述涉及到剛才定義的分析。然而，對於這個領域我可以採取一種特殊的態度，從而強調它的某些內容並或多或少壓制另一些內容。有時候這種態度會引起組織的變化。根據完形心理學，這種分析實質上等於把特定的感覺事實轉變爲其他的感覺事實（參閱第四章，第79

頁）。分析的態度不是引起組織變化的唯一方式。當我們強調一個場內的一定部分的時候，我們可能有意地把它們放在一起，並且因此而有利於一種特別的統一。以這種方式產生的組織的任何變化又是感覺事實的一次眞實的轉變。

　　根據完形心理學，主體的這樣一種態度是與特定感覺場域的過程所受到的壓力相聯繫的。在一定程度上，場域的組織可能屈從於這個壓力。如圖7，一般被看作是一個對稱的形狀。但是通

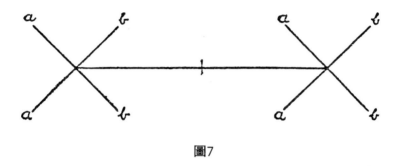

圖7

過標有「ａ」的線條，並且把它們放在一起，人們可以頃刻看到圖7a，標有「ｂ」的線條或多或少地被忽視了。同樣，人們可以強調標有「ｂ」的線條，從而得出圖7b。如果考慮到圖7中的客觀的中心點，這樣的變化實際上影響了感覺情境，這種情況就變得特別地明顯。當強調「ａ」線條從而產生圖7a的時候，這一點被移向了右邊，這也就是當作根本沒畫「ｂ」的線條的時候一樣。當我們選出圖7b的時候，則這一點被移向了左邊。

　　在某些情況下，感覺的組織化看來是突發地變化的，即沒有任何外在的影響，只是因爲在一定時間中蔓延在神經系統的特定部位的過程，傾向於改變所涉及的生理組織的狀況。我們知道這

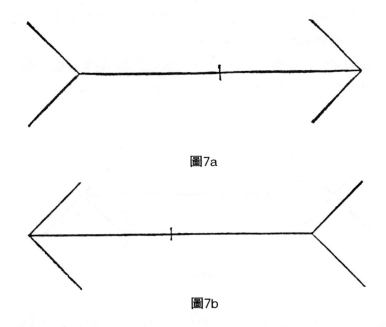

圖7a

圖7b

種情況同樣會發生於電解池中。在電解池中，電流使電極極化，
因此建立起與它自己的持續方向相反的力。**圖**8表示一個由三個
狹窄部分所組成的物體。但是在凝視**圖**8的中心一段時間之後，
大多數人會突然看到另一種圖形。現在，那些原來形成一塊狹窄
部分的界線的線條被分開了；它們變成了大塊部分的界限了。顯
然。圖形的組織已經改變了；當主體現在看狹窄部分，然後又改
換看較大的部分的時候，它又會發生變化。如果主體長時間地凝
視中心，變化的速度就會逐漸加快。然而，如果現在使圖片在空
間上旋轉，從而使各部分占據了新的位置，那麼組織會變得幾乎

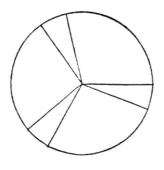

圖8

和當初一樣穩定。這個事實也許可以被認爲是爲如下假設提供了
證據，即組織的過程實際上改變它們自己的情形，並且這個事實
對圖片倒轉的情況也具有解釋的作用❺。

❺　一些文章已經闡明，這些正被討論的事實可能比我們目前所確認的
　　還重要，長時間地檢視任何特定的目標物，（在視覺上）會傾向於
　　改變該目標物的組織。此外，稍後出現在同樣場域的其他物件也會
　　受到影響，也就是說會被替代或扭曲。（ Cf. J. J. Gibson, J. of Ex-
　　per. Psychol ., 16,1933 ；W. Köhler, Dynamics in Psychology, 1940
　　；also W. Köhller and H. Wallach, " Figural After-Effects. An In-
　　vestigation of Visual Processes. " Proc. Amer. Philos. Soc., 88,
　　1944.)

第六章

組織實體的特徵

　　當完形問題剛出現的時候，沒有人能預料到它後來和動力的自我——分布的概念會緊密聯繫起來；也沒有預料到感覺的組織化的事實會立刻得到了它們應該具有的中心地位。實際的開端是從觀察到感覺場表現出普遍不同於傳統理論的感覺的特徵開始的。厄棱費爾（Christian von Ehrenfels）以馬赫（Ernst Mach）的觀察爲先導，呼籲心理學家們注意或許感覺場的最重要性質的內容，在通常的分析中被完全忽視了。

　　當假定一個感覺在感覺領域中獨立地占有其位置，即只由其局部刺激所單獨決定，那麼關於厄棱費爾引進到科學心理學之中的性質的奇怪的事情就它們與**刺激集合**（sets of stimuli）的關係。嚴格的局部刺激本身從未引起過像這些性質那樣的東西；然而許多刺激的「集合」在感覺場中是具有這些特別作用的條件。

　　我們可以以一杯其中溶有肥皂的水爲例。這種液體的外觀在德文中叫「trübe」，在英文它的意思是如「dim」或「turbid」之類的東西。但是如果我們通過穿看一個屏幕上的小孔從而隔離開視覺情境的一個小點，那麼小孔就會充滿某種有細微差別的灰色（或許帶有一點藍色或紅色）；「暗淡」或「混濁」將會消

失。後種特徵只作爲一個更擴展區域的性質才會發生；它不只依賴於區部刺激。在黑暗角落裡所看見的物體也同樣表現出暗淡和模糊的性質。同樣的，如單獨檢查局部的印象，它們都不顯示出任何模糊性；但是一些擴展區域顯示出模糊來。作爲場的屬性的「清晰性」和「銳度」具有同樣的**超越局部性**（translocal）的特徵。我們還可以提及被稱爲「粗糙的」（德文「rauh」）表面的觸覺特徵。在觸覺的任何純粹的局部經驗中沒有像「粗糙」這樣的特徵。

　　厄棱費爾提出的，發生在時間擴展中的特殊性質也同樣發生在空間上。比如用來指一定的聽覺現象的德文單詞「rauh」同樣可以用來指觸覺領域裡的「rough」表面。當我們聽相當快的節拍或聽人類語言中的「R」音時，我們經歷了這個聽覺的特徵。自然，由於它依賴於節拍，所以當刺激縮短到一定限度之下時它必須，也確實是消失了。如「homogeneous」和「continuous」之類的詞當然是指空間上的擴展區域或時間上的延長區域的屬性。

　　從功能的角度來看，這些觀察結果不如它們在厄棱費爾的發現的時候看起來那樣令人驚奇。爲了瞭解一個極端形式的分析遲早會使得理解某種事實變得不可能，我們不必考慮它的屬性：作爲我們對一種顏色的經驗之基礎的過程有可能是化學反應，在這些化學反應中一定的分子形成了，而另一些分子則遭到破壞。化學家能夠分析這樣的反應；但是這種分析方法有一個自然的限制，因爲至少有一個完整的參與某一特定反應的每個原子或分子的樣本，以及它們的相互作用中所涉及的完整的動力活動，必須被包括在內。超過這個限制概念「這個特定的反應」就失去了它

的涵義，特別是在顏色是和反應相聯繫的心理學理論中，因此這就迫使我們認識到發生了某種擴展的動力現實，這種現實會受到走得過遠的分析的破壞。如果這在化學中也如此，那麼當我們在感覺領域中遇到這種情況時，那麼，相同的事實不會令我們吃驚。

厄棱費爾屬性，它與比較顏色更延展的動力活力相對應，是和顏色同時發生的。我們假設這些屬性和普遍的感覺屬性從生理學上來說是相同的、全部的**分布中的過程**（process—in—distribution）的時相性質。若厄棱費爾進一步以這種方式賦予他的新特徵以共同感覺的性質所具有的那種的相同地位，那對他來說這就是一個超人的成就了。對他而言，他的屬性代表當這些「感覺」剛建立時附加於其上的經驗。在格拉茨（弗農、威塔賽克、比努西）學派中，在那時有許多關於可靠的內容（fundierte Inhalte）的討論。「可靠的內容」這個概念不僅意指與厄棱費爾特徵相比較而言的感覺的首要性，而且意指通過理智過程後者所產生的結果。顯然，甚至對那些對這個新主題特別感興趣的人也會發現，要立刻認識到它對心理學理論的根本重要性，也是十分困難的。

從該名詞在前一章中所使用的意義上來說，厄棱費爾特徵大多是分離實體的特徵。「簡單的」、「複雜的」、「規則的」、「和諧的」，這些詞都是指組織的產物。當我們把某物叫做為「對稱的」這個事物當然是一個分離的物體。類似地，「細長的」、「圓的」、「尖的」、「笨拙的」、「優雅的」，是事物或擴展的活動的具體屬性。只要從這些例子再往前一步，我們就可得到更特殊的形狀——特性，這些形狀的特性是一個圓圈、一

個三角形、一只梨子、一棵橡樹等等的富有特徵的外觀所確定的。這些特徵只作爲特定實體的屬性而產生的。在德文中「Gestalt」一詞經常被作爲形式或形狀的同義詞。厄棱費爾一把形狀作爲它性質中的最重要和最明顯的部分，所以他用「完形性」（Gestaltqualitäten）一詞來概括它們。因此不僅物體和圖形的具體形狀被包括在內，而且如「規則的」這樣的性質也被包括在內。另外，我還要再一次指出，還有時間的厄棱費爾特徵。這個名詞的一般解釋也適合於一個旋律的具體屬性，比如它適合於旋律的「大調的」和「小調的」特徵，就像它適合於一個圖形的「成角度」（angularity）一樣。作爲視覺事實的運動，它具有既是時間的，同時也是空間的完形性。舞蹈的形式和動物的緒如像「蹦跳」或「匍匐」之類的特徵性運動可作爲說明的例子。

在這一點上，關於術語學我們要作一點一般的說明。對厄棱費爾來說，這樣的新特徵是其鉅大興趣之所在。他沒有認識到組織的更多的一般意義，也沒有認識到如下事實：大抵正是組織的產物顯示了作爲其屬性的 Gestaltqualitäten 的最好的例子。現在，在德語中——至少從歌德（Goethe）時代起——名詞「Gestalt」有兩個涵義：除了有作爲事物屬性的形狀或形式的涵義外，它還有一個指具體的實體本身的涵義，這個實體具有，或者可能具有一個形狀，而形狀是它的特徵之一。從厄棱費爾時代開始，重點已從厄棱費爾的特性轉向到組織的事實，因而也就轉到了感覺領域中的具體實體的問題。因此，當我們現在談論完形心理學時，其中「Gestalt」一詞的涵義或是指具體的物體或是指組織。完形屬性的問題在完形心理學家必須處理的許多問題

中已成為一個特殊的問題。完形心理學家的希望是，他運用於感覺組織的功能概念也將有助於對厄棱費爾特性進行理論的處理。因此很清楚，引進一種特殊類型的過程現在是完形心理學的主要信念。希望瞭解這種心理學形式的學生必須集中注意那些作為功能整體進行自我分布和自我調整的擴展的活動。這樣的過程將具有某種它們只作為擴展狀態所擁有的特徵，並且其組成部分也同樣如此，如上看法是合理的。這些特徵並且被假設將證明是與厄棱費爾性質有生理學的關聯。

　　從這種觀點來看，甚至關於感覺領域中的具體實體的分離，似乎也只是構成完形心理學研究內容的各種問題中的一個問題，儘管它是非常重要的問題。實際上，「完形」這個概念可以在感覺經驗的界限外使用。根據這個名詞的最一般的功能的定義，學習、回憶、努力、情緒傾向思維和行為等等的過程，也許都應該包括在內。這就使得下一點更為清楚，即形狀涵義中的「Gestalt」不再是完形心理學家的注意中心。因為對心理學家感興趣的有些事實來說，形狀涵義上的「完形」根本不適用。除了心理學，個體發育中所說的發展以及某些其他生物學的問題，或許也應該以同一種方式來對待。認識到上述這種廣泛的看法並不意謂著使問題變得模糊了，這是很重要的。如果機械論的概念這麼長時間地廣泛盛行而沒有受到任何適當的認真考查，那麼對不進行關於一般動力的分布和調整的原理的討論也不應持有異議。然而，這絕不是相信任何這些較大問題實際上可以僅僅通過運用一般的理論就能解決。相反，在理論似乎適用的任何地方，具體的研究任務只是其開端；因為我們想知道過程是以何種確切的方式進行自我分布和自我調整的❶。

　　如果說在感覺領域，要使我們的問題得到實際解決，這仍然
是將來的一個任務，那麼至少現在就可以立刻邁出其第一步。在
這裡，與任何其他地方一樣，我們首先必須認識到根本問題是什
麼。比如現在沒有人不知道，深度視覺是由視網膜上兩點受作用
的制約所決定的，它引起了個令人著迷的問題。但是，形狀作為
分離實體的一個特徵，要看到其真正問題之所在，看來要困難得
多。其原因同這些視覺實體本身的情況下的原因一樣（參閱第
112頁）。我想再一次指出：當我們談到視網膜刺激的時候，我
們的思維是以圖象的概念來進行運轉的，也就是以一個圖像是一
個特殊的單位這樣的涵義來進行運轉的，這個單位在感覺上有一
個形狀，而被知覺的對象就是在這感覺內具有其形狀的。因此，
許多人會說一枝鉛筆和一個圓圈的形狀被投射在了視網膜上。顯
然，當我們不經意地說到這些詞的時候，它們包含著經驗的錯
誤。在所有視網膜刺激的拼塊中，對應於這支筆和圓圈的特殊區
域並沒有以任何方式被挑選出來或統一起來。因此，形狀也沒有
從機能上被意識到。我們的思維可以挑選和綜合我們希望的任何
視網膜點；以這種方式，所有可能的形狀，包括鉛筆和圓圈的那
些形狀，都可以被想像地施加於視網膜之上。但是，就視網膜刺
激而言，這種過程完全是任意的。從功能上講，鉛筆和圓圈的形
狀在視網膜的投影與天使或獅身人面像的形狀在視網膜的投影幾
乎一樣小。

　　一些例子可以起到澄清作為一個視覺屬性的形狀的概念的作

---

❶　柯勒（Köhler），「完形問題和一個完形理論的起始」。（Gestalt-
　　probleme und Anfänge einer Gestalttheorie）

用。偶然地，我們看見一張代表某個我們熟知其形狀的國像的地圖，在其他地圖上，我們已看到過這個國家國土的形狀。但是現在，在我面前的這張地圖上呈現出的是一些完全不知曉形狀的區域。但是，突然，在我們的視野中發生了一個根本的變化：不知曉的形狀消失了，那個國家的我們熟知的形狀非常清楚地出現了。船長的某種航海圖就是這種觀察的良好實例。在這種航海圖上，海洋往往採取在一般地圖上的陸地所具有的外觀。現在，陸地在一張航海圖上的輪廓線與它在一張普通地圖上的輪廓線完全一樣；即分離陸地和海洋的幾何線正常地投射在視網膜上❷。雖然如此，但當我們看一張地圖，例如，一張地中海地圖的時候，我們可能仍然完全沒有看出義大利。相反，我們可能看見一個奇怪的圖形，它對應於亞得里亞海區域。這塊區域對我們來說是新鮮的，但是它碰巧在這種情況下具有形狀。因此，「具有形狀」是一種能把視野的一定區域和那些在這意義上沒有形狀的區域加以區別的獨特性。在我們的例子中，只要地中海有形狀，對應於義大利的區域就沒有形狀，反之亦然。

　　如果我們再次記起視網膜刺激組成的僅僅是一個拼塊，在這個拼塊中，並沒有特別的區域在功能上被分割和形成，那麼，這種說法看來並不令人驚奇。當神經系統對這個拼塊做出反應時，並且當組織化發展時，在我們的例子或是其他的如義大利半島和地中海的例子中，各種受限制的實體可能發生和形成。但是除非我們知道組織的原理，否則我們不能預料實際上哪種可能性將被

---

❷　嚴格地說，這種表達方式再次涉及到經驗錯誤。在視網膜刺激的鑲嵌圖上當然沒有作為特定、統一和分離的實體的那條線條。

意識到。像這樣的刺激沒有告訴我們何種可能性，並且在現在這個例子中，組織的不穩定性使得這一點變得十分清楚，即它們並不單獨決定形狀在確定區域內的出現和消失。

　　圖9（它是圖8一個變式）或者圖8可以作爲進一步說明的例子。如果我們以一種恆定的刺激模式去看圖9，我們可以在它上

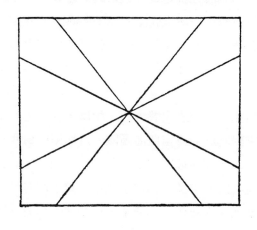

圖9

面看見兩個不同的形狀。一個是由四個細長的臂狀物所組成的十字形狀。另一個是由四個較大部分所組成的另一個十字形狀。只要在我們面前的是前一個形狀，後一個形狀的區域就被吸收進了背景之中，其視覺形狀也就不存在了。當後一個形狀出現的時候，則前一個形狀就消失❸。在這兩種情況下可以觀察到斜線是所看的形狀的界線。它們在第一種情況中屬於細長的十字形，在

────────────

❸　在一定的特殊情況下可能會同時看到兩個形狀。

第二種情況中屬於粗大的十字形。

　　對這種情況進行徹底的觀察首先是由魯賓（Rubin）進行的。他通過大量的例證描述了他的觀點❹。如果在第二個表象中另一個形狀被看到了，那麼在這個圖形的第一個表象中看到一個形狀的立體就不能認出這個圖形了。這說明在一特定的時間，只有一個特定的區域有其形狀，這一點是確定無疑的。後一個形狀在前一個形狀被看到的時候還不是一個視覺事實。因此在第二種表象中看到的形狀看來完全是新奇的。另外，另一個人看圖9中的兩個十字中的一個時，他不能同時看到其他形狀。從視網膜刺激的角度來說，其他形狀或許也在視覺上出現了。比如，人們看不到與圖9a、圖9b 或圖9c 相對應的形狀。

　　在圖10中可以看見中間穿著一條水平線的二條未知的物體。當我告訴讀者，在他面前有個數字4時，他會毫無疑問地找到它。但是，如果他不受什麼理論偏見的影響，他會承認，在一開始時，數字4的形狀並不是作為一個視覺事實而存在著的。當它後來出現時，這意謂著在他的視野裡發生了一個轉變。

　　在這個例子中可以清楚地看到，一個特別的視覺形狀的存在伴隨著一個相應的視覺單位的存在，這個視覺單位在被分離的時候就具有形狀。其他對應於相同區域內的一個不同的組織的形狀在此期間在視覺上是不存在的。因此，當我們初看圖10時，可以看見它存在於一個特別的組織，這個組織由二個未知的物體和一條貫穿其中的水平線組成。這意謂著「4」的一部分被吸收進了左邊的物體，一小部分被吸收進了右邊的角形整體，其餘部分被

---

❹　《視知覺形象》（ Visuell wahrgenommene Figuren ）

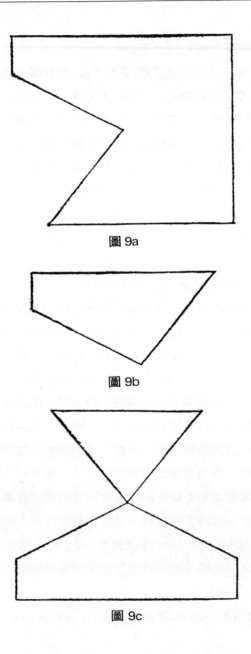

圖 9a

圖 9b

圖 9c

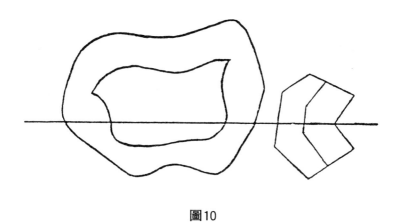

圖10

吸收進了水平線。　隨著「４」作爲一個分離的物體而分解了，它的形狀也就消失了。當主體最終確實看見了「４」時，其相應的線條或多或少地從它們的連線部分中分離出來了。這是一個簡單的規律，即只有所涉及的線條和區域在視野內分開，視覺形狀才出現。對迷惑圖片和僞裝物體等等的觀察都證實了這點。類似地，一個人可以容易地使自己確信，部分的形狀的視覺存在依賴於其在較大實體內的相應的次整體的相對分離。

　　我們周圍的事物大多數是非常穩定的實體。因此，只要不受到偶然條件或有意的僞裝的干擾，我們通常可以看到它們的具體形狀。正因爲這個原因，所以視覺形狀的問題才如此容易地被忽視。許多人仍相信「形狀出現在視網膜投射中」。但是，並不存在什麼我們的討論不適用的視覺形狀。在視野的任何已形成形狀的部分中，其中過程肯定具有特殊的特徵。這時，這些特徵並不存在於視野的所有部分而只存在於對應的部分中。如果在一個晴

朗日子，我們沿著兩旁都是高樓的大街行走，那麼天空就會被房屋的較深的表面所圍繞。在這種情況下，我們看到了天空中的明亮區域有其形狀的了嗎？一般來說，我們沒有看到。明亮區域沒有它自己的形狀，儘管它被不同色彩的表面所圍繞，但天空的這部分仍然是「無形狀的背景」。輪廓線仍然是房屋的邊緣，房屋具有形狀，但是天空的可看見的部分卻沒有。如果我們希望看見天空中一塊被限制區域的形狀，我們就可以把一張屏幕舉在我們的頭上，通過在它上面的一個洞來看天空。如果這個洞和字母 H 的形狀一樣，那麼天空的相應區域的形狀就如一個在黑背景上的明亮的 H 的形狀。

完形心理學的學生應該非常熟悉這樣的觀察及其結果。正像視野的一部分也許具有某種色彩，或者不具有色彩一樣，一塊被限制的區域可以具有形狀或不具有形狀。

在未來的一段時間內，以生理學觀察的方法來研究視覺過程的動力學也許是不可能的。目前我們只能從視網膜形式和視覺事實的比較中得出結論。那麼我們會發現厄棱費爾認為形狀是一定區域的一種超局部的特徵是正確的。因此，看來潛在的過程一定也具有超局部的特徵。形狀是一個只有從視野中分離出來的實體才具有的屬性。因此看來，當過程相對地分離於較大的功能整體時，它們同時得到了超局部的特徵，這個特徵決定了它所涉及的事物的形狀。

自然，由於視覺形狀以一個相應的視覺事實的分離為前提條件，因此，特定的具體形狀的存在依賴於決定事物的組織同樣的刺激的因素。我們很容易看到，刺激的特定形式內的一定形式關係再次發揮著決定性的作用❺。

在進行了上面的討論之後，我們沒有必要花許多時間再去討論在時間向度上所經驗的形狀或形式的概念了。在旋律、節奏以及可見運動等等的例子中，我們只想重複一下我們在討論同時性確定形狀的例子中所說的話。一個音樂主題的形式是從某一特定的點開始，在另一點結束；然後另一主題緊隨其後。但是在一特定的情況下，例如，不存在從第一音樂形式的第二曲調延伸到下一個形式的第三個曲調的經驗形式。在這兩個形式間有一種被稱為「**死的**」**音程**（「dead」interval），這種以**空時**（empty time）形式出現的音程與空間向度情況下的在一個視覺形狀之外的純粹的延長或背景相對應。另外，當在一個黑暗的房間裡，一個移動的亮點描繪出了如**圖6**所示的運動軌跡的時候，我們看到了像Ⅰ、Ⅱ、Ⅲ一樣的運動形式。但是我們沒有看見其他形式，例如，沒有看見一種對應於Ⅰ的一部分相鄰的水平伸展，以及Ⅱ的一部分之總合的運動形式。我們再次看到，經驗形式伴隨著相應的整體和亞整體的組織。

由於形狀是分離實體的一個屬性，所以我們先前反對用過去獲得的知識來解釋的看法在此也適用，如同它適用於對那些實體

---

❺　有一次彪勒（K. Bühler）曾試圖解釋一個非常有特點的形狀，即一條筆直的線條的形狀。他設想所有組成一條直線的視網膜點都在解剖結構上以一種特殊的方法聯結起來，這因此而賦予了直線的特殊的外觀。這個假設具有**機械論**的特點。我不認我們能冀望於以這種方式解決我們的問題。除了直線以外還存在著許多具有非常顯著特徵的形狀。我們能假設對每一個這樣的形狀都有一個特殊的解剖結構上的排列嗎？或許，甚至我們能夠假設：由於每個形狀都可能投射在視網膜的許多不同部位上，因而每個形狀都有許多這樣的排列嗎？

本身情況下的看法一樣。但是經驗主義的觀點是如此盛行，所以我們針對一點提及更多的事實是適當的

　　1.某些形狀的實踐因素對後繼知覺的視覺經驗影響是什麼呢？現在圖11和圖12，它們包含著許多幾何線的組合，當這些組合單獨出現時，它們會使我們看見不同於我們實際看見的形狀。在兩個圖中，圖13的外形都是在其中出現的。如果現在我們有許多這樣的圖畫，我們通常都以某種方式來看它們，但是它們在幾何意義上都包含著更小的圖形，那麼，訓練對較小圖形的觀看會改變我們對前者的觀看嗎？更確切地說，這種訓練會不會破壞較大的圖形，從而使具有特定形狀的實際訓練觀察的圖形浮現出來？

　　哥德沙爾特（Goffschaldt）做了這樣的實驗❻。由於假定過去的經驗應該自動地，即獨自地影響關於相應外形存在的認識的組織，所以我們不去讓受試者分析或尋找練習的圖形外形。我們只描述較大的圖形。在大約90%的情況下，先前三次暴露較小的圖形並不影響隨後對較大圖形的知覺。換了新的受試者，先前暴露較小圖形的次數增加到520次時，結果還是一樣的，即在95%的試驗中，畫面保持不變。甚至在很少顯示肯定結果例子，我們也不能用這種先前訓練來予以解釋，因為那些偶爾在較大畫面中看到練習的圖形的受試者，對於實驗的目的產生了疑問，他們問實驗者他們是否應該去尋找以前練習的圖形。雖然他們沒有被要求這樣做，但他們自然地以一種非常具體的期望的態度來看

---

❻　《心理研究》，8，1926。圖11～13摘自哥德沙爾特（Gottschaldt）
　　的文章

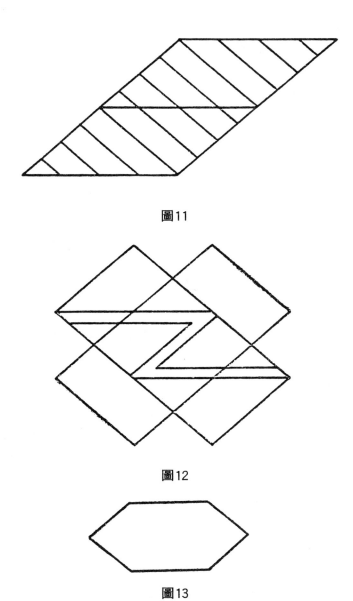

圖11

圖12

圖13

待這個實驗。因此，他們的肯定結果並沒有證明過去的經驗對隨後被視圖形有自動的影響。

　　哥德沙爾特實驗所使用的較大的圖畫，從其組織是非常穩定的意義上來說，是「困難的」。其中有些圖形我們實驗上不能從中看出較小的圖形，雖然我不僅知道它們存在著並且還知道它們在哪兒。但是我們反對的觀點不是針對較大的圖形的困難而提出的，因為在這樣的反對觀點中會不明而喻地承認非常穩定的視覺組織比練習的任何影響都要堅固。當然，像圖12這樣較大的圖形不能夠說是由於日常生活中的許多實驗前的練習而使之具有其穩定的組織的。我們在這個圖形中看到的形狀絕不比圖13更為人所知。那些宣稱過去的經驗對隨後的知覺有自動影響的人，不得不用他們自己的實驗來支持他們的理論。如果這樣一種影響存在著，那它一定局限於個別的情景。

　　2.我們當然承認，具有形狀的特定的具體實驗容易獲得意義。當這種情況發生時，這些實驗首先被確定，然後意義再附於這些有形的事物之上。我們不知道有任何事實能相反地顯示是學習構造了事物和形狀。確實，不良組織的情景，即在其中實體和形狀幾乎沒有表示出來的情景，可以通過那些人們熟知的實驗而使之清晰化。然而，在這種情況下，主要的問題是：在以往的生活中，是什麼因素建立了那些實體。顯然，這時的條件變得更有利了，或許它們是從感覺組織的角度來說變得更有利了。無論如何，這些觀察都遠不能證明是學習把所謂的感覺轉變成了具體的事物。我們實驗觀察到的只是：在過去被經歷的清晰的組織，傾向於改善現在所具有的較差的組織。我想再次重複的是，如果當前的情景以一種不同的形式牢固地組織起來，那麼先前的練習就

沒有這樣的影響了。比如數字「４」，它有一個人們熟知的形狀；但是當把**圖**10給那些並不懷疑數字存在的人看時，他們極不可能看見它。它不可能在他們知覺這個圖型時出現。我們不能否認我們過去從未在這樣一種不尋常的環境中看見過4。如果練習具有一種自動的影響，那麼這種影響應該在這樣的情境中能夠顯示出來。再者，絕不是環境的不尋常的特點阻礙了我們在**圖**10中看到4。在**圖**14中，4立刻被看到了，雖然在這個圖形中，數字環境的不尋常性不亞於它在**圖**10中的環境。顯然，在**圖**14中添加的線條並沒有與數字的各個部分混淆起來以致使它被分離。而在**圖**10中，像這樣的組織的條件有利於其他物體的形式❼。在**圖**14中，一個同樣奇怪的環境不包含這樣的條件，因此數字仍保持是一個分離的視覺事物。

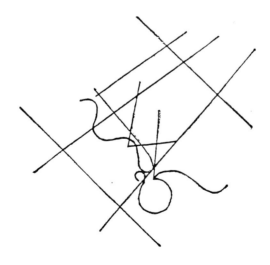

圖14

　　我們還要給出更多的例子，在這些例子中，我們熟知的物體和它們的形狀被破壞了，因為組織化建立起了更大的實體。圖15可以以不同的方式來描述，但是沒有人能夠自然地在其描述中提到字母 E。當然，這個字母在人們描述的同時，在幾何意義上它是存在，並且，實際被看到的物體比這個字母更不為人所知。圖16可以在長達幾個目的時間內被看作是一件裝飾物，而其中兩個 H 的存在卻從未覺察到。相似地，在正常情況下，字母 K 在視覺上是不存在於圖17中的。當然，在這一點上讀者已不再是在正常的條件下進行觀察了。因為現在他正以一種我們在第五章中所討論過的分析的態度來尋找這個字母。因此，我必須要求他把圖16或圖17給更多的沒有這種經驗的朋友看，並且問他們：你在那兒看見了什麼？我不相信他們對字母的豐富經驗會在很大程度上影響他們的結果。

　　3. 另外，一些人會傾向於從觸覺或運動經驗中得出視覺形狀。這種論點和在組織化的情況中的相應的解釋一樣是不可接受的。形狀是經驗具有或不具有的一個特徵。它不能歸之於其他的屬性。因此，如果視覺實驗表現為有形狀，只是因為我們在同時具有某種其他的經驗，那麼這些其他的經驗也肯定面臨形狀的問題。視覺事實或許能夠吸收那些不屬於視野的最初裝備的特徵。但是在這個情況中，這樣借來的特徵一定是它們所來自的領域的「自然公民」。因此，我們所討論的假設只是把形狀的問題從一個感覺場轉移到另一個感覺場。很顯然，如果不做進一步的轉移的話，那麼肯定在某一處被這樣處理了。這一推斷也適合於我們

---

❼　參見：特別是在第五章中提到的條件（第99頁）。

圖15

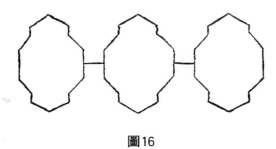

圖16

圖17

的眼動的感覺，我們已在與之有關的地方多次提到了它了。如果視覺形狀跟眼動有關，那麼它所涉及的動覺經驗必須是在視覺實驗似乎已有形狀的意義上具有形狀的。一旦這變得清楚了，那麼我們就得承認，這樣一種假設並不是一個科學的收穫。我們也許還得承認形狀是一個視覺的屬性。

4.反對這個領域中的任何經驗主義理論的最好的論據如下所述。我們容易承認，一個視野的部分能夠引起對經驗的回憶，這些經驗已經先前與那些部分聯繫在一起了。但是隨後我們會問，何種特殊的視覺因素引起每一情況下的回憶呢？回答是，在99％的情況下，因為有了一個特定的、具有它同樣的具體形狀的分離實驗出現時，回憶才會發生。換言之，正是因為這個有形的實驗和其他事實的結合在一起，因此才能產生出這些事實來。這意謂著如果不存在組織，從而回憶只能由顏色和「感覺」的亮度來引起，那麼視覺經驗將大多不能被充分地特徵化以產生任何具體的回憶。當談到過去的經驗對現在的視覺的自動影響時，人們很容易假設這個觀點也可適用於那些用感覺的組織化的作用加以解釋的現象。從這個觀點來看，一個視野似乎會包含有形的事物，因為某種先前經驗已被回憶起了。那些以這種方式推理的人看來忘記了，一般來說，回憶確實是由這樣的有形的事物所引起的。但他們沒有充分地認識到，如果他們的觀點一貫地運用，那麼視野必須被假設為完全沒有這樣的事物。我們常輕易這樣說：這樣或那樣如此這般，那是因為某種事物已經在先前生活中發生了。但是現在，我們則需要更清楚、更具體地說明了。沒有人會否認回憶在精神生活中起到了極大的作用；但是它之所以能做到這一點，只是因為這樣的感覺世界已被充分地賦予了特殊的屬性，這

種屬性歸功於組織化。僅僅一個「感覺」的拼塊不能給回憶以正確的、具體的方向。經驗主義解釋所遇到的這一困難被以下事實進一步加深了：一般來說，一個形狀與顏色、位置和區域的大小無關，它仍然保持原來的樣子。根據經驗主義的觀點，這意謂著不管在這些方面的變化，相同的先前經驗總是被回憶起來。當實際上沒有留下任何東西能夠作為引起相同回憶的持久原因時，那麼這是怎麼發生生的呢？

　　剛才我們提到的事實叫做**變位**（transposing）。由於厄棱費爾想要顯示形狀不能用感覺來解釋，所以他把重點放在了當一個物體的亮度、顏色、大小和位置被改變的時候，視覺形狀的不變性上。誠然，如果物體被移到離視野邊緣太遠的地方，那麼它的形狀也會受到影響。但是除了這個特殊情況以外，物體能被移位的範圍是廣大的❽。從這方面講，時間上的形式和空間上的形狀是一樣的：例如一個旋律可能用不同的鍵彈奏出來，但它作為旋律仍是相同的。當厄棱費爾說形狀和時間的形式作為特殊的（sui generis）現象，以這種方式被清楚地建立起來的時候，他是正確的。但他也認識到，如果移位要成為正如這個名詞所意指的那樣，某些條件必須保持不變。當刺激本身變化時，所涉及到的刺激中的關係必須保持大致相同。因此，我們再次看到，決定空間和時間上的具體實體的分離的條件對它們的厄棱費爾特性也

---

❽　對成人而言，如果**變位**不影響一個確定的視覺形狀，那麼必須具備
　　另一個條件。大多數物體當在空間上的一個新方向上出現時，特別
　　是當它們被倒轉時，都會改變它們的外觀。這個展示了成人視野的
　　一個奇怪的**各向異性**（anisotropy）的事實似乎不存在於兒童早期。

同樣是具有決定性意義的❾。

　　有一段時間，完形的顯著行為，特別是在變位條件下它們形式的不變性，一般被解釋用來證明這涉及到較高級的精神過程（參見第123頁）。但是從我們現在的觀點來看，感覺組織表現為一個初步的、起源於神經系統的基本動力學的事實。只要組織被看作是一個智力的活動，我們當然就不能夠解釋組織生物學，特別是在個體發育中的作用。還要記住，赫茲已經證實了組織對似乎不可能擅長智力過程的動物的行為的影響。顯然，拉什利（Lashley）是顯示動物「移位」的第一人。這些動物被訓練去選擇，例如，在兩個灰色物體中選擇較黑一個，然後，當另外兩個同類的物體出現時，他們能夠改變其反應。換言之，它們選擇那個代表新的一對物體中有黑邊的物體，即使其特定的灰色在當初的學習中從未出現過。在不瞭解拉什利工作的情況下，我用猿和雞重複了相同的實驗，並且特別小心地排除了幾種間接解釋的可能性。目前，毫無疑問，一隻被訓練總是去選擇兩個灰色Ⅰ和Ⅱ中的較黑一個（即Ⅱ）的雞，在以後當Ⅱ和一個新的（更黑色的）Ⅲ出現時，它們大多數不選擇Ⅱ而選擇這個未知的、有細微差別的Ⅲ。同樣的實驗也用猿猴做過了，選擇的對象是有關物體的大小或顏色。許多研究者已經能夠證實這些實驗。看來動物對這樣的一對事物的反應如同對單一群體的反應一樣。單一群體的任何一方都具有一個依賴於它在這一對事物中的地位的特殊性

---

❾　但是魏海默指出，並非刺激中的所有關係在這方面都是同等重要的。一些關係可能發生鉅大的變化而不十分影響一個確定的形狀，而另一些關係的甚至極小的改變都會立刻影響這個形狀。

質。因此，Ⅱ是第一對事物中的黑色一方；但是在新的一對中，Ⅲ替代了它的位置；由於動物已經學會選擇一對事物中的黑色一方，而不是一個或多或少確定的灰色，所以它現在傾向於避免選擇那個它在學習階段選擇的灰色，而選擇一個新的灰色。我們是否假設雞有視覺經驗是無關緊要的。在一個依賴於或多或少確定的光的強度的選擇，和一個依賴於在成對單位所決定的特徵做出的反應之間的區別，在有無視覺經驗這兩種情況下都是相同的。應該認識到刺激——反應公式在這兒又是非常會使人誤入歧途的。它忽視了這樣一個事實，即在刺激和反應之間發生了組織的過程，特別是群集——單位的形成。在這些群集——單位中，部分獲得了新的特徵。

　　爲了證實動力自我——分布的概念可以解釋移位，我們現在將要揭示移位發生在物理系統中。如果一個特定的動力分布的所有力都彼此保持平衡，那麼顯然，當所有力的強度以相同的比例減少或增大時，它們的平衡狀態將不會被打破。因此，這樣的動力狀態很大程度上獨立於在它們的各個部分上得到的絕對事實。例如，我們現在假設有一自我——分布是一個電流的自我——分布，這個電流從一個具有一定形狀的導體中流過，比如從一種充滿容器的電解質中流過。電流的強度對它的分布無任何影響。或者，如果不像 N_a 和 Cl 之類的離子而是 k 和 B_r 離子或其他攜帶電荷的離子，那麼電流的分布並不改變。或者，以當含有不同離子濃度的兩種溶液（Ⅰ和Ⅱ）混合時所發生的電動現象爲例。這樣的現象依賴於離子濃度的關係，而絕對濃度對它毫無影響。比如，如果具有1/20n 濃度的溶液Ⅱ相對於具有1/4濃度的溶液Ⅰ是這一對溶液中的正電性的一方，那麼在一對分別具有濃度1/20

n（Ⅱ）和1/100n（Ⅲ）的新組合中，新溶液Ⅲ成為了正電性一
方。換言之，成為這樣一個物理系統中的正電性一方是這樣一種
屬性，它是由系統的一部分在整個系統中的地位而具有的。從這
方面講，我們所舉的電化學的例子與兩個灰色（其中之一是黑色
一方）的例子之間沒有區別。

　　形狀或許是分離事物的最重要的屬性。但是進一步的特徵是
同視覺形狀的存在與否緊密地聯繫在一起的。在**圖8**和**圖9**中，我
們觀察到了形狀的變化。一開始看到一個十字形或星形，然後看
到另一個十字形或星形。如果仔細觀察這樣的逆轉，我們會發現
伴隨著兩個形狀的出現和消失，還有另一個變化。當狹窄的十字
被看見時，這個十字具有物體密度的性質，而它的環境相對地看
來卻是空的或鬆散的。當另一個十字形出現時，相反的情況也是
如此。這時這個十字看來具有堅固性和實體性，而成為背景部分
的狹長角形卻是鬆散的和空的。由於一個區域在它具有形狀的時
候變得堅固，並且在這個意義上是一個圖形，羅賓將堅固的特徵
命名為**圓形特徵**（figure character）。他將背景的鬆散性稱為
背景特徵（ground character）。「背景」一詞在這裡特別適
合，因為圖形一般是在空間凸出一點。無形的背景處於稍後一
點，它實際上看來好像延伸到了圖形的後面，就如圖形放在一個
平面上一樣。房子上的天空（參見第131頁）就具有這樣一種背
景的特徵，這個背景延展到了作為圖形的房屋的背後。

　　看來我剛才提到的堅固性的特徵只是作為分離物體的一個屬
性而存在的。顯然，它屬於厄棱費爾的一般性質。一些心理學家
傾向於認為這種特徵是從我們操縱物理物體時的觸覺經驗中產
的。但是沒有特別的理由說它為什麼不能成為視覺物體的屬性。

實際上，它可能屬於「事物」或「物質」一詞在日常生活中的涵義的最初組成部分。無論如何，圖形和背景在視野裡的情況是非常不同的。例如，顏色常性對圖形的作用比對背景的作用顯得更強。在一個圖形的區域內一塊色彩的**閾限**（thre shold）比它在相同客觀色彩的背景中更高。另一方面，觀察圖形的後像比在觀察純粹背景的後像更生動。

　　經過這些考慮之後，更進一步的有些說法就容易理解了。若沒有前面的討論，這些說法或許會被看作是「純粹的哲學」。在有關動物的實驗中，「成為一對組合中的黑色一方」被發現是物體的一個特徵。這個特徵是因為這個物體被包含於一個較大的實體，即視覺的配對單位之中所具有的。在許多我們不斷普遍使用的詞語中都蘊含著同樣的對較大整體的參照。我們一般沒有意識到這些詞語的涵義超越了似乎它們所附屬其上的局部事實。從眾多的例子中我只舉出以下的例子：德文「Rand」（英文為「brink」或「edge」）就是這樣的一個字；另外還有「Anfang」（「beginning」），「Ende」和「Schluss」（「end」和「close」），「Stück」和「Teil」（「piece」和「part」），「Rest」（「rest」或「remnant」）；和「Loch」（「hole」）和「Störung」（「distur bance」）。我們可以立刻看到，一個地方看來像一個「詞」，只是因為構成了一個較大實體的遮斷部分，這個實體的其他部分具有圖形的特徵。加必要的變更，干擾的涵義也同樣如此。我們無必要把例子局限於該詞適合於感覺事實的情況中。在思維過程的情況下，一個活動是一個「干擾」是只對它所擾亂的另一個較大的和單一整體而言的。若沒有這一參照，這個字也就沒有了意義。那些熟悉

音樂理論的人會記得，一個音調只在一個它在其中起特殊作用的音樂展開部中才具有「音調的」特徵。同樣，「主音調」不是獨立地超出於自身，而是作為一個較大音樂結構中的部分而突出的。

　　相似的例子也很容易地在形容詞和動詞中找到。「Hohl」（「hollow」）和「offen」（「open」），「complete」和「incomplete」屬於這一類，因為它們的涵義指的是在其中這些形容詞可以獨自適用的具體的經驗單位。在指示事件和活動的名詞範圍內，我們有，比如：「開始」（「starting」）和「開始」（「beginning」），「結束」（「ending」）和「結束」（「finishing」），「停止」（「desist」）和「中斷」（「interrupting」），「繼續」（「proceeding」）和「繼續」（「continuing」），還有「偏離」（「deviating」），「彎曲」（「bending」），「停滯」（「retarding」），等等。如果我們考慮這樣的字如「猶豫」（hesitating）或「偏離」（deviating）的涵義時，我們發現它們的涵義是以更大的連貫發展的存在為前提條件的，這些發展的變化由這些詞指示出來。這些發展可能是旋律，或者是我們看到的其他人的活動，或是在一個人身上發展的思想過程。本質上講，這些詞的涵義在全部的經驗範圍內都是相同的；因為組織的主要方面不局限於任何特定的領域。

第七章

行　為

如果我們不首先解決一個給許多人都造成嚴重困難的問題，那麼理解以下幾個章節將是困難的。

在談到客觀經驗時，我已反覆強調，事物及其運動和變化是在我們的外面或面前出現的，同時我堅持認為，客觀經驗依賴於腦中的過程。那麼，這個經驗是如何出現在我們面前的呢？對事實本身的存在，應該沒有任何疑問。誠然，在一定條件下，一個聲音或許會出現在我的頭腦中；但是那棵我確實在遠處看見的樹，還有那扇離得很近的窗，它們仍毫無疑問地存在於外。然而，從功能上講，這些視覺物體的存在是我腦中的，因而也是我身體中的過程的問題。最簡單的生理學的思考證實了這點。

看來我們現在立刻就討論這個問題的生理學一面是可取的。為了使問題簡單化，我們首先假設視野是我們具有的唯一的客觀經驗，然後在此基礎上進行討論。這樣，有一件事就立刻變得清楚了。雖然在多數情況下，我們的面前有許多物體，但它們的整體乃是有序地出現在一個視覺空間裡的，於是，任何個別的事物都與其他所有的事物具有了相當清楚的空間關係。（這種說法有一點膚淺，因為它不考慮物體的特定群集；但對我們現在的目的

而言，它已足夠了。）在我書桌上的鉛筆離書比離檯燈更近；小刀放在書和原子筆的中間，如此等等。

正像視野中的所有其他特徵是與腦中的生理學事實相聯繫的一樣，經驗物體的相對位置也是依賴於構成其生理基礎的過程中的某種次序。然而，這些過程的純粹的幾何學上的定位可能不是所見空間次序的相關物。我理所當然地認爲任何被經歷的東西都具有一個功能的基礎，換言之，它依賴於實際的身體活動。如果把這一假設應用於作爲經驗空間基礎的事實，那麼我們不可避免地被引入了場域物理學的概念之中。在這一學科中，對可能被稱**爲擴展中的過程**（ process—in—extension ）的思考又被看作是關於過程進行（ course ）的問題。我這裡使用的術語只是我在第四章中提到的自我——分布的過程的另一種說法。應該記住，在這樣的過程中，局部活動只在作爲一個整體的分布中發生。因此，功能的整個廣泛延展的狀態就是一個單位。在這類單位中，距離可以用英寸來度量。但是根據我們的假設，如果我們希望找到是什麼與經驗的延展相關，那麼這就不是一種應該選用的度量距離的方法。相反，我們應選擇這一過程中的動力關係作爲其相關物，而這些關係仍是過程的部分。這些關係以一種連續的方式延伸過整個過程，並且我們認爲，它們的「功能幾何學」與知覺場域的空間特徵有著同形的關係❶。當然，這裡所說的動力關係是在機體組織中，即在細胞、纖維以及組織中運轉的，它們占據

---

❶　最近，功能空間的概念在柯勒和瓦拉赫（ H. Wallach ）的「圖像的後像，對視覺過程的研究」《美國哲學會刊》（ *Proc. Amer. Philos.Soc.*, ）Vol，88，No，4，1994。中得到進一步的發展。

了身體空間相當大的部分。但是我們假設，就我們要研究的問題而言，只有動力的關係有考慮的價值，而動力次序所延展過的幾何學上的距離和區域都沒有直接的意義。的確，在很大程度上，動力次序依賴於它發生在其中的媒體的幾何學性質。比如，一個以腦幾何學來表示的大小距離似乎同時也是一個大的功能的距離，等等。但是這種依賴性遠不是什麼同一性。因為，首先，在過程中的動力關係是功能關係，而沒有一種幾何學的關係是這種意義上的功能；再者，我所指的功能的延展不僅依賴於媒介的幾何向度，而且還依賴於決定**自我——分布**的物理學規律。在下面的行文中，視覺空間中的物體的相對定位，將被視作和在腦的視覺區域內相應的局部過程的相對位置是相關的。上述說明旨在把這點弄清楚，即當我們運用「過程的相對位置」這種表達時，它必定總是根據功能的關係，而不是根據純粹的幾何學的關係來理解的。

　　讓我們回到在本章開頭提到的問題上來。在這兒思考一個具體的例子是適當的。例如，在視覺經驗中，那裡有一枝鉛筆，它在書的外面，距書有一定距離。在這些條件下，腦中有兩個局部的過程存在一個與鉛筆相對應，一個與書相對應。而且，神經病學家告訴我們，這些過程發生在**視腦**（ visual brain ）中的不同地方。我們還得補充一點；它們之間的功能關係指的是某種功能的距離關係。我建議我們現在應該來討論關於我們身外物體的定位就是直接從這一想法而來的。比如，在同一視野中，我的手像其他視覺物體一樣出現或者可能出現。顯然，就像這個後來的視覺物體在視覺經驗中的鉛筆和書的之外一樣，所以腦中相應的過程必定在從幾何學上和功能上都對應於鉛筆和書的過程之外。我

們必須對這作為一個視覺物體的手進行與對鉛筆和書同樣的理論處理；對手和鉛筆或書之間的空間關係必須以與對後兩者之間的空間關係的同樣思考方法來加以思考。一般來說，在我的視野中當然包含比手更多的我自己身體的部分：比如我的手臂，另外常常還有我的腳，我的胸以及我的鼻尖──雖然它只在極邊緣的視覺裡出現。所有這些都是視覺實體，正如書和鉛筆一樣。因此在作為一個身體系統的我的腦中，一定有對應於我身體這些部分的過程，如同有對應於如鉛筆、書等事物的其他過程一樣。另外，作為視覺的書、視覺的鉛筆和所有其他我周圍的視覺物體之基礎的腦過程，一定在作為視覺的手臂、腳、胸和鼻子之基礎的過程之外。其原因是與在書和鉛筆的例子中，它們彼此在對方之外的原因一樣的；外界的書和外界的鉛筆被投射在視網膜的不同部位上，因此引起了在視覺腦的不同部分中的過程。我的機體的可見部分與外在物體之間的空間關係也同樣如此。它們的視網膜位置不同於這些物體的視網膜位置，因此在腦中的相應位置也不同於這些外在物理在生理上所代表的位置。

原則上講，這是解決我們所面臨問題的方法。從一枝鉛筆和一本書是視覺事物的意義上講，作為一個經驗的我的身體──在一般語言中我們經常叫它「我」或「我自己」──在一定程度上是一個視覺事物。如同鉛筆與書表現在彼此之外一樣，「我」在視覺上也表現在它們的外面，反之亦然。如果它們在不同位置上的出現不令任何人驚奇，因為這個分離可以根據它們在腦中的在生理上的相關物的位置來理解，那麼我們就毫無理由對這些視覺物體的相對位置和另一方面的**可見自我**（ visible self ）的相對位置而感到驚訝。因此，不必特別的假設來解釋為什麼在視覺上我

在這些物體之外，這些物體在視覺上也在我之外。如果在外面，即在我之外，當它們出現時，有任何矛盾存在的話，那麼同樣的矛盾也應該在鉛筆和書的空間關係上發現。人們一般不認識到這點，只是因為他們不能在作為一個知覺經驗的主體和為一個本身從不在任何經驗中發生的物質系統的機體之間做出區分。當然，他們還忽視了這個事實，即自我的視覺部分在生理上是由機體部分在其自己的視網膜上的投影造成的，是由在腦中的，具有一個特定位置的相應過程造成的。在這個特定位置上，這些相應的過程被對於其他視覺物體的過程所圍繞。我不相信這種混淆會結束，除非我們使自己習慣於始終給知覺自我一個名字，給身體機體另一個名字。我建議，正像我在上面的行文中所做的一樣，把前者叫做「主體」，而以「機體」一詞用來稱呼被解剖學家和生理學家所研究的物質系統。

與這種解釋相比，以下觀點，即物體應該如同在我們的內部似的被經歷，當然不能被視為正確。沒有理由期待這種情況會發生，如同沒有理由假設應該在書中，或在雲中、月亮中看見鉛筆一樣。如果有人反對說，知覺過程畢竟發生在腦中，因此從這個意義上說，它們是在我的內部發生的。那麼正確的回答該是什麼呢？我們不得不這樣回答：視覺經驗對應於腦視覺部分中自我——分布過程的整體，在任何人能意識到的視覺空間中的所有關係都依賴於在這個整體中的功能聯繫。因此，其他視覺物體必定出現在視覺自我之外。另一方面，對任何視覺過程在物質的腦中和頭顱中的解剖的或幾何學的位置來說，它們從來不對應於任何經驗。因此，這個位置對決定我們在什麼地方看見事物並不起任何作用。如果有人期望被視物體是這樣的被經歷，如同它們就在

腦中一樣，那麼他沒有認識到，這句話的前句把視野當作了一個經驗，而後半句，在其中出現了「腦」這樣的概念，指的卻是一個在物理空間中的物質實體。這意謂著他期望作爲視覺空間的部分是根據它與物理空間的部分的關係來定位的。這是一個完全不可能的想法。

視覺物體如此清楚地被定位在可見自我之外，這一事實使得每個人在他第一次聽說物體、顏色等等是依賴於發生「在他自己中」的活動時，會感覺到驚訝不已。當然，這種說法只有從生理學意義上被解釋，從而「他自己」一詞指的並不是我們經驗之一部分的機體時，它才是正確的。對那些還未學會區別物質機體與作爲一個特殊經驗事物的自我的人來說，它遠非是正確和清楚的。當然，多數情況下，遙遠地方物體的存在根本不必依賴於這個特殊經驗，即不必依賴於自我。它們爲什麼要依賴於它呢？在視覺經驗中，一棵樹作爲一個經驗極少依賴於我自己如同對應於這棵樹的腦過程極少依賴於對應於經驗自我的過程一樣。我們已在前一章中看到，偶然會有某種影響產生，然後它被經歷；但是一般說來，當我和樹被隔開很長距離時，樹和我極少彼此依賴，猶如任何其他被隔開相當距離的實體極少彼此依賴一樣。

或許所有這些內容太爲人熟知了，因此我們沒有必要在此再作一番同樣的討論。幾年前，歐洲的一個精神病學家把這稱之爲有關心理與身體問題中的最困難問題：當事物實際上在我們的內部的時候，它們怎麼能夠存在於我們的外部呢？

迄今爲止，我們一直把我們自己和事物都看作是視覺經驗。如果我們考查其他的感覺經驗，情況也是如此。物體及其屬性可以從觸覺上而不是從視覺上來經歷。物體可被感知爲溫暖或冰

冷；它們會有氣味，有重量並且會發出聲音。所有這些經驗都可
明確地或以一種模糊的方式被定位於一個知覺空間。說得更具體
點，所有這些其他感覺的經驗都具有一個與視覺事實相關聯的位
置。因此，一個聲音可能是從窗戶外聽到的；一個作爲視覺景象
的屋子中有著香煙的味道；我手中玻璃杯的冰冷表面是在它被看
見的地方被感覺到❷。所有感覺經驗出現在一個共同空間裡的事
實可以以許多方式來解釋。原因和在雙眼視覺的例子中的原因一
樣。在這個例子中，儘管涉及到兩個感覺器官即兩個眼睛，但是
其全部經驗都處於一個場域中。從這個例子中我們知道，兩個眼
睛在使我們產生一個視野的過程中的合作，至少從部分上說，是
一個遺傳因素的問題。視覺、觸覺等在使我們產生一個一般的感
覺空間的過程中的合作中，情況也可能如此，雖然這還未得到證
實。以下情況也是可能的，即各種不同的感覺通道的經驗定位於
一個共同的空間，因爲我們已經在童年早期就知道了它們如何肯
定在空間上是互相聯繫的。除了這些假設以外（當然，這些假設
代表了心理學理論中的先天論和經驗論），我們也必須考慮第三
種解釋：在童年早期各種不同的感覺通道的經驗或許已經因爲動
力的原因而或多或少被適當地統一起來了。不管哪種解釋是正確
的，所有感覺事實確實是出現在一個空間裡的。視覺物體和視覺
自我也處於這個空間裡。因此，一些非視覺經驗（比如大多數聲
音）連同大多數的視覺事實一起被定位於外。其他非視覺事實，

---

❷　此處，位置，如聲音的位置，與視覺物體的關係是否是永遠正確，
　　那是無關緊要的。如果它不正確，那麼我們能夠補償這種偏離的事
　　實恰恰證明了它們兩者存在於同一個空間中。

如動覺的非視覺事實，存在於自我之內，但仍在一個包含著外界經驗的同一空間裡。當然在自我之內，我們也發現了這樣一些主觀狀態：如感到疲倦、健康、有活動、煩躁等等。總的來看，我們可以說非視覺的資料是參照視覺現象而得到非常恰當的定位的。因此，如果視覺物體的外在定位不存在任何問題，那麼對所有非視覺事實出現在自我之外的情況來說，它們的定位也不存在問題。

在進行了以上的初步討論之後，我們現在可以轉而討論一個老問題了。我們是如何傳遞他人具有的經驗並且或多或少像傳遞我們自己具有的經驗以的？我們看來總是這樣做的，不僅在一般的，而且在非常特別的情況中也是這樣做的。因此，我們的問題顯然是與社會心理學中的一個基本事實有關。但是它也是一個令人迷惑的事實。因為有的時候，看來別人能從外面認識到我們的經驗比我們從裡面觀察它們更加清楚。比如，我對描述自己猶豫或缺乏信心的內部經驗感到困難。然而其他人說這些狀態可以從我的臉上非常清楚地看到。我也傾向於相信他們，因為我從對別人的觀察中非常清楚地瞭解了自己的面部表情。我想，這正如尼采（Nietzsche）曾經說過的，「你」似乎比「我」出現得稍早。這首先適用於我們對性格和個性的認識。我們主觀的經驗遠不能給我們一幅關於自己的確切的畫面，而其他人經常在幾分鐘之內就認識到了其主要特性。

我不相信他人能說的話在這方面構成了我們最可信賴的認識線索——似乎他們的話可以被認為是他們經驗的描述。大多數情況下，人們並不談論他們的這些經驗。另外，當他們對他們的情感隻字不提時，我們經常說他們是自負或謙虛的、友好或冷淡

的。在外國，我們經常會認爲其他人是挑剔的或和藹的，雖然可能我們完全不懂他們的語言。即使當我們理解了他人說的話，但他們談話的方式仍是一個比他們這時所說的話的意思要更好的線索。在一些情況下，某種沈默能夠比在這些情況下所說出的任何多的話告訴我們更多的東西。猿的行爲顯示牠們通常彼此非常瞭解，雖然牠仍沒有人類語言涵義上的語言。因爲這些原因，作爲用字詞和句子進行意義交流的語言，在以下的討論中幾乎不起任何作用。儘管如此，我確信我們能夠對付我們所面臨的問題的各個有關側面。

我們熟知哲學家對我們的問題的回答：由於我不能夠直接地看見另一個人所經歷的，所以我有關他的精神過程的證據只能從他的身體上得來。說得更具體點，提供給我這樣的信息的是其表面的活動。但是這種活動當然與另一個人的實際經驗毫無共同之處。因此，我的經驗和這些經驗（它們是不能被觀察的）之間的唯一聯繫就是間接的。這種間接聯繫是建立在如下事實基礎上的，即特殊的經驗都傾向於與一個人身體的特殊「表達的」的替代活動相伴隨。有了這個聯繫，我首先瞭解了我自己。我發現我的各種經驗是與我身體中的一定運動和其他變化聯繫在一起的。經過經常的重複，當我看見在其他人身上的相同的身體活動時，這種觀察促使我通過類推得出一個結論。我開始相信對他人來說，這些活動被認爲是相應精神過程的徵兆。有時候從有機體居住於這個行星的事實，可以得出這樣的結論，即在另一顆行星上，如在某些方面與地球相似的火星上，一定也存在著生命有機體。顯然，這個結論與我們現在在討論的結論同屬一類。不幸的是，天文學的相似不可能保證這種結論是特別可靠的。除此之

外，這個理論看來在觀察人也只得到極少的支持。在普通生活中，人們根本不以這種方式行事，而同時他仍看來能夠很好地理解他們的同胞。

因為這個原因，心理學家們建議了另一種不同的解釋。的確，他們沒有改變出發點，還是那句話：我們發現我們自己的經驗伴隨著某種身體活動。但是現在產生的心理學的解釋有些地方不同於哲學的理論：根據心理學家經常的重複在我們的經驗和伴隨的身體活動之間建立了牢固的聯繫。因此，不管這些身體的活動在什麼時候發生於其他人身上，相應的經驗都能立刻被回憶起來。再者，回憶不必在於圖象和觀點的出現；相反，它可以採取所謂的類化的形式，在類化中，引發回憶的事實似乎受到了被回憶事實的影響。類化我們已在其他章節中提到過了。當符號十看起來像加號的時候，當一個棺材似乎充滿了死亡恐懼的時候，和當一面旗幟像是吸收了一個國家特別的美德的時候，就存在著類化。同樣，我們被告之，現在在別人身上看到的身體變化像是充滿了當這些變化發生在我們身上時我們所經常具有的經驗。因此，似乎友好可能從別人的臉上看得出來；或者從一個動物的哭聲中聽到的憤怒。

我幾乎不必指出這又是一個經驗主義的理論，因此我們必須小心對待它。如果它是正確的，那麼我們就難以理解那些不經常在我們自己身上發生的行為了。看來事實並不贊同這一結論。難道我們從不理解與我們自己極不相同的其他人嗎？費爾班克斯（Douglas Fairbanks）的具有特徵的男子氣曾經給我十分深刻的印象，儘管不幸的是我不能提供任何可比較的東西。另一方面，有時候我在另一個人的臉上會看見一種我在我自己的經驗中

幾乎找不到與之對應的令人不快的貪婪。

　　對「社會理解」的這種哲學解釋和前述那種心理學的解釋同樣是經驗主義的。爲什麼這兩者都自信地認爲我們對別人的理解一定是一個完全間接的過程呢？顯然，哲學家和心理學家們都假定精神過程的特徵和可觀察行爲的特徵，它們在每一方面都是不同的。在這個前提之下，前者的事實和後者的事實之間的唯一可能的關係將是一個外在的，雖然是有規律的共存關係，因此導致了經驗主義的結論。但是如果這個前提是正確的，那麼在我們對其他人的印象中，把那些來源於我們自己的過去的精神經驗中的成分與那些僅僅是行爲的事實的組成部分加以分離，那將是容易的。我們不應把不能比較的事實與不能分析的單位混同起來。但是如果在一張友好的臉上，我們試圖把友好從臉的特徵中分離開來，我們會發現這是非常困難的。只要我們把臉看作爲一個整體，而不是一個有色彩的點的拼塊，友好就看來仍舊是臉的一個內在的特徵。

　　我們已經談過了導致經驗主義地解釋社會的理解的前提。但是爲什麼這個前提會被如此普遍地接受呢？爲什麼理論家們會假設精神過程和行爲的伴隨事實毫無共同之處呢？答案是相當明顯的。根據笛卡兒以及其他許多哲學家的觀點，自然的物質和活動完全不同於精神領域的內容和過程。極少有其他的哲學理論像這一命題一樣如此強烈地影響了當代思想。不幸的是，它也被用在我們現在正在討論的情形中了。前面我們討論過他人的行爲，它與他們的身體有關。因此，行爲的事實是物質的（身體的）事實，而作爲物質的事實，它可以與精神過程毫無共同之處。

　　從我們在以前的章節中學到的所知的內容來分析，這一觀點

顯然是錯誤的。它漫不經意地以兩種不同的涵義使用了「行為的事實」一詞。不管這個觀點在被運用於作為物質事實的一個領域的行為時是否正確，社會理解的問題不是直接地指這個意義上的行為。它首先指一個人在與其他人接觸時經歷到的知覺事實；因為他人的無論身體還是行為只是作為知覺和知覺的變化給予第一個人的。因此，有關物理世界的本質和它精神過程的關係的觀點在對我們的問題進行的最初討論中，並不占有一席之地。顯然，我們的第一個問題一定是關於被察覺到的（perceired）行為是如何能夠幫助一個人理解其他人的。在試圖回答這個問題時，我們不必立刻做出任何有關物質事實的本質的假設。

　　我當然不否認被察覺到的行為是與發生在機體表面上的變化聯繫在一起的，即是與物質的（身體的）行為聯繫在一起的。我還承認這些物質變化的精神過程的聯繫比與我們觀察這些人時所看到的活動聯繫更為直接。然而，由於我們只在知覺中得到別人的行為，所以我們對別人的理解首先必須提及這一來源。因此來看，在我們試圖解決社會理解的問題時，作為知覺事實的一個領域的行為，也必須成為我們首先要討論的問題。畢竟我們不得不記住有時候知覺比在這些事實和知覺之間的活動告訴我們更多的事實（參閱第五章，第110頁）。類似的，覺察到的行為可以告訴我們比從對他人的物質（身體）行為的研究中收集到的更多的有關他們精神過程的信息。

　　當涉及到別人的較主觀的經驗，如他們的情緒和思維時，問題就變得特別有趣。不知因何緣故，它們總是傾向於在我們所看到的人們的行為中表達出來。這個意義上的行為是不是真的不容許與那些精神事實相比較呢？或者，精神事實是在一種更具體的

意義上表達它們自己嗎？在這個意義上，「更具體」一詞意謂著
用來表達的東西與被表達的東西是相類似的。如果後一種說法可
以用事實來證實的，那麼對社會理解的嚴格的間接解釋的主要理
由顯然就被消除了。

　　旣然這樣，比較主觀經驗與當時的被別人看見的行爲將是我
們的主要任務。不過，對此我們應該從容進行。在心理學努力把
人類經驗加以分類時，它在通過更仔細地檢驗揭示出顯著相似點
的地方通常也增加了關於它們不同點的認識。作爲初步實踐，我
們應該首先在不涉及到主觀經驗的情況中思考這些相似點。

　　以不同感覺的性質爲例。這些性質長期以來被認爲是毫無共
同之處的。但是我們能指出許多與這個觀點相悖的例子來。比如
亮度和暗度旣是聽覺也是視覺經驗的屬性。再者，如果我們觸摸
的一個物體是涼的，這和涼在某個方面好像與視覺上的亮度相
似；令人感到舒服的暖與顏色比較而言，其對應顏色就是黑色。
我在前面已經提到，德文「rauh」（「粗糙的」）被用來指觸
覺事實，也可被用來指某種聽覺經驗。在英文中不僅我們觸摸的
一個平面，而且一種聲音和一種葡萄酒的味道也可以被稱爲「柔
和的」（「smooth」）。德國詩人莫根施特恩
（Morgenstern）曾經這樣描述海鷗：

　　　　"Die Möwen sehen alle aus, als ob sie Emma
　　hiessen."（所有的海鷗看上去它們的名字似乎都叫愛
　　瑪。）

我發現莫根施特恩是非常正確的。作爲一個名字的「Emma」和

海鷗的視覺外觀在我看來是相像的。另一個例子是我自己創造的：當人們被要求把「takete」和「maluma」這兩個毫無意義的詞與在圖18和圖19中顯示的兩個圖形配對起來時，大多數的人會毫不遲疑地給出回答❸。在原始語言中我實際上可找到這個觀點的證據，即在視覺上和觸覺上覺察到的事物和活動的名字經常起源於這種相似點的基礎上之❹。

經過這番初步的探討之後，我們可以回到我們的主要問題上

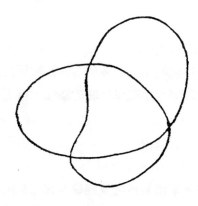

圖18

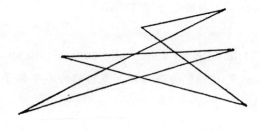

圖19

來了，並且可以對主觀經驗和知覺事實加以比較了。在其聯繫上，瞭解什麼詞被用來描述主觀經驗是有趣的。多數人會同意這一說法，即如果與**中央窩視覺**（foveal vision）相比較，邊緣視覺可以被叫做「模糊的」（fuzzy），那麼這個詞也可以適用於大多數的主觀經驗；從這方面講，它們與邊緣視覺中的事實而不與中央窩視覺的事實相似。但是如果承認了這點，那麼我們已經邁出了重要的一步；我們已經認識到在主觀經驗和某種知覺事實之間至少有一些共同點。克拉格斯（Klages）已經收集了大批在描述主觀經驗和知覺現象中所使用的詞❺。我將只給出一些例子。如某種東西在我們的內心引起了一種「酸楚的」感覺。另外，有人常談及他處在一種「平和的」（「soft」）的心境之中。「甜蜜的」（「sweet」）愛看來發生在所有的國家；另外還有「明亮的」（「bright」）歡樂和「黑暗的」（「dark」）憂傷。在憤怒中，有一種許多人叫做「猛烈的」（「hot」）東西。

　　這些詞語經常更多地用來指某些動力的特徵。因此，一種期望可叫做「緊張的」（「tense」）。在這種表達中，我們是把一個主觀經驗和當我們觸摸一根繃緊的繩子時所感到的東西相比較。某種思維方式在我們看來是「筆直的」（「straigt」），當這個詞用在這裡時，每個人都能立刻知道它是什麼意思。當然，

---

❸　參閱烏斯納德茲（Usnadze），《心理研究》（*Psychol. Forsch.*）
　　5，1924。

❹　馮．洪堡德（E. von Hornbostel），*Festschrift Meinhof*，1927

❺　L．克拉格斯（L. Klages），*Vom Wesen des Bewusstseing*，1921
　　（《意識的本質》，1921）

「平靜」（「calm」）和「不安」（「restleness」）都發生在
視野裡；但是這些詞經常指的是主觀經驗中的事實。再者，我們
感到受到某物的「吸引」（「attracted」），或者我們想要
「拒絕」（「reject」）它。有的時候我們情緒是「高張的」
（「high」）；有的時候它們是「低落的」（「low」）。讀者
一定還能毫不費力地列出更多的例子。

　　有些人會拒絕從這樣的事實中得出任何結論。他們會說從純
粹的類以中不能得出任何東西。然而我也不把這看作是一個論
據，因爲我們所謂的類似正是某種相似性。再者，當主觀經驗得
到也適合於知覺事實的名稱時，這不是以一種任意的方式發生
的。如果這樣的一個名字只適用於一些特定的主觀現象，另一個
名字適合於另一些同樣特定的、不同的現象，那麼一定有一個支
配著各種不同的運用的原則。當在生動地描述內部事實的過程中
有人發明了這些詞的一種新的遷移用法時，並且當別人意識到他
的意思時，這個原則也肯定在發揮作用。我們所能發現的唯一原
則是某種內部的經驗是和知覺世界彼此相像的。

　　　情緒生活的詹姆斯—南格（James—Lange）理論
　　宣稱情緒經驗是感覺事實，即產生於我們的肌肉、內臟
　　等的模糊印象。這個理論看來有些正確。但是把我們現
　　在的論據與這一理論或任何其他的理論聯繫起來看來是
　　不可取的。我們很可能認識到，一定的知覺事實和情緒
　　事實是彼此相像的，我們也可能對它們之間存在的同一
　　性持懷疑態度。再者，以下的討論將當然地涉及到別人
　　所表現的行爲的知覺特徵。大多數這些特徵是視覺和聽

覺現象，這些特徵在詹姆斯——南格的理論中是存在的。因此我們在研究中不必考慮有關這個情緒理論的論據。

現在我們已經知道，從原則上講，內部生活的事實與知覺事實可能有一些共同特性。但我們必須回答的主要問題是非常具體的，即被別人察覺的一個人的行為可能與這個人的精神過程相像嗎？我現在要描述一些例子，在這些例子中，觀察看來對這個問題做出了一個清楚的回答。

在我在場的情況下，有兩個俄國科學家用俄語討論著一個他們長時以來爭執不休的問題。我能把他們的行為當作視覺和聽覺事實一樣來觀察，但是我不能理解他們的話在一段時間裡，局面是平靜的。但是突然，左邊的那個人的頭像被什麼東西撞了而朝後移動。然後從這一時刻起，他的聲調和他面部的線條就表現出一種**強硬性**（hardness）。另一個人的行為馬上也變化了。我很想把**漸次增強**（crescendo）。這一音樂詞彙用在此處。現在，相同的現象開始出現在右邊那個人的身上了。他也越來越強烈地做出動作和說話，以致於整個情景達到了一種極其令人激動不安的狀態。但是突然我看見左邊的那個人正在微笑地注視牆上的一張招貼物。他對他的同事說了幾句話，他的同事也朝同樣的方向看去。遲疑了一會兒，他的臉開始稍微舒展開來，他的強硬表情開始消失了。在幾分鐘之內，情景又如開始時那樣順利與平靜了。

這二位俄國科學家正好也懂德語，他們很樂意向我解釋剛才所發生的事。左邊的那個人告訴我，當討論開始沒多久，另一個

人說的一些出乎他意料的話在他看來是對他的人身攻擊。因此他
先是完全地緘默起來。另一個人說，左邊的人突然開始變得強硬
起來了，好像他不願再聽進一步的論辯一樣。這種印象使得他右
邊的那個人，忍不住感到越來越生氣。左邊的那個人現在承認他
也漸漸地感到被強烈地激怒了。最後我被告之牆上的招貼寫的是
「保持微笑」的俄文。由於受到了這張招貼內容的幫助，這二位
科學家迅速地回到了一種較平靜的精神狀態中去了。

　　幾乎不能否認在這個例子中，我們所見的兩個人的行為和他
們的經驗有某些共同的特性。在我看來，這兩個科學家形成了一
個群集，作為該群集中的一員，他們針對對方而彼此指導看他們
所有的行為。從主觀上講，每個人都感到他論證是針對對方的，
或者，他以攻擊對方的論點來保護自己。另外，左邊的那個人的
向後運動表明了這樣一個視覺事實，即他是如何受到另一個人的
不友好的談話的打擊的，於是，他面部表情的強硬狀態勾勒了他
所採取的強烈的內心態度。隨後兩人情緒漸次增強直接表現在我
所看見的他們行為的視覺和聽覺的漸次增強上。然後，我看見兩
個都同時向招貼上看去。最後，在他們的情緒真正地平靜下來
時，我既看見也聽見了平靜是如何恢復的。

　　從這個例子中所可能得到的遠不只適用於現在這個情景。主
觀經驗中的許多動力發展都傾向於以與這些發展在一定程度上相
類似的被覺察到的行為的方式來表現自己。一般來說，情緒和智
力的過程都具有我們從音樂即從聽覺經驗中也能知道的特徵。
漸強（crescendo）和**漸弱**（diminuendo），**漸快**（accelerando）和
漸慢（ritardando）就是明顯的例子。這些詞語不僅適用於聽覺事
實，而且適用於在視覺上被看到的發展。因此，當這樣的動力特

性發生於一個人的內部時，它們可以在他的被別人聽見和看見的行為中被最適當地表現出來。事實上，這種情況無時無刻不在發生。當一個人想起他所受到的不公正待遇時，在他的憤慨升級的同時，他可能會以更快的速度走路。因此他的情緒思維的速度和強度的增大很好地反映在他的被別人看見的運動的漸快和漸強之中了。自然，同樣的內部的鉅大變化也可以表現在聲音行為的漸快和突然加強（rinforzondo）之中。或者我們在不同的早晨去觀察一個人。有時候他的行為是穩定和平靜的；但是有時候他的臉和手表現出是不穩定和焦慮不安的。他不必在前一種情況中告訴你他感到很健康和舒適，也不必在後一種情況中告訴你他感到焦灼不安；內部情況都以一定的方式直接地呈現在你的面前了。類似的，猶豫不決和不確定的態度也總是伴隨著作為知覺事實的、與那些內在狀態相似的行為形式。比如一個觀察者可能從不同方向去看運動，每一次看在它幾乎還未開始時就慢慢地停了下來，它們的順序是沒有單一的組織。再者，只要人們不受特別的限制，在他們經驗中的明顯的突然間斷之後，就會在他們被覺察到的行為中有突然的活動相隨。在突然恐懼的時候，人們會向後一跳或跳起來。當一個人閱讀時有時經歷那種腦中一閃念而伴隨著新主意到來的時候，他可能在一句句子的中間停下來，並且他可能還會敲敲 自己的頭。因此他的精神過程和他的表現在別人看來都表現了相同的間斷性。一個人的行為經常看起來是以一種與他實際計畫和實際去做的組織相符合的方式來組織的。從一個確定來源而產生的動作趨向於表現為一個視覺事實的連貫之流。另一方面，當作為主觀上所體驗的動作由相對分離的部分組成時，這種同樣的連接或許將使他的可見的行為特徵化了。在討論

我們的問題時，哲學家和心理學家可能已經太集中注意那些伴隨著情緒的表現的運動了。無論如何，同樣有關的事實實際上已經被忽視了：行爲在最實際的意義上趨向於被看作是以模仿相應的內在發展的組織的形式來組織的。讀者可以在一本我描述猿的行爲的書中找到這方面進一步的例子❻。

　　我現在要轉向另一類稍微不同的觀察。在客觀和主觀經驗中，方向可能都涉及到緊張。比如，如果我的注意力被一個奇怪的物體，如一條蛇，吸引住了，那麼我的自我的方向就伴隨著一種緊張的感情。自然，一個碰巧在場的人會看見我的臉和眼睛轉向了物體所在的地方；但是從我臉上的緊張表情中他還會得到一幅我內心緊張的視覺畫面；這個緊張指的也是同一地方。可能會產生這樣的更改，即在我的臉和蛇之間並沒有能夠作爲緊張知覺之基礎的刺激存在。這種觀點是錯誤的，因爲它忽視了視覺集群的事實。當某人看見我的眼睛採取了一個特別的方向時——在這方面人類的眼睛具有令人驚奇的表達性，在那個方向上的視野部分將立刻與我的眼睛、臉和整個人聯繫起來。這種群集並不比在前一章中所討論的群集——形成的情況更不可思議。對人的注意力從一個物體上轉移開的情況來說也是如此。在此應再次提醒一下，在觀察者的視野裡，涉及到的關係可能是完全清楚的。我以下述一段引文爲例，它取自對一著名實驗的描述：

　　　　「他開始用他左手的指尖去抓那個動物的頭，但是在碰到牠之前，手就縮回來了。」（把放在紙包裡的絨

---

❻　《人猿的智力》，（ *The Mentality of Apes* ）1925。

線放在一個兒童面前。）

　　……「他然後開始玩起紙來，並且同時避免碰到絨線本身。」

　　這兩段描述都出現在華生（Watson）博士有關他對幼小兒童所做的實驗的報告中❼。第一段描述的意見是我們看到手指的運動是指向動物的；對詞語「伸手抓」沒有其他解釋了。客觀的觀察方法，若按華生對該詞的理解，就當然不會在物質的手指和物質的動物之間發現任何物質的聯繫了。儘管如此，但是作者——他討厭經驗的概念——在這裡如此強烈地受到視覺群集事實的影響，以致於他暫時地忘記了他的行為主義原則，而以一種只能從知覺經驗的角度上看才有意義的措辭來叙述了。實際上他在幹更糟的事，因為在使用「伸手抓」一詞時，他採取了**目的心理學**（purposive psychology）的觀點。在第二段叙述中，相同的觀察對「避免接觸」一詞同樣適用。顯然，如果一個人「避免接觸」一個物體，或者如果他「伸手抓」一件東西，那麼所涉及到的心理學事實將很好地用一個觀察者的知覺場來加以描繪。

　　在最後的幾個例子中，是說所觀察行為的空間方面而不是時間方面相似於人的內部經驗。作為一個進一步的例子，我們想提及一下，處在一處病理的抑鬱狀態的人傾向於表現出一種萎靡的精神狀態，類似正常人在極度疲倦和悲哀時的狀態。與此相反的是，在病人身上還可以看到一種超乎尋常的欣快症或得意洋洋的情形。他們的身體經常顯示出相應的僵直狀態。讓內（Janet）

---

❼　《1925年心理學》（*Psychologies of 1925*）1926。

博士曾在一個例子中描述道，病人開始用腳尖行走了。這些又是直接表達精神狀態的顯著的視覺事實。

　　許多讀者可能熟悉以下這個我從社會心理學中引用的例子。一個處在領導位置的人，他或許對這個領導位置來說，有點過於好心腸了，以致於他習慣於把他的部下看作為朋友。當他發現他被迫要嚴厲地訓斥他們中的一個，並使之明白這種友好的關係已經結束的時候，這時，這位領導者有可能成為我們觀察的最具有價值的對象。如果他還沒有在以前的情況中鍛鍊過自己，那麼他將面臨最大的困難說出果斷的話來。儘管他有嚴肅的企圖，但他不會說出這些話來，相反他會說出另一些不得要領的話來。如果其部下不夠敏感，那麼他可以從他所聽到的話裡猜測出整個真相。但是這位領導者實際上所說的話就像遮住要點的面紗。從外面來看，他的行為是其內心不安的表現。他充分意識到什麼該做，但社會因素阻止他完全根據這一計畫來行動。你可以看見他在該部下面前來回走動，就好像他不斷地使自己從直接的行動中轉回來一樣。當他停下腳步時，他的睛睛值得觀察一下。在一個人眼睛的敏感表現中，他內在的方向及困難變得比在其他任何地方更為顯而易見。當然，當我們對一個人說一些我們並不完全相信的花言巧語時，盯著他的眼睛看是容易的。在這種情況下，社會力量沒有起到阻力的作用，相反，它們正是在這一方向上發揮作用的。但是當你要告訴別人他將面臨某種社會的打擊，並試圖盯著他的眼睛時，這對某些人來說是非常困難的，特別是如果在過去兩人的關係是十分友好的情況下。在我們的例子中的那個人可能試圖盯著另一個人的眼睛，但是他自己的眼光將要麼在對方的嘴或鼻子上就停下來，要麼，如果它們實際上到達對方的眼睛

時，它們又將立刻再轉回來。正像這位領導者感到他的意圖有所偏向，他的話迴避了從社會上講是關鍵性的一步一樣，所以他的行為看起來一直偏離它的對象，尤其是偏離其部下的眼睛，而眼睛以乎是一個人的中心。

　　為什麼心理學家對這些相似性不熟悉的原因或許是緣於我們科學的分析的趨向。只要我們根據亮度、色彩等的局部細微差別來思考知覺情境，那麼我們在其中將找不到對行為趨向與精神事實相似的觀點的支持。但是如果我們以一種更樸素的方式來看待行為，記住群集、方向、緊張等等所自然地發揮的作用，那麼關於兩者相似的觀點就不再令我們驚奇了。

　　在這兒必須說一下我們所討論的問題的遺傳方面。為什麼一個人的被覺察的行為經常相像於這個人的精神過程呢？在許多情況下，回答是相當簡單的。以下列來說明：當一個鋼琴家彈奏一首奏鳴曲時，他處在一個被明顯組織化了的動力的活動之流中。他經歷他自己的演奏，他現在完成了一個音樂片段，一會又開始了另一個片段。他開始把漸強作為一個發展的厄棱費爾性質，把漸慢（ritardando）作為另一個發展的厄棱費爾性質來演奏。現在不管運動神經支配的規律是什麼，指揮他肌肉的衝動肯定是依賴於在他腦中的音樂的組織。從物理上講，演奏的結果是由空中的聲波組成的。聲波是無組織的，是彼此獨立地振動的純粹序列。儘管如此，但在這些波中仍有某種東西存在，它總的來說足可以對聽眾所聽到的東西進行適當地組織。當他試圖演奏漸強時，他的演奏導致了一系列增大強度的聲波。在觀眾中這引起了一種單一聽覺的發展，它也具有「膨脹」的厄棱費爾性質。當鋼琴家結束了一個片段又開始演奏另一個片段時，他於是給了聲波

諸如時間的鄰近性強度等的關係，使其有可能在音樂廳內的聽覺
場中建立起相同的聲音（articulation）。對在視覺經驗中表現
為分離物體的物質對象，此情況也相同。儘管這些物體所反射的
光波，還有撞擊在視網膜上的刺激絕不是有組織的，但是刺激中
的形式關係在傳送過程中受到很好的保護。因此，組織趨向於在
知覺中建立起「正確的」事物。但是在我們現在的例子中，組織
在重建某種事實時比在物質實體的情況中發揮了更大的作用，因
為聽眾聽到的不僅趨向於同鋼琴家的神經過程一致，而且趨向於
同他的作用心理學事實的音樂的意圖和行為相一致。為了理解該
情境的這一方面，我們必須記住第二章的結束語。當鋼琴家演奏
一個作為單一發展的片段時，我們會假設相應的腦過程構成一個
功能單位嗎？或者我們會做出相反的假設嗎？在他的經驗中，在
片段結束和新片段開始的地方，我們會假設他腦中的相應過程是
始終如一連貫的嗎？或者我們會假設這些過程的時間的組織也表
現出間斷性嗎？完形心理學假設在這兩種情況下生理組織是同精
神組織一樣的。對組織的其他方面，此觀點也同樣如此。因此，
神經分布在鋼琴家的肌肉上投射了一個他的精神過程及其腦的相
關過程共同具有的組織化作用。在作為演奏結果的聲波中的形式
關係是以這種方式被決定的。聽眾的聽覺的組織化依賴於這種關
係。因此，他們的經驗傾向於以一種與鋼琴家的精神過程的組織
化相一致的方式來進行組織。

　　即使這一切都是對的，我們對別人的理解不仍是一個間接的
過程嗎？誠然，當我們看或聽別人的行為或說話時，他們可能經
常表現出與他們內部經驗相似的特徵。儘管如此，但是這樣的知
覺事實不會因為這個原因就與那些人的內部經驗完全同一。因此

在這一點上，現在的分析看來沒有提供一個比由他人做出的更好的我們的問題獲得解決的方法。我們看來還需要最後的一步，即一個推論，這個推論把某種知覺經驗引導到他人的精神過程中去。相似性能使這個推論變得容易；但推論或某些其他的間接過程看來在所有情況下都是必要的。

　　現在我要解釋一下爲什麼我不能接受上述推理。在解釋的過程中，我將不得不保護某種形式的行爲主義——雖然它不是在第一章中所討論的行爲主義。

　　如果在一個夜晚，我思考我在白天與他人的接觸，我發現大多數情況下理解這些人不是特別困難的。而且我感到肯定的是，在那些接觸中我幾乎沒有被關於他們的內部經驗本身所占有。現在我在思考它的時候，我當然能嘗試並從容地喚起某某先生和某某女士在這個或那個場合中他（她）可能感受到的方式的圖景。在我實際上和這些人在一起時我也能做此嘗試。但是在這個努力的過程中，我馬上感到這是一個完全不熟悉的方法；坦白說，我極少在一般的社會生活中做這樣的事。另外，這種努力趨向於打擾我自然地理解人們的方法，這種自然的方法看來經常更爲令人滿意地發揮作用。當以這種方式理解人時，我發現自己的注意力主要集中在人的聲音和外表上。很自然，當他們說話時，我把注意力集中在他們所說的內容上。另外，我很少把這些話的內容翻譯成主觀經驗的措詞。相反，正是他們所說的話似乎傳達了有關的涵義。顯然，我總是忘記採取我們要進入到他人的內部生活中去所運用的最後一步手段。

　　我們的分析把理解看作爲是發生在普通情況之下的。目前我們不涉及哲學家可能在此提出的認識論的問題，我們也不考慮心

理學家試圖用來研究其他人的精神過程的方法。我們正在考慮的社會生活的事實是在毫無任何理論概念的情況下發生的。對一個嚴格區分知覺資料和其他人的主觀經驗的事實的理論家來說，如果人想要彼此瞭解，那麼從前者到後者的一步可能看來是完全必須的。但是在普通生活中我們毫無注意那些導致這個信念的哲學前提。首先，在普通生活中我們是樸素的現實主義者。我們沒有想到要把我們周圍的事物看作為物質事物的純粹的知覺對應物。對被我們叫作其他的特殊對象也同樣如此。因此，事物和人賦予知覺組織的所有特徵，一般被認為就是這些事物和人的特徵。但是我們還忽視第二區別：我們在較狹義上的主觀現象和組成人的身體的知覺事實之間沒劃分明確的界線。我們究竟為什麼要這樣做呢？在我們自己的例子裡，許多主觀經驗看來被模糊定位在我們的身體裡，並且實際上經常和它們的一些知覺特徵融合在一起，在許多情況下，決定一個特定的主觀事實到底是我們身體的性質，還是在更嚴格意義上的我們自己的屬性是非常困難。為什麼不該採取另一種不同的有關其他人的身體的觀點呢？這些身體也經常表現出在許多方面與主觀現象相似的特徵。因此，只要認識論的疑慮不起作用，我們就把其他人出現其身體內或身體上的方向、緊張、努力、興奮等看作為一種過程。

這就似乎是為什麼在普通生活的社會接觸中很少採取從知覺事實到其他人的精神過程的最後一步的原因。從樸素現象學的觀點來看，它沒有必要採取這最後一步。如果我說在我面前的這個人是平靜的，我就是指我們察覺的事實。這種「平靜」似乎與我有時候在自己身上發現的以及不能發現的同一種狀態的平靜。在一般情況下，我不會對任何其他也可能屬於人所有的平靜感與

趣。相似的，如果那個人「變得興奮了」，在我眼睛和耳朵前發生的漸次增強當然不是一個中性的感覺事實。相反，知覺活動的動力學是，或包含著，我稱之為這個人的興奮那樣的東西。我沒有問自己是否屬於一個不同世界的東西伴隨著給人印象深刻的展現。這樣的一個問題只有在我採取哲學家和心理學家解釋此情形所使用的複雜觀點時才會產生。自然，在日常生活中我從來不採取這個觀點。另外，當我認識到其他人的「猶豫」、「不安」、「決心」、「憂鬱」、「迴避」和「伸手抓」等等時，我很少想要超出這樣的知覺事實——我重申它們遠不是中性事實。在我普通地使用這些詞語時，它們指的是在知覺空間中的活動。

　　在讀者批評這些論述以前，我是否可以邀請他進行一個簡單的觀察呢？使得另一個人感到窘迫不是一件困難的事。我邀請讀者這樣做。如果他成功了，那麼請他問問自己：其他人的窘迫是一個知覺事實呢？還是發生在另一個世界裡的東西呢？當然在觀察的過程中讀者應該避免採用任何哲學的推理。

　　當前的解釋須在一點上加以擴展。當我們說普通的社會理解指的是某種知覺活動時，我們似乎被迫假設這活動只發生在另一個人的身體表面。然而，作為一種現象學的描述，它不總是完全真實的；因為我們所討論的活動有時候是從身體的內部產生的。這個觀察結果與我們的分析矛盾嗎？答案可以從另一個問題中得到。產生那些活動的「內部」是什麼？顯然，它是指作為一個知覺實體的身體的內部。現在，如果活動產生於一個被包圍著一定表面的體積中，體積和表面顯然屬於同一個世界——在現在這個例子中，它是知覺事實的世界。因此，身體仍舊是一個知覺，活動是從它的內部產生出來的。因此，這個觀察結果完全與我們對

社會理解的描述一致❽。

　　我們的分析還有一個至今還未被提到的後果。如果一個人的機體能夠發出會引起「帶有心理學成分」的知覺事實的刺激，那麼就沒有理由說從其他來源而來的刺激永不能引起相似的作用。顯然，人的畫面，特別是那些我們在投影屏幕上看見的人的畫面提供了必要的條件。但是除了這樣的陳腐的例子，還有其他的給我們以同樣深刻印象的活動和物體。很少有人能夠把遠處隆隆雷聲的漸次增強聽成爲一個中性的感覺事實，它在我們大多數人聽來是「有威脅的」。作爲知覺事實，各種天氣好像都類似地充滿了心理學的特徵❾。因此我們把天氣說成是「平靜的」（「calm」）和「不安定的」（「restless」），「鬱悶的」（「morose」）和「友好的」（「friendly」）。這些詞語也用來指風景、城市和村莊中街道的外觀等等。重申一下，如果只有活的生物體和它們的圖畫才展現出這種厄棱費爾特徵，那麼這將是令人驚奇的，這將與我們的一般結論構成嚴重對立。相反地，在知覺世界的其他部分中相似現象的經常發生證實了我們的論題，即不必涉及到任何根據主觀經驗所做出的解釋。雖然現代人不把這樣的經驗歸屬於雪暴雨或歸屬於風景；但他還是在雷聲中

❽　也許有人會問一個活動是如何好像能夠從身體的内部顯現出來而這個内部又是看不見的？類似的有關「超越」的事實在知覺中絕不少見。由於這個問題大體上涉及知覺而與我們現在的研究無關，因此，我們不能在此討論它。

❾　在這個例子中有一個複雜的情況。天氣不僅通過對感覺器官的刺激和隨後的知覺組織來影響我們，而且還以一種更直接的生物學上的方式對我們產生影響。

聽到了威脅，在某種風景中看到了友善。

　　我必須承認，社會理解的問題似乎偶爾會呈現出一些不能用我們現在的分析來解決的困難。顯然，行為不總是與它伴隨著的內在經驗相似。被別人聽到的笑聲是發生在這個笑的人身上的主觀事實的恰當表現嗎？如果正確的回答是否定的，那麼現在應該特別要考慮對理解的間接解釋。但是考慮到我們在這兒所討論的事實，必須對這樣的解釋加以大大的修改。因為，如果我們的描述是正確的，即理解經常是非常直接的，那麼通過間接過程的這個直接理解的任何延展將會發現其延展道路或多或少是被規定了的。說得更具體些，直接理解將既在否定也在肯定的意義上影響間接理解。直接理解的事實將阻止所有不適合那些事實的間接擴大，它們將使與它們處在同一趨向中的任何間接理解變得容易。

　　除了被察覺行為與一個人的經驗不相似的情況以外，直接理解本身仍有它的局限性。我們不可能堅持說，一個人的內在生活完全地表現在他的行為中。大多數人很早就開始隱藏自己，特別對他們的情緒生活和他們的動機。演員、鋼琴家、歌唱家和演講者看起來很少怯場，然而他們中的不少人確實是感到害怕的。誠然，作為一種社會的遮蔽物而學得的平靜可能有時候不能使人確信，只是因為它包含著一種努力的成分。但是毫無疑問，在一個人的內部生活中進行的無數活動在他身邊有人時仍可能是完全隱藏的。如果從一個人的機體內發出的刺激總會產生對那些活動的完全恰當的知覺表現，這將也是令人吃驚的。許多表現會經常被遺失，許多會被扭曲。畢竟，在一個人的內在過程和它們在另一個人身上的知覺結果之間的功能關係組成了一個非常複雜的因果鍵。

在堅持認爲普通的社會理解主要是指我們在此所說的那種理解時，我們沒有決定是否這個意義上的理解可以被用來作爲心理學發生作用的證據。從表面上看來，好像對這個問題的回答一定是嚴格否定的。難道我們沒有發現甚至雷聲、天氣、風景都表現出同樣的事實嗎？在這些例子中，沒人會把這些事實看作是有關心理學過程的證據。因此看來我們實際上不能依賴於「直接理解」。雖然這個結論看起來令人印象相當深刻，但是我不能認爲它是完全令人信服的。有關顏色、形狀、運動等的不少知覺事實偶爾被用在自然科學中。然而衆所周知的是，知覺物體的顏色、形狀和運動經常受到影響，這些影響在這樣的條件下使得這些事實對科學家來說變得毫無用處。因爲這個原因，所以它們只在初步方法中值得信賴，除了明顯的例外，它們在實際測量中根本不受到信賴。就我們的問題而論，以這個例子爲榜樣——當然要作必要的變更——是適當的，即相信這裡所描述的直接的理解只要在一個不受懷疑的確定的情況下。如果我們想要完全拒絕其證明，那麼我們很可能會看不到那些心理學較正統的方法所忽視的事實。但是，任何一個不充分意識到它的陷阱的心理學家都不應該依靠我們這個意義上的理解。

這些評論當然不把直接理解稱爲知覺的一個顯著方面。極少知覺事實是如此有趣的，特別對社會心理學家來說。但是也極少知覺事實是如此長久地被忽視的。

第八章

聯　　想

　　如果我們不對直接經驗予以重視，我們就會處於只是建立一個像行為主義那樣的、人為簡化了的心理學系統的危險之中。但是另一方面，僅把心理學作為一門直接經驗的科學來對待和發展，看來也是不可能的。對建立科學心理學這個目標來說，經驗的領域太局限了。顯然，那些伴隨著經驗的神經活動只是更大的功能結構的一部分。這些部分所依賴的事實，經驗本身是難以達到的。因此，如果潛在於精神之下的過程，僅僅只代表了一個較大功能整體中的部分而已，那麼，我們怎能只在經驗基礎上得出一個有關心理活動的恰當的理論呢？沒有人能夠通過只觀察棋盤一角的棋子移動就能瞭解整盤棋的情況。

　　在上面所說的下棋的例子中，棋手會很快意識到：在整個弈棋時間，在他所觀察的狹窄範圍之外，總會有重要的情況發生。因為，在他所觀察到的範圍內的走棋顯然與這個範圍之外的其他事情相聯繫著，特別當某些棋步是從那裡出發，而另一些棋步會消失在那個區域裡時，情況更是如此。

　　經驗也同樣如此。比如，當我們閱讀或討論當時不在眼前的事物時，我們通常不能形成這些事物的精確的心像。有時候它們

或許看起來不能由任何經驗所代表。當有人詢問我的職業時，我回答我是一名心理學家。但是與此詞相聯繫的實際經驗或許只是一種對某些事物有點熟悉或在一定方向上能夠使用某種知識的感覺而已，如果需要提供更加具體和詳細的資料，那麼我就必須沿著這一方向再往前進。關於這種沿著正確方向轉變的準備性（轉變目標本身並未清楚出現），在詹姆斯（William James）的著作中有極好的描述。或許這是經驗中最普遍的現象之一，它最顯著的特徵在於，在這些情況下，我們對實際經驗部分的感覺，使我們能超越這個經驗而指向某些特定的東西；並且我們能肯定地感到，這個特定的東西就在那兒。因此經驗告訴了我們它自身的不完全性。我們不該對這個觀察結果感到太驚訝。如果僅僅以一個有限的部分來代表一個更大的功能整體，那麼這正是我們將不得不面對的事實。我們隨後能意識到特定的方向，這與如下事實相對應，即我們已經歷的領域這一部分在功能上是與沒有經歷的部分的過程相聯繫的。雖然後者實際上沒有被經歷，但是這些過程肯定是存在的。因為一般來說，我們的閱讀和談話就是這樣進行的，並被證實它們是由那些閱讀和談話以外的事件所恰當決定的。

　　或許，能對此加以說明的最簡單的例子是分析以不同形式進行相繼比較的活動。我在外出幾年旅行之後，遇見了一位老朋友。我的第一個想法就是「他看起來多老啊！」這並不意謂著他在絕對尺度上顯得特別的老。我每天都會看見比他更老的人，這也不意謂著我重現了以前認識他時他的形象並與他現在的外貌比較。但是這個想法多少涉及到了過去。這種情況代表了在大多數連續性比較活動中所發生的情形。如果在第一個樂音響過五秒鐘

之後，又聽到了另一個具有相同音高但是要比第一個音響得多的樂音，那麼我們很容易覺察到兩者的這一關係，雖然在多數情況下，當第二個音出現時，我實際上並沒有回響起第一個音來。（實際在那種情況下，當我聽到第二個音時，我是難以回憶起第一個音的或多或少的正確的心像。）目前所有心理學家看來都同意這一看法。

　　如果兩個音中，我們當時只有一個音的實際經驗，那麼這種音嚮的差別關係是如何被認識到的呢？回答是：我們並不是把第二章音作為一個分離的事實來經歷的。更確切地說，它似乎具有一種能指示，「過去的某種東西」的特別作用❶。這個指示在時間向度上有一定的方向或範圍，既可能是向上的，也可能是向下的。但是即使我們認為這是理所當然的，問題仍未獲得解決。我們在這些情況下的判斷通常是非常準確的，因此，過去，即第一個音，所留下的東西必須是促以代表它的響度，從而使第二個音能在正確的方向出現；另一方面，第一個音的這個痕跡不能在所有方面和五秒鐘前伴隨著第一個音的經驗的過程同屬一種類型。如果它仍是一種類型，那麼將也有相應的經驗——我們已經看到，一般不需這樣。因此，當第一音的過程本身已減退時，只有其一些影響仍保留下來。這個影響必定代表當初的過程本身。實際上，它必須非常好地代表這個過程，從而使第二個音能表現出與第一個音的水準之間正確的相對關係。

　　對上述問題的細節方面可以用各種不同的假設予以說明。但

---

❶　我們也可以說第二個音調具有一個像第六章中的一對音調的第二個成分所具有的一樣的特徵。

任何可不假設某種痕跡存在的理論都不會被接受。我曾提出過一個對連續比較加以較詳細解釋的理論。它對第一個音的痕跡的性質，以及從第一個音到第二個音的有傾向的聯繫的本質都加以說明❷。我得出理論：對連續比較的實驗可以直接告訴我們，當第一個音本身已經停止的時候，在其痕跡中究竟發生了些什麼。迄今為止，這些實驗使我相信，這種痕跡會被長期保存，並且它們或許與記憶的生理學基礎是同一回事。

所有有關記憶、習慣等的良好理論，必須包含有關作為生理學事實的記憶痕跡的假設，這些理論還必須假設痕跡的特徵或多或少的相似於那些建立它們的過程的特徵。否則，怎麼解釋在許多例子中的回憶的高精確性呢？完形心理學更特別補充道，任何特定的組織（開始時的過程以及伴隨的經驗）或許都保留在痕跡中。如果它被保存下來，那麼它就具有組織的性質，將對記憶施加有力的影響。以在第六章提到的事實為例，我們談到了視覺形狀這一概念。如果一個具有特定形狀的事物經常被覺察到和其他事物在一起，那麼相同事物的出現在以後就可能導致對事實的回憶。但是，如果在相同的刺激存在的條件下，另一個具有不同形狀的事物碰巧由於某個原因被看到了，那麼將不會有回憶。因此，當數字「4」在一定的環境中被看到時（參見圖14），它將易於引起對它名字的回憶。但是，當拿圖14給一位對之沒有什麼感覺的受試者看時，他根本不會想到它的名字。另一方面，一旦受試者在圖示中找到了「4」，這就意謂著現在「4」成了一個分

---

❷ 《心理研究》，4，1923。最近我的理論的假設被勞恩斯坦（Lauenstein）大大地發展了（《心理研究》，17，1993）。

離的事物，那麼他會後容易地將來再次看出它來，然後回憶起它的名字。因此，過去經驗的痕跡構成的既不是一個無足輕重的連續，也不是一個孤立的局部事實的鑲嵌圖。更確切地說，它們必須以一種相似於最初過程的組織的方式來組織自身。因由這個組織它們參與回憶的過程。

　　痕跡與最初過程的相同屬性可以從再認的事實中推斷出來。當魯賓（Rubin）指導他的受試者在圖形和背景的特殊分布中理解一定的圖形時，如果事後實驗的條件有利於相同的再認，那麼受試者會很好的認出它們。但是如果原來的圖形的一塊區域在第二次出現時變成了背景，或情況相反，那麼受試者將遇到新的形狀，他當然不能認出它們來。然而，第二次的刺激和第一次出現的刺激是完全一樣的。這兒，痕跡又一次顯示它是和過去的組織在一同起作用，而不僅僅是獨立的局部事實的堆砌。我們以進一步推斷：在回憶的大多數情況中，活動的材料本身顯示是有組織的。米肖特（Michotte）和范爾德（Van der Veldt）的研究已經表明，不僅對於心像，而且對於熟悉的運動「旋律」，情況也是如此❸。具有生動的視覺心像的人會承認，他能把特定的一棵樹的心像，看作是從一個較暗的環境或背景上的圖形而從中把它分離出來。誠然，在自由想像和作夢中，我們可以看見，完全不同於先前經驗的景象。然而，即使作夢中最奇特的形象創造，也保留著顯示組織的基本特徵的圖形。

　　在許多情形中，組織具有如此決定性的作用，以致於刺激的根本變化並不干擾再認和回憶──如果組織仍和以前一樣的話。

---

❸　*L'Apprentissage du mouvement et L'automatisme*，1928.

因此，一個旋律能在變化了的調式中被再認，而在這變化了的調式中並沒有保留先前一個旋律中的任何一個樂音。另外，還有這樣的情況，在我們第一次聽到一個音調的幾天之後，我們可以發現自己在用另一種調式來哼它。根據檢驗，這個調式被證明是不同於先前的調式的。這裡，只要涉及到回憶，除了組織以外的所有因素看來都不是重要的。與此相類似，今天我們在注視點的左邊看見的是紅色的未知圖形，並且它有一定大小，那麼我們很容易在明天把它再認出來，即使它現在也許是綠色或黃色的，甚至被移到了注視點的右邊，並且具有不同的大小❹。顯然，再認和回憶對過去活動的組織的依賴程度至少與依賴於刺激的局部作用一樣大。根據鑲嵌理論，這些局部作用將成爲過去的經驗的組成部分。我們以後還會重新討論這個問題。

　　從現在的觀點來看，那些只要組織的重要性未被認識到被仍舊是令人迷惑不解的觀察結果，可以容易地被解釋了。在對於動物的延遲反應的實驗中發現，在延遲許多秒鐘甚至是幾分鐘之後，一些動物仍能從三個相同的物體中選擇出正確的物體。然而，動物這時對正確的物體做出回答不再是通過延遲之前就給出的特定的線索選擇出來的。如果在延遲過程中，動物只是簡單地保持了它對正確物體的注意方向，那麼它的正確選擇或許不會令人驚訝。但是，如果在這個過程中，動物自由地在它的牢籠裡進行移動，然而後來卻做出正確的選擇，那麼，這就確實產生了一個問題。我們已經說過，在這樣的情況下，動物的反應依賴於一

---

❹　比徹（E. Becher），《大腦與心靈》（*Gehirn und Seele*），Heidelberg，1991。

定的內在線索。以下的情況當然是眞實的：沒有某種先前情景的
後效（例如，在先前的情景中，正確的物體裝有食物，正確的回
答將完全是不可理解的，這樣的後效當然是一個內在的線索。但
是在延遲和動物的許多無規則的運動之後，這個內在線索又能發
揮作用，那麼，這說明在線索所指的正確物體中，一定存在著某
種特徵。如果我們只考查每個物體本身，我們不能發現這樣的線
索，因爲每個物體具有與其他物體相同的特徵。或多或少它們在
某方面彼此有所區別。比如，每個物體在一組物體中所起的作用
不同，一個組成了它的左端，一個組成了它的右端，以及另一個
組成了這組物體的中間或內部部分。如果在延遲之後，動物正確
地做出了反應，那麼，是它把它的線索與這個物體聯繫上的物體
的唯一特徵，是物體在這個由三部分組成的群體中的位置❺。在
延遲之前，一個特定事件，例如顯示食物能起到挑選物體的作
用，但是這個物體也被賦予在一組物體中占據某個位置的特徵。
因此，如果把物體與正確的物體在群體中的位置聯繫起來，那麼
動物在延遲之後將對個物體做出反應。換言之，這種延遲的反應
依賴於一個完形特徵的知覺和再認。因此，經常被動物心理學家
們研究的延遲反應，若沒有組織的原理，就不能被理解。如果我
們考慮一下被耶克斯（Yerkes）如此成功運用的多項選擇的方
法，這就變得更清楚了。在這裡，更爲清楚地顯示，正是一個物
體在群體中的特定地位，才與一種反應聯繫。在這些情況下，即

---

❺　當然，這個群體可能會更大些。（參見 O. L.）（O. L.
　Tinklepaugh），《比較心理學雜誌》（*The Journal of Compar*
　Psychol）8，1928。

使在測定中，作爲一個整體的一組物體的位置自由地變化了，以及因而波及其所有組成成員的位置也都跟著變化了，這時，回答可能仍是正確的。對此，我們不應感到特別的驚奇。

過去，實驗心理學對記憶痕跡這類概念的問題沒有很大的興趣，研究者們深深爲記憶領域內的另一個概念所吸引。當我們說，有組織的過程的痕跡本身也是有組織的實體時，我們看來還沒有提及在記憶中的最重要的事實，即這些痕跡總彼此傾向於相互聯結或相互聯繫。聯想通常被認爲是兩個經驗之間的聯結，它使我們能夠當第一個經驗再次出現時，回憶起第二個經驗。這樣的聯結，據說是在兩個經驗共同發生時，特別是在它們的接近的發生被重複時所形成的。痕跡的存在是記憶、習慣等的一個基本因素。基於鄰近而實現的聯想是另一個這樣的因素。幾乎對記憶的所有傳統研究都涉及到學習和保持這兩個方面。心理學家們對他們有關聯想的工作感到自豪，因爲在這個領域裡，方法和成就看來幾乎都與自然學科的方法與成就相稱。

這種自豪感在一定程度是理所當然的，但另一方面，我們開始逐步意識到，隨著可利用的更好的方法的出現，迄今爲止，我們只是研究了一種十分特殊的記憶，因而其結果不應草率地被應用到一般記憶中去。再者，還有一個問題是這些研究工作幾乎從未觸及，因爲它一開始甚至不被認爲是一個問題。僅僅靠兩個鄰近過程的重複就能在它們之間建立一個聯想，這到底是不是眞實的？另外，聯想僅僅是一種像一根繩子聯結兩個物體一樣聯結兩個經驗的聯結嗎？這些問題所涉及到的聯想的概念，我們將會在以下的段落裡進行討論。

由於**接近**而產生聯想這一**規律**，（law of contiguity）一直

被認為是令人滿意的，因為它對學習做出一個純粹機械的解釋。什麼能更符合自然科學的精神呢？我必須承認，恰恰從科學的角度來看根據接近而產生的聯想的規律，在我看來是一個奇怪的說法，兩個過程 A 和 B 碰巧一起發生了，不管 A 和 B 的性質如何，於是它們之間的一個聯結就形成了！我不知道在物理學和化學中是否有任何一個可以與機械律相對應的規律在本書第四章，我們已經涉及到這個事實。在物理學中，當兩個物體或事件 A 和 B 在功能上互相聯繫時，我們肯定會發現，這種相互聯繫和結果是依賴與 A 和 B 的特徵的。在天文學中情況也是如此，一顆星被另一顆星的加速運行是因為其質量使然。對於靜電學來說同樣是如此。互相作用的方向依賴於電荷的符號。在化學中，原子相互作用或彼此保持不干擾依賴於它們的特定特徵。相反的，沒有一個相互作用的例子中，那些進行著相互作用的因素的性質是不起作用的。然而，在傳統的接近聯想律中，形成聯繫的事物性質被忽略了。

顯然，在這一點上，我們又一次遇到了機器論或鑲嵌論。如果在感覺神經系統內的事件分布中，相互作用根本起了作用，那麼其結果必然依賴於相互作用過程的特徵。感覺場的鑲嵌論假設局部感覺事實保持彼此互不干擾，從而排斥了這種可能性。因此，外周刺激的機會獨自決定結果的反應類型。我們現在認識到，在聯想的傳統概念中，與此相同的觀點也被認為是理所當然的。所有 A 的感覺和 B 的感覺在鑲嵌圖中都是互不影響的拼塊，它們互不作用。因此，任何可能聯繫它們的聯結都一定相似於一根我們用來聯結兩個物體的繩子。在這樣的聯結中，物體的特徵毫不起作用。

　　現在，我們可以自信地說，聯想的這個解釋不再是站得住腳的了。即使我們只考慮用傳統方法進行的工作，它的缺陷也是顯而易見的。

　　在一個音節的系列中，一個 A 和一個 B，即兩個接近的音節，一定不是彼此互不影響的。因為 A 和 B 與 F、G 和 H，及系列中的更遠的項，都不是彼此互不影響的。如果要求受試者記下六個我們迅速唸給他聽的音節，他通常能夠做到，但是如果我們給他一個十二個音節的系列，而不是六個音節，他們的得分就將通常少於六個音節的得分。顯然，這一個系列的所有組成部分，彼此相干擾。那麼我們怎麼能說它們是彼此孤立的呢？在著名的**對偶聯合**（paired associates）的技巧實驗中，通過給受試者呈現單獨的音節，並且要求他補充在這個系列之後以項目來測試的聯想，他的整個成績是根據他回答正確的數目來衡量的。本質上說，這個方法是以如下要求為前提的，即一個系列中的所有聯想是彼此獨立的，並且由於這種獨立性從而容許我們對之進行統計的處理。這個假設可能是完全不正確的，因為它忽視了一個系列中的項目的普遍互相依賴性。這一點我剛才已經提到了。確實，如果在全部系列中，相互依存性在統計上是一樣的，並且，如果所研究的問題是同一類型的，那麼它就不會產生很大的危害。但是一旦聯想本身的性質成為一個問題，我們當然應該小心謹慎為好。

　　作為另一個看來與傳統觀點不符的發現，我們可能提及音節在學習過程中經歷的一定變化。在多數情況下，受試者是以一種特定的、有節律的方式朗讀這個系列的。這個方式包含由一個較大的音群和輔助的音群。同時，朗讀傾向於採取某種旋律——特

徵，聲音的音高隨著這些音群的開始和結束而時高時低❻。顯
然，這意謂著在學習的過程中，主要在最初朗讀這個系列的過程
中，朗讀材料正以一種特定的方式被組織起來。但我們從先前的
討論中知道，如果是這樣，那麼單獨的音節應該獲得特別的性
質，並且這種特徵歸因於音節在組織中所處的地位。這個推斷在
以下的情形中得到了很好的證實。在這種情況下，在系列作爲一
個整理被習得之後，向受試者顯示含相同的項目的另一種順序的
系列。在新的順序中，它們看來是新的和陌生的。客觀上講，如
果在學會流利地背誦先前整個系列之後，向受試者呈示單獨的音
節，並要求回憶起該音節以下的項目，那麼組織的這個影響就被
最令人信服地顯示出來。納格爾（Nagel）發現在現在的情況
下，僅僅只有三分之一的音節可以被回憶起來，然而系列作爲一
個整體卻可以容易地被背誦出來❼。在一個有組織的系列流中的
特定的音節，看來和它們單獨時的情況並不一樣。

　　艾賓浩斯（Ebbinghaus）和他的後繼者選擇無意義的音節
作爲研究聯想的最好材料，因爲他們希望在沒有舊的、實驗前的
聯想干擾新的、實驗建立的聯結的條件下進行實驗。他們設想，
如果使用有意義的材料，那麼舊的聯想會以一種不能被控制的方
式影響實驗的結果。無意義的音節看來組成了一個比其他任何項
目更一致的材料。如果我們否認心理學已從根據這種方法所做的

---

❻　參閱弗林斯（Frings）提供的範型，*Arch. f. d. ges. Psychol.*, 30，
　　1914

❼　*Arch. f. d. ges. Psychol.*, 23, 1912（《完形心理學研究文獻》，1912
　　年，第23期）

工作中得到了鉅大的推動，那麼這是不公平的。但是看來，早期
的研究者多少以一種有點片面的方式運用了這一方法。總而言
之，在當初觀點的狹隘性被逐漸克服的時候，在這個領域內才產
生了最具價值的觀察結果。

　　一些心理學家批評艾賓浩斯的方法，認為它實際上沒有研究
那些自發建立起來的聯想。這是批評的一個好理由，因為這種方
法的結果通常被公式化了，似乎這些聯想是自發形成起來的。實
際上，如果音節的純粹接近被認為是引起它們聯想的原因，那麼
許多以這種材料所進行的實驗就遠不是在這個意義上測試聯想。
受試者面對的不僅是音節的連續，而且他還被要求去記住它們。
如果他按這個要求去做，那麼建立聯想的就不只是接近，並且，
當實驗結果按自動形成的聯結這種說法形成時，這個事實甚至沒
有被提到。毫無疑問，這是此方法的一個缺陷。這個錯誤是嚴重
的，因為我們逐漸地意識到若沒有有意的識記，習得一系列的無
意義的音節將是完全不可能的[8]。

　　那麼當受試者有目的地努力識記一個系列的時候，他們在做
些什麼呢？沒人比繆勒更有權利給出這個問題的答案了。他耗費
了他大部分的科學生涯去研究聯想和保持。他的回答是：「一個
圖形、樂音、音節等的系列，從本質上說是在一種綜合的活動中
習得的。在這個綜合活動中，系列的組成部分被結合起來，從而
使它們成為牢固的群集」[9]。在第二章中，我們已經看到，這種

---

[8]　庫恩（Kühn），《心理學雜誌》，68，1914，波普爾路透（Pop-
　　pelreuter），《心理學雜誌》，61，1912。
[9]　繆勒（G. E. Müller），*Abriss der Psychologie*. 1924。

定勢傾向能使立體在知覺中建立起群集，並且其效果可能是真正
的知覺事實，就像任何自發的組織一樣。因此，從繆勒的這段話
中我們可以得出這樣的結論：有目的識記等於有目的組織。

　　雖然在無意義的材料以及大多數音節的例子中，這樣的一種
活動必定看來是需要的，但對其他材料來說，它顯然並不需要有
意的識記。當引起回憶的事實並沒有與那些事件有意地相結合的
時候，我們會不斷地發現自己是在回憶這些事件。因此，雖然在
傳統研究中所使用的無意義的材料滿足某種確切的條件，但是它
不能教給我們有關聯想的全部事實。當我們處理日常生活的更自
然的經驗而不是傳統的材料時，一般不以那種方式形成聯想。

　　但是，我們在實驗室以外的所有經驗都是自發地聯結起來的
嗎？情況又不是這樣。我們可能多次同時聽到過一個電話號碼和
一個名字，但當名字再次出現時，我們可能仍不能回憶起這個電
話號碼。在這種例子中，其條件情況看來與那些構成無意義音節
聯想的特徵的條件相類似。在名字和數字之間不存在特定的關
係；它們並不傾向於自發形成一個群集。因此，這使我們產生了
這樣的懷疑，即聯想是在組織自發產生的地方自發地發生的，並
且聯想須以有目的的結合為前提，在這裡，材料本身不可能形成
有組織的群集。

　　這個假設通過以下事實得到了證實，有意義的名詞形成聯想
比無意義的材料形成聯想要容易得多。當然，在這情況下，這些
名詞已經長時期地具有其意義了。因此，當受試者學習一名詞系
列時，他們發現這些涵義牢牢地附著在這些詞上。並且很顯然，
正是這些涵義現在變得如此容易地聯結起來了。為什麼會這樣
呢？大多數的心理學家會回答道，這些名詞的涵義不僅依附在這

些字詞上，而且由於先前的聯想的結果而互相附著在彼此的身上；換言之，學習的過程只是加強了已經長久以來存在的聯結。在 這 一 點 上， 必 須 強 調 完 形 心 理 學 和 **聯 想 主 義**（Associationism）的一個區別。讓某人把以下這幾對名詞朗讀幾遍：湖──糖，靴子──盤子，女孩──袋鼠，鉛筆──汽油，宮殿──自行車，鐵路──大象，書──牙膏。學習這個系列比學習相同數目的無意義音節要容易得多。但是，我們眞能這樣說：因爲在湖和糖，宮殿和自行車等等之間存在著牢固的、前實驗的聯想，並且這些聯想只需要稍稍的複習就能恢復，因而使得學習成爲一件簡單的任務了嗎？在我看來，我們不能這麼說，因爲同樣的詞成千上萬次地發生在其他更有規律的聯繫中。這樣更強的聯繫一定對較弱的聯想施加了一種限制作用。而根據上面這種解釋，正是這種較弱的聯想使得這種情形下的學習變得如此容易的。因此，這個解釋現在就不如它在開始出現時那樣似乎有理了。完形心理學提供了另一種解釋。當我讀那些詞時，我能夠想像出一系列奇怪的圖：一塊糖是如何在湖中溶化的，一只靴子是如何放在一只盤子上的，一個女孩是如何餵一隻袋鼠的等等。如果這發生在閱讀這個系列的過程中，那麼我在想像中經歷了若干雖然是十分不尋常、但又是被很好地組織的整體。這時的學習變得如此容易，這或許是因爲這種材料易於導致自身的組織化。爲了排除過去經常有的相似聯繫的可能性，我當然必須選擇不常見的名詞對組，這些名詞對組的涵義可以組織進一個更大的畫面之中，但是，它並不能自發地組織成。如果我沒有弄錯的話，日常生活中較容易聯結的結合和次序，只是完全自發組織的事例。

　　站在這一立場上，如果要想發現聯想的性質，那麼無關意義

的音節一定會被視作可供選擇的最差的材料。因為這樣的音節並不自發地把自己組識成具有良好的特徵的特定的群集。對那些只使用這種材料的心理學家來說，自然聯想的性質不能被他們所明顯看到。再者，由於音節的系列是隨意建立的，它們對於我們瞭解學習所依賴的，也許我們可稱之一個系列結構的那種東西的情況，極少有所幫助。即使一個系列只由在一定程度上是同類的無意義的材料所組成，也可能以許多不同的方式建立起來。可以把前後在語音上互相吻合的音節放在一起，或者情況相反。一些配對可能根據一種原則來建構，另一些配對可能根據另一種原則來建立。整個系列可能表現出一種特定的結構。或者，它可能是一個像我們通常使用的系列那樣的不引人注意的系列。如果我們想要知道組織是不是聯想的本質，所有這些形式的系列都應該加以考查。從前面討論的趨勢來看，應該說這是事實。

作為最後一個有利於我們的論題的論據，我們可以提及以下事實，即如果一個系列通過它的組成部分的配對結合被習得，那麼在配對的前一部分給出時，受試者將容易回憶起其後一部分。但是當呈現配對的後一部分，即不呈現配對中的前一部分時，並且還要記住系列中的後一項，回憶將是非常困難的。如果我們假設在學習過程中，系列的組成部分組成了一個客觀均衡的順序，那麼這個結果就與我們以前所理解的聯想的概念不相符。顯然，只要有關材料的組織的條件被忽視，聯想的條件就不能恰當地被描述。牢固的聯想只發生在成為被明確表示的群集的部分這樣的系列項目之中。我不能否認時，空上的接近在聯想中是一個重要的因素，但是這個因素看來並不是直接發揮作用的。在前一章我們已經瞭解到鄰近因素在感覺整體的形成和分離中起著重大的作

用。從我們剛才所說的這一點出發，我們可以隨之得出這樣的結論，即時空上的接近有利於聯想，這只是因爲，在鄰近性的名義下，它成爲組織中一個有利的因素。這個條件只是許多對組織產生有利影響的條件之一。現在看來，組織是我們通常叫作聯想的東西的眞正具有決定意義的條件。因此，聯想的原理應該據此相應地重新闡述。

概言之：舉凡組織自然牢固之處，聯想就會自發地發生。在特定組織不存在的地方則不會產生任何聯想，除非主體此時有意識地建立起某種特定組織。另外，當系列的組成部分被很好地聯結起時，它們被證實具有自己的特徵，而這些特徵是由其在整個系統中的位置所決定的——如同在一個旋律中聽到的樂音，它們也將獲得某種特徵一樣。最後，一個系列中的各項，它們如果購成了一個小而牢固的群集，那麼它們同時也是聯結得特別好的項目。

經過這些初步的探討，現在我們可以討論聯結的性質了。聯結據說產生於那些被聯結的過程的痕跡之間。最流行的觀點是，聯想意謂著神經通路的傳導性的增強，這個神經通路把過程和痕跡發生的地方連接起來。伴隨著這些過程的每一次重複，某種情況被假設在它們之間的組織發生了。因此，到達第一個痕跡處的興奮以後將向第二個痕跡處傳播，而不是向腦中的其他部分傳播。因此，當只有第一過程出現時，第二過程的痕跡傾向於被重新激活起來。這個假設並不完全令人滿意。儘管它使我們這樣期望：在一對項目的重複出現之後，興奮將沿著連接的通道傳遞，或者進一步增加它們的傳導性，但它沒有告訴我們爲什麼這些通道在第一次連接時，會發生某種特別的事情。這一解釋所面臨的

困難是嚴重的,特別在那種項目只出現一次之後,聯想就能很好
地建立起來的例子中。

我們不知道在回憶中發生了些什麼。看來我們唯一可做的事
是被迫假設在兩個過程 A 和 B 的痕跡之間的存在聯繫,從而 A
的復活導致回憶起 B 而不是回憶起任何不與 A 相聯繫的事實。
現在從這方面來看,可能有以下二種假設。如果我們相信,A
和 B 在被聯結之際它們仍是兩個彼此獨立的中性事實,僅僅是
碰巧發生在一起,那麼,某種特殊的聯結如像一個傳導特別良好
的纖維群,將被看作是聯想的一個適當基礎。但是,如果站在完
全不同於這個觀點的立場上,我們可以做如下推理:當 A 和 B
被聯結時,我們所經歷的不是兩個獨立的事物,而是構成一個有
組織的「群體──單位」的組成部分。現在這或許可以被認為是
理所當然的。但是在這一前提之下,神經狀況不可能由兩個分別
對應於 A 和 B 的分離部分組成。更確切的說,單一的經驗提示
我們一個功能的單位在神經系統中形成了,在這個功能單位中,
過程 A 和 B 只有相對的獨立性。如果情況確實如此,那麼我們
不能期望在沒有 A 和 B 的各自經驗的情況下,會留下兩個獨立
的痕跡。我們說痕跡傾向於把先前過程的組織保存下來。因此只
有一個痕跡將被建立起來,它代表了形成它的功能單位。在這個
痕跡中,A 和 B 將只作為相對分離的次單元而存在。因此,由
於它們被包含在一個痕跡中,A 和 B 將很好地被「連接」起
來,就像它們可以被一個特殊的聯繫起來一樣。這種聯結被假定
能給神經活動的傳播以從 A 到 B 的正確方向。但是 A 和 B 處在
同一個痕跡單元的事實,(當然這個單一痕跡是與其他痕跡分離
的),將具有完全相同的效果。

　　現在，應該給我們的假設以一個更基本的闡述，以使之更容易與其他舊的觀點區別開來。根據我們的論題，聯想喪失了作爲一個特殊的，並且是獨立的理論概念的特徵。它僅成爲如下事實的代名詞，即有組織的過程留下了痕跡，在這些痕跡中，這些過程的組織或多或少被適當保留了。我不否認重複會加強聯想。但這不一定是說重複加強了一個特殊的聯結。我還知道有時候，比如在無意義材料的情況下，如果要建立一個聯結，則要求受試者必須採取某種特殊的態度。但是，如我們在前面所看到的，一切都支持我們的如下觀點：這個態度是一種積極的組織。如果受試者取得了成功，那麼他現在就是相應地組織了他的經驗；與此相伴隨的神經活動也必須按相似的方式組織起來；於是痕跡也將產生出來，當然，它們也具有同樣的組織化過程。在這種情況下所產生的唯一新問題是，意向對組織化過程究竟有何影響。這個問題不僅僅只與記憶的問題有關（參閱第五章，第116頁）。

　　有一些人也許會說，我們接受聯想的這個或那個理論，這是無關緊要的事，因爲我們並不能看到腦裡面的情況，因此不能決定到底哪個理論是正確的。由於這一想法，一個假設的價值可能會被完全誤解。如果一個假設具有某種特定的內容，它必定也具有特定的涵義；並且這些涵義可以被檢驗。在現在這個例子中，這樣的涵義是相當清楚的。

　　我們記得，由接近而產生聯想的舊的原理並沒有指出被聯想的 A 和 B 的特徵。這是很自然的，因爲在這個原理中，聯想被不言而喻假設爲是一種像一根繩子一樣的聯繫，通過它彼此間無關，並且同樣與這種聯繫也無關的事物被強迫形成一種夥伴關係。另一方面，組織遠不是一種強加於彼此無關的材料之上的堆

砌。在感覺經驗中，我們已經提出，組織顯然依賴於那些彼此相
關的事實的特徵。因此，如果聯想是組織的結果，它一定也依賴
於這些特徵。在一定程度上，這個影響已經被本章所報導的觀察
所證實。當然‥，還有更多的事要做。我們需要的是探明決定用
來學習的材料的基本變項是什麼。這些變項直接地受到完形心理
學原理的刺激。當其他環境保持不變時，聯想的強度隨著項目所
在的組織的強度變化而變化，以上這個觀點一般說來是正確的
嗎？另外，我們知道感覺組織所依賴的特定條件能否顯示這些條
件如它們在原始經驗中一樣對於聯想也是必不可少的❿。誠然，
不是所有有關聯想行為的原理可以以這種方式產生的。感覺經驗
的原理沒有給我們有關痕跡本身的性質的直接信息。這些原理也
沒有告訴我們有關痕跡在時間過程中的命運如何。另一方面，當
我們研究痕跡的性質時，我們可以在任何時候進行觀察，通過這
些觀察，知覺中的某些問題可以獲得解決。知覺組織不僅發生在
空間向度，也發生在時間向度內。在後一例子中，痕跡的行為可
能和當前涉及的經驗一樣重要。如果更好地瞭解了痕跡的一般性

---

❿　目前（1947）對這個問題的回答已部分可知。我們已揭示，在一個
　　項目系列中的功能聯繫強烈地依賴於在系列中所呈現的材料的性
　　質。對於那些干擾可得的相互關係及使此過程變得容易的相互關係
　　來說都是如此。目前的研究主要涉及物體的相似性在習得中所起的
　　作用。相似的干擾效果已由瑞斯托夫（von Restorff）（《心理研
　　究》，18，1933）和其他一些在德國和美國的心理學家的研究了。
　　這些研究的結果是相當清楚的：無意義音節系列組成一個難以習得
　　的材料，這倒並不是因為這些音節毫無意義，而是因為在這些單調
　　的系列中，不能同時形成具體的**業群**。物體相似性在它的聯想中所
　　起的積極影響已由本書作者予以證實。

質，那麼它在這個聯繫中的作用也將容易被理解。

　　我們的假設的另一個涵義不僅具有實際意義也具有理論意義。這個結論指的是動物心理學。我們已經看到無意義的音節因為自身的緣故不容易形成聯想，因為在這些項目所構成的系列中，非常具有特徵的配對和其他特定的群集不能自發形成。但是對這樣的系列形成聯想有困難的受試者可能在日常生活中具有良好的記憶；他們可能回憶起許多他們從未打算把它們記住的事件。這使人想起了在實驗室的實驗中，發生的動物學習與這些動物生活在別處時習慣形成之間的奇怪對比。所有的動物心理學家都一定觀察到這個對比。我認為如果人們只要指出在後者情形中存在所謂「更自然的」環境，這種不同的原因就算恰當地闡述清楚了。在這裡，「自然的」一詞表示什麼意思呢？或許，它只是意指：有利於聯想；換言之，從組織的角度來看，有利於聯想而已。

　　在聯想的舊的概念的影響下，許多用動物進行的有關感覺辨別的實驗是以一種完全忽略組織概念的方法進行的。比如，在兩個通道的後牆上呈示兩個物體。通過給予獎賞和懲罰，讓動物逐漸區別這兩個物體。在通道的地板上放著與這些物體不相連接的電線。當動物的選擇是錯的時候，它會受到一次電擊的懲罰。顯然，在此運用的電擊和在另一處顯示的物體不容易成為一個有組織的單位的部分。另一方面，在選擇正確之後，動物在現場以外的某處，即與物體所在地相隔開的地方受到食物獎賞，就像是在離開錯誤的物體所在地方受到電擊一樣。一個年輕的行為主義者曾經問過我，除了他認為是模糊不清的概念以外，完形心理學還能供什麼具體的、能在實際工作中使用的東西。在我看來，的

確，我們向行為主義者所能夠提供的，除了對它的方法加以批評
以及建議它採取更好的方法以外，是提供不出什麼別的東西。但
這已是完全足夠了。在人身上，學習看來是依賴於組織的。要說
這一相同的原理不適合於動物的習慣形成，這是完全不可能的。
因此，當我們研究感覺的辨別時，我們不應該把影響它的決定因
素割裂開來，而應努力把它們的組織作為一個單元來對待。我在
幾年前提出了如下實驗程序。被錯誤選擇的物體突然朝動物的相
反方向移動，不管牠在什麼時候去接近這個物體。這種實驗方法
肯定比傳統的方法更相似於動物在普通生活中的學習情景。物體
將更可能變得充滿「否定性」❶。因此，就可使動物節省許多
間。但是除了實踐的原因以外，在我看來實驗條件在各方面的變
化，這似乎應是實驗科學的一個健全的主張。如果我們能夠說服
行為主義者根據組織的問題來改變他們的實驗情形，那麼他們可
能會學到許多新的有關動物學習的本質的東西❷。

　　以上我關於聯想所做的評論同樣可用以評論制約反射的形
成，就像它們對其他用來研究動物的學習的方法所做的那樣。一
些人更喜歡使用「制約反射」一詞而不用「聯想」這個詞。但我
並沒有發現前者比後者更清楚或更基本。實際上，被稱為制約反
射的東西或許僅僅是聯想的一個特殊例子。人為地和一個反射相

---

❶　柯勒（W. Köhler），*The Ped. Seminary*，32，1925
❷　拉什利（K.S.Lashley）已在這個方向上邁出了非常具有決定性的
　　一步。〔《發生心理學雜誌》（Journ. Genet. Psychol），37，
　　1930〕他把跳躍架（jumping stand）介紹到了動物心理學的研究領
　　域。這個裝置的主要優點在於它能完全迫使動物進入到實驗情景的
　　最重要的部分中去。

聯結的制約刺激，也許能夠引起那個反射，這只是因爲它首先與自然地引起反射的適當刺激相聯繫的緣故。這當然是兩個感覺事實的聯想。當然，這樣的一個聯想可能會變得非常牢固，以致僅僅通過適當的刺激的痕跡，制約刺激就能獨自引起反射。現在，如果這個聯想就是指在制約作用中所要習得的東西，並且，如果兩個過程的聯想只是它們的組織後效，那麼我們對於制約反射必須得出同樣的結論，如同我們對普遍的聯想以及對動物辨別學習所做出的結論一樣的結論。對於這個問題，即制約刺激以及它與無制約刺激的關係的變化呈現的變化是否影響制約作用的過程，看來現在我們還沒有有關的實驗證據。在傳統實驗中，例如，我們讓一個鈴聲在給食物之前響起；但是我們未去注意哪些條件或者會阻礙或者有利於這兩個事件進行組織。但在這一點上，動物心理學尚有一個能同時去檢驗二個假設之價值的機會：首先考查制約作用是不是涉及兩個感覺事實的聯結；然後再考查制約作用是否依賴於組織的因素？

從我們剛才講到的觀點來看，一些我們先前的討論會以一種新的面貌重新出現。我們也許已經把這一觀點說清楚了，即聯想依賴於組織，因爲聯想是一個組織過程的後效果。當我們第一次引入組織概念時，幾乎每一步都受到了經驗主義解釋的阻礙。在這些解釋中，與鑲嵌論相矛自的事實都被視作學習的純粹產物而立刻遭到拋棄。我希望我們已經表明，作爲一種原理，這些事實不允許用學習來加以解釋，因此組織必須作爲經驗的一個初始方面而被接受。目前，我們可以進一步宣稱，相反地，學習對連續經驗的任何作用都可能是先前組織的後效。對學習來說，從該詞在本章所使用的意義而言，它等於聯想。並且，如果我們是正確

的話，聯想乃是組織的一種後效。因此，任何想把經驗的組織簡
單歸結爲只是相聯結的意義的影響結果之類的企圖，都將會陷入
了一個怪圈。我們不能把組織歸結爲其他因素，如果這些因素又
只能根據組織來理解的話。我毫不猶豫地在此再次重申，經驗通
常是充滿了各種意義的。但是這種說法可能令人誤解，如果我不
首先做如下補充：在大多數情況下，這些意義是附著在有組織的
經驗上的；其次，這裡再次涉及的學習這一事實也是來自於組織
的原理的。

第九章

回　　憶

　　心理學在記憶領域內研究三個主要問題：(1)學習和將來使我們能夠回憶的痕跡的形成，(2)這些痕跡在學習和回憶之間這段時間裡的變化情況，(3)回憶本身的過程。固然，回憶在所有這些問題的研究中都占有一席之地，因爲對學習和保持的規律的研究和對回憶本身的研究同樣多得涉及到回憶。但是當我們只對學習的問題感興趣時，我們可以使保持和回憶的條件保持不變，從而使只有學習的條件在變化。如果我們的問題指的是保持，那麼則讓學習和回憶的條件保持不變，而同時讓學習和回憶之間的間距這一條件發生變化。在對回憶的研究中，則只讓有關這個活動的環境變化。因此三類問題實際上是可分開的。在這一章中我們將主要涉及保持和回憶的問題，雖然我們也將考慮一些有關學習和痕跡的形成的事實。

　　我在第六章提到了一些實驗。在這些實驗中，動物在學會選擇一個配對中的一個，比如兩個灰色中較黑的一個之後，再讓它們對一個新的配對產生反應。這個配對由學習階段的「正確」物體和一個新的物體組成。這個新的物體與「正確的」物體之間的關係就像在原來配對中「正確的」物體與「錯誤的」物體之間的

關係一樣。在變化以後的情形中，新物體是「配對中黑的那一個」。

　　但是，並非可以普遍地得到這一結果。它決定於歸配對的實驗和第一次進行就配對實驗之間的時間間隔。有一次我們以雞爲對象做過這樣的實驗，在牠對舊的配對任務的學習結束之後，再在對舊配對的選擇之間讓它進行單個的新配對的試驗，並且一直重複這個方法直到用新的配對的測試看起來在數據上是可靠的。實驗者發現在這些情況中，動物選擇學習階段的「正確」物體和選擇新物體的次數一樣多。這個事實可以這樣解釋：當雞對物體做出反應時，這些物體看來是作爲一個配對而出現的，其中一個是暗灰色，另一個是亮灰色❶。但在同時一個物體被看作是一個或多或少的特殊的暗灰，另一個被看作爲一個或多或少的特定的亮灰。只要這個配對不調換，看物體的這兩種方式都與訓練的方向一致。另一方面，如果在學習階段雞根據物體在配對中的作用，還有牠或多或少的確定的灰色做出反應，那麼這種訓練將有兩個效果。一旦新的配對被引進，這兩個效果就會發生衝突。因爲現在學習的前一個產物將有利於選擇一個物體，後一個產物將有利於選擇另一個物體。現在，讓我們假設學習的這兩個效果不是同樣的持久。如果發生這種情況，隨著舊配對的試驗和新配對的試驗之間的間隔的增加，這將有利於雞依賴訓練的更持久的產

---

❶　此處，如同我們談及動物時經常那樣做的，爲了使問題簡單化，我使用了一些諸如像「出現」之類的詞語。無論雞是否具有人的意義上的視野，這樣的詞語具有一種清晰的功能涵義，這是我們對之唯一感興趣的東西。

物而做出反應。因此，根據我們的實驗所得出的結果是：由作為一個整體的配對所決定的習慣比依賴於灰色本身的習慣更持久。只有在用舊的配對的試驗之後，動物立刻對新的配對做出反應的時候，即在個體的灰色在記憶中仍有效果時，作為一個整體的配對才相對地具有少一點的決定性作用。這看起來是一個一般的原理，即涉及事實組織的保持比涉及個體事實本身的保持更持久。許多心理學家評論道，當我們不再獲得事物的更特殊的內容時，我們經常仍能夠記得事物的一般結構。這個論點值得徹底地檢驗一下，因為這方面的工作可以幫助我們理解概念的心理學本質。在雞的例子中很容易檢驗我們的假設。在用舊的配對所進行的最後一次試驗之後好幾分鐘，我們用新的配對對動物進一步的測試。結果是「相對的」反應現在明顯地占據優勢。

在這個研究領域中還有許多工作要做。在第八章開頭我曾提到，連續的對比可以提供一種對痕跡的研究方法。我們剛才已經知道了另一種方法，有點相似於第二種方法的第三種方法也可以從有關動物的實驗中產生。我將把它們作為一個由完形心理學提出的特定問題的例子來加以討論。亞伯勒（Yarbrough）在研究貓的延遲反應時發現❷，如果貓不得不在三個物體中做出選擇時，牠們的反應在僅四秒鐘的延遲之後就不再可靠了。如果要在兩個物體中做出選擇時，延遲可以增加到這個時間的四倍。為什麼在後一種情況下的結果是如此之好呢？以人為受試者用與此相似的但更為困難的任務來進行實驗將使我們獲得一種解釋。如果在二十五個其單獨性質相同的物體在受試者面前由圓形分布，那

❷　《動物行為雜誌》（*Journ. of Animal Behavior*，7，1917）

麼它們不全在受試者的視覺中占有同樣的地位。其中有兩個物
體，一個是左邊的第一個，另一個是右邊的第一個，它們占據十
分明確的、非常具體的邊界位置。當然在一定程度上，中間物體
也可以被看作是有特定特徵的，至少在人的視野中是如此。但是
所有其他的物體都僅僅只是弧度的區別。現在假設某人對全部物
體中一個物體做出反應，在經歷了一段延遲之後（在延遲期間不
讓他注意該物體），然後要求他指出原來的那個物體。只要測試
所用的是具有特別位置的物體，受試者的回答就總是正確的。但
是如果這個關鍵的物體處在一個無關緊要的位置上，如果不允許
受試者使用計算之類的間接方法，那麼錯誤的回答將十分有可能
發生。受試者可能選擇第十六個而不是第十七個物體，或者選擇
第八個而不是第九個物體。如果延遲時間增加，或者如果受試者
不夠專心，那麼則會經常地發生更大的錯誤。這又一次顯示了，
延遲的反應是依賴於正確的物體在群體中的或多或少具體的位置
的，這種情況正如赫茲用鳥進行實驗所證實的結果一樣（參閱
100頁）。對於在延遲之後不得不在三個物體中做出選擇的貓來
說，這個相同的原理也同樣適用。如果在最初出現時所給的線索
指的是左邊的物體，那麼這時動物的任務就是對這一物體群集中
的非常特定的位置做出反應。這個位置的特定性可能保存在記憶
中。如果右邊的物體是關鍵的物體，情況也同樣如此。但是當中
間的物體是關鍵的物體時，其在群集中的位置作為特徵可能就不
那麼清楚了——當然是對貓來說。當這個物體第一次出現而被挑
選出來時，它在群集中的位置可能暫時是足夠清楚的；但是很快
地它的痕跡就可能失去其特定性而成為現在已無差別的群集內部
的一部分。因此當三個物體而不是兩個物體用在實驗中時，動物

將不可能經常做出正確回答。只有當實驗者在空間上重新分布這三個物體，從而使所有的物體都具有很特徵的位置，貓或許才能再次解決它們的問題。讀者會反對說，在三個物體的情況下，錯誤的可能性事實上是增加了，但貓的行為也可能與這特定群集中的或多或少特定的位置無關。通過我剛才提到的情景的變化，我們能很容易地對這一反對觀點加以檢驗。從組織的角度來看，這不僅是一個數字問題，而且是一個空間中分布的問題。因此，如果這三個物體以一種使它們的每一個都具有特定位置的方式來分布，我們會立刻發現那種從純粹數字角度所做出的解釋是否可以接受。在亞伯勒自己的實驗中，就有一個與這個純粹數量解釋相矛盾的結果。如果只是由於物體數字（它用來彌補一個物體的實驗條件下的充分的特定性）導致三個物體的情況中的失敗條件，那麼動物的錯誤回答應該平均地分布三個物體中實際上不是這麼回事。在一個長時間的延遲之後（超過4秒鐘），一些貓從不選擇在中間的物體。它們所有的回答都指向左邊的第一個物體，或者右邊的第一個物體。如果我們的解釋是正確的話，這正是我們所期待發生的情況，而不考慮到組織化的因素則是難以理解這一事實的。我們可以得出這樣的結論：在貓的身上，過去活動的痕跡經歷了一個極其迅速的轉換，在這個轉換中，群集的較不清楚的部分更不清楚了。當這發生後，後繼的行為將顯然由獨自留下的簡化了的組織來決定。

在廷克爾波（Tinklepaugh）先生和我以另一種方法用一隻猴子做有關延遲反應的實驗中，我們得到了類似的觀察結果。我們在很大一個方形的地面上舖上了幾英寸厚的沙子。當著這隻猴子的面，在沙子上做一些標記，例如，用沙子堆個小丘；或像在

另一個實驗中所做的，用手指在沙面上畫一條直線。經過這些準備之後，食物被埋在沙子中的一個位置上，這個位置對人來說其特徵是清楚的，因爲它在標記附近的一個特定位置上。我們希望看到動物是否會利用標記來記住食物的地點；因爲若在相同的表面上沒有一個標記，牠先前對埋藏食物的反應就不再是很清楚了。那只猴子，牠看到了我們的準備工作，在經過一段時間後把牠放出來。當牠被允許靠近沙子時，牠立刻向標記處走去，並且試圖在那兒找到食物。牠從不在這個標記的周圍搜索。進一步的觀察是非常需要的；但是現在有一種解釋看來是非常可能的，從而使我毫不猶豫在此要提到它。就像用貓研究的延遲反應的例子一樣，猴子的反應依賴於一個痕跡，在這個痕跡中表現了視野的組織化。在這個視野中，沙丘和直線是突出的圖形。另一方面，隱藏的食物的位置並沒有特殊地給出。因此我們可能假設這裡可能發生了一種簡化現象，它相似於在亞伯勒的實驗中所觀察到的情況。在猴子的情況中，視野的痕跡將也在延遲中被轉換。在這個轉換中所有較不明顯的部分將再一次處於不利位置。對一個痕跡來說，情形是如此地模糊不清，以致於實際上只留下模糊地指向隱藏食物的突出標記。我們用在猴子身上的方法，當然可以加以進一步發展。它以後可能成爲研究動物痕跡的一種精確的手段❸。

因此痕跡絕不是嚴格的實體。相反，它們是受動力傾向的影

---

❸ 廷克爾波夫（Tinklepauph）先生在此方面已取得了重大的進步。他的**替代方法**（substitution method）是研究痕跡的特徵和發生情況的極好的工具。

響；這些方向看來在動物身上比在人身上更強烈。從這個觀點來看，對動物的延遲反應的研究對普通心理學可能具有鉅大的意義。首先研究現象的最顯著的形式，這總是可取的。

在這些觀察中，依賴於記憶痕跡的行為被用來作為這些痕跡所經歷的變化的指標。然而還有其他的情景，在這些情景下，痕跡很好地被保存著，儘管如此，但是在這種情況下，回憶還是困難或甚至是不可能的。在前一章中已經提到了這一類例子。我們現在來研究一下其他的例子，它們也顯示了回憶依賴於非常特定的條件的事實。

如果聯想這個詞語表示的是這樣一個事實，即一個統一經驗的痕跡它本身就是一個統一的事實，那麼因此可以得出，一旦形成這樣一個統一的痕跡，任何與最初情景的一個較大部分相對應的刺激群集都會引起對其他部分的回憶。而實際上我們並不能得出這樣的結論，因為在一個有組織的經驗和相應的刺激之間絕不存在著一一對應的關係。組織的過程以這樣一種方式依賴於刺激的整個集合及其「關係中的特徵」，即一種不能被分析為局部刺激的獨立作用的方式。因為這個原因，刺激最初集合的一部分不能建立一個實際上已被包含在初始過程之中的過程。相反，這樣的一部分只會引起一個某些方面與初始活動的對應部分不同的過程。因此，現在產生的過程可能在那個活動的統一痕跡中並沒有相等的對應物，它或許因為這個原因而不能引起對其他部分的回憶。比如，**圖**20不可能使人想起 H 字母所缺失的線條，雖然從幾何圖形上講**圖**20是一個 H 的較大的一部分。**圖**21也不會令人去回憶一個 R 字母所缺失的線條。我們當然不把**圖**20或**圖**21看作是真實的H或R視覺形式。因此，H和R的痕跡不包含任

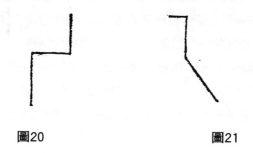

圖20　　　　　　　　　圖21

何對應於我們的圖形中所給出的線條的部分。我們必須得出這樣
的結論：回憶被局限在一定的情況中，在這些情況中現在給定的
過程和最初統一活動的一部分是足夠相似的。這只有在現在的過
程對應於最初組織的一個自然部分或**次整體**（sub－whole）的
時候才是如此。因此。U.S.可能會引起對 A 的回憶，「星」的
圖形可能會引起對美國國旗上的其他部分的回憶。在兩種情況
中，現在給出的部分都與初始經驗的一個相對獨立的部分相似。
顯然，相似性是主要的條件。如果我們畫一個從鼻子到下巴的側
面像，這個線條並不與臉的完全的次整體相對應。雖然如此，但
由於這樣一條線看起來與作為整個側面像之一部分的同樣線條並
非大不相同，於是對應於這條線的過程就作為一個視覺形狀的側
面像之基礎的過程的部分相似，因此也與對應的痕跡相似。所以
這時似乎很可能發生回憶。

　　但是一般來說，回憶不會像現在經驗主義的理論所假設的那
樣很容易地發生。它看起來以乎處於如同西拉（Scylla）和查里
布迪斯（Charybdis）之間的相當狹窄的境地之中。〔西拉是梅
西納（Messina）海峽的鉅岩，對面有查里布迪斯大漩渦〕聯想

對回憶來說是必要的，聯想須以在一種組織化的意義上的達到足夠程度的統一爲先決條件。另一方面，只有當現在所給的過程相似於在整個經驗的有組織的痕跡中的一個特定區域，回憶才會發生。因此，如果最初情形的一部分過於徹底地被吸納進更大的組織之中，那麼對應於這個部分的刺激就不能引起回憶。在這些限制條件之間（其中一個受聯想的性質所制約，另一個受回憶的性質所制約，）只有一個狹窄的、回憶能眞在其中發生的地帶。

　　爲了證實這個事實，我做了以下的實驗：向受試者顯示成對的圖形。過了一會兒之後，再向他們呈現這些圖形的部分並要求他們回憶缺失的部分。現在，比如在圖22的例子中，或者向他們呈現左邊的垂線，或者向他們呈現圖23。從幾何學上講，圖23代表了一個比單個垂線所代表的大得多的最初圖形的部分。然而，當垂線出現時，正確的回憶比在呈現圖23時更爲經常地發生。從完形心理學的觀點來看這一點也不會令人驚奇。圖23給出了一個並非作爲圖22的部分所出現的視覺經驗。在圖23中，甚至左邊的第一根垂線也失去了它回憶起圖22的傾向，因爲在圖22中這根垂

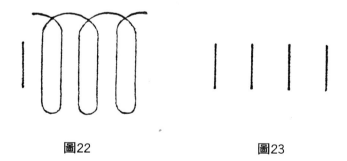

圖22　　　　　　　　　　　　　圖23

線被分離爲一個單獨的部分，而在圖23中它是一排平行線的最左邊的一根。

　　這最後一點引出了關於回憶的可能性所受到的一種進一步的限制。刺激的聚集可能變得不能引起回憶，不僅當它分離於它原先結合的其他刺激的時候，也當它與那些在最初出現時所不存在的刺激相結合的時候。這個條件也可能導致痕跡中沒有部分與之相應的另一種經驗的產生。我們又一次認識到，不僅在聯想給出的組織化發揮著作用，而且在（預期的）回憶時的組織也發揮著作用。當刺激的一個模式在一定的環境中再一次出現時，它可能會爲回憶構成一個良好的基礎。但是，一個模式不會經常恰恰就當聯想形成時它發生於其中的那種環境中重複出現。現在除了以上我們已考慮到的較明顯的障礙以外，甚至周圍情景中的一個細小變化也可能使一個特定的模式不能夠引起對聯想事物的回憶，這只是因爲這個變化產生了一個新的組織，這個組織中，對應於那個模式的經驗不再存在了。這一點可以從納格爾的實驗中推斷出來（參閱第191頁）。在一個很好習得的無意義音節系列中，每一項目雖然處在整個系列中，但是它看起來像一個單獨的事物。但是如果只給出這樣一個音節並要求根據它來回憶下面的音節，那麼環境的這個變化經常是以使回憶變得不可能。

　　組織化對回憶的同樣的影響已經被謝波德（Shepard）和福格爾桑戈（Fogel songer）以一種令人驚奇的形式予以證實❹。他們讓受試者學習成對的音節，這些配對中的有些配對具有相同的第二項。在第一次出現這樣一個音節和在另一配對中重複出現

---

❹　《心理學評改》（*Psychol Rev*），20，1913

之間有一個25分鐘的間隔。在實驗中給出一對配對的第一個音節，讓受試者必須回憶它的另一個音節。不同的兩個首音節在不同時候後面都跟著相同的第二個音節，而在測試時，兩個首音節一起呈現給受試者。只要組織被忽視，我們就一定會期待後一種情況下兩個出現的首音節會比另一個只與一個首音節相聯繫的音節更容易地被回憶起來，因為兩個在同一方向上的聯想一般必定會彼此增強。但是實際觀察到的情況恰恰相反。給出兩個首音節的事實似乎限制了回憶。當兩個首音節同時出現時，這種干擾尤為明顯。當兩個首音節迅速地連續出現時，也觀察到了這種干擾。對此的解釋是，在學習階段受試者總是被給予一個和它的配對在一起的單個的首音節；而在測試的關鍵情況下，當兩個首音節出現在他們面前時，這些物體剛開始似乎在新的群集中顯得是不熟悉的，因此它們中的任何一個都不會立刻使人回憶起對這兩者都共同具有的配對物。這個解釋得到了定性觀察的證實。受試者報告說回憶只有通過一種分析的觀點才變得可能，運用這種觀點，兩個音節中的一個被充分地分離開了。從我們的解釋因此可以得出如下推論：任何在學習中從未出現的，但是和一個習得的配對的第一個項目一起出現的新異音節，一定具有同樣的干擾作用。研究者們發現事實確是如此，因此這個解釋看來是充分地被證實了。我們的結論是，有時候，甚至非常細小的環境變化也會使回憶變得困難。

　　弗雷格（Frings）在其有關**抑制作用**（inhibitions）的研究中也得到類似的結果，雖然他的問題指的是學習而不是回憶❺。傳統實驗已經揭示，如果一個音節 A 與另一個音節 B 已經相聯結，那麼這同一個 A 就不能像一個中性音節那樣如此容易地與

第三個音節 C 相聯結。另外，當 A 已經與 B 和 C 都相聯結時，
A 引起對 B 或 C 的回憶是緩慢的。這兩個聯結的競爭有一個抑
制作用。弗雷格的實驗能夠向我們揭示，在某種條件下這些抑制
作用會完全消失。他讓受試者學習音節的系列，指導語是，這些
音節必須以「抑抑揚格」的節奏群來朗讀和回憶。所謂抑抑物格
的節奏群就是要求在兩個稍微輕讀項目之後，跟著第三個重讀的
項目。在這樣一個節奏群中頭個音節自然地形成為一個次整體。
實驗要求受試者在前兩個音節出現後，回憶起第三個音節來。如
果現在一個如（ac）d 的群集出現在第一個系列中，一個像
（bc）e 的群集出現在下一個系列中，那麼我們期望 c 和 e 之間
的聯想會受到抑制，因為 c 首先是和 d 聯結在一起的，它現在和
e 聯結在一起了。類似地，一旦不管這個抑制作用而形成了
（ac）d 和（bc）e 這兩個聯想，受試者應該在 ac 出現時難以
回憶起 d；在 bc 出現時難以回憶起 e。但是從組織的觀點來看，
我們必須認識到在（ac）d 中音節 c 是次整體（ac）的一個成
分，而在（bc）e 中它是另一個不同的次整體（bc）的一個成
分。因此 c 在這兩種情況中不是完全相同的。我們還可以說，在
前一種情況中不是 c 而是次整體（ac）與 d 相聯繫；另外，在後
一種情況中，是（bc）而與 c 與 e 相聯繫。以此來看學習和回憶
都不該受到抑制。實驗證實了這個觀點。當音節 c 出現在兩個不
同的次整體中，就不存在抑制作用。但是特別令人感興趣的是，
當受試者在學習中感到疲倦時，抑制作用就立刻發生了，因為這

---

❺　*Arch. f. d. ges. Psychol .*, 30, 1914。這些實驗是由彪勒（Bühler）設
　　計的。（《完形心理學文獻》），12, 1929。

時他不能掌握那些被規定的有節奏的複合體中的音節。

我們已經揭示，由於組織化的因素，實驗的發現可能大大地不同於聯想和回憶的傳統原理企望我們所相信的東西。然而，到現在爲止這些原理的最根本的局限我們還未及考慮。但是在我們對一個更爲一般性的問題加以討論之後，我們才能對此作進一步的思考。現在我們就來對這一般性的問題展開討論。

我們已經多次提到，每個人都把自我作爲一個在許多其他物體中的特殊實體來經歷。因此，在腦中不僅一定有對應於客觀經驗的過程，而且還有另一對應於經驗自我的過程。代表自我的過程在許多方面不同於那些對應於外在物體的過程；但是它們兩者之間一定也有共同的特徵，因爲有時候自我與外在經驗相互影響的方式與一個外在經驗與另一個外在經驗相互影響的方式是相同的。舉兩個例子足可以說明這一點。

當一個物理物體移動時，通常相應的視覺物也將被看到是物體移動。但是存在著這樣一些情況，從客觀上來說，一個物體移動，另一個物體不動；而從視覺上講，前者幾乎或完全保持靜止，後者卻是在移動。這不只是一個偶然的錯覺。這種現象已被鄧克爾（Duncker）稱爲**感應**（「induced」）運動❻。它發生在非常特定的條件下，並且當這些條件具備時，我們總可以觀察到這一現象。因此當雲彩以一定的方向飄過月亮時，月亮經常被看成是朝相反的方向移動。當乘客注視一輛移動的有軌電車窗戶上的一點時，外面的物體就開往後滑動。一個物體對任何其他物體的空間關係的改變，都會對這個在物理上是靜止的物體產生這

---

❻　鄧克爾（K.Duncker），《心理研究》，12，1929。

種作用。因此當自我與外在物體的空間關係變化時，這種現象也會發生在自我的身上。比如，當我們的環境圍繞我們旋轉時，我們馬上感到自己在朝著相反的方向轉動。這裡的自我感應運動是通過視覺經驗爲中介而實現的。米肖特（Michotte）和蓋蒂（Gatti）已經揭示，當一個人手中拿著兩個物體，並且這些物體借助某種裝置而緩慢、等速地向一邊移動，這時也會產生這種同樣作用。另外，受試者還會感到他的身體朝相反的方向扭轉。因此自我就像外在物體一樣表現出感應運動這一現象。

就像任何其他物體一樣，自我可能成爲知覺群集的一個成分。我以這一事實作爲我的第二個例證。非常自然地，如果我把我們的手放在一張桌上，而另一個人同樣地把手放在了桌子的對面，那麼我看見了兩個配對——群集中的四隻手。整個自我也可以同樣的方式進入到一個群集中去。如果某人陪我沿著大街散步，並且如果在我們前面還有另一對行人在散步，那麼我就會感到（部分地看見了）我自己是兩個群集中的一個群集的組成部分。

在本書前面幾章中，組織化的概念已經被用在外在經驗上了。但是我們現在例子顯示，組織化實際上涉及到整個領域，這意謂著自我也包括其內。換言之，我堅持認爲某種功能的一般原理適用於自我像適用於在一種更普通意義上的物體一樣。初聽起來，這種說法可能有點令人困惑，因爲傳統的思路趨向於給自我一個獨一無二的地位。難道不是自我獨自地保持它的同一性而幾乎所有其他的事物都是可自由變化的嗎？儘管它具有同一性，但難道自我的狀態不比客觀經驗變化得更強烈嗎？我承認這些都是重要的事實，它們一定對自我所參與的任何組織化都有強烈的影

響；但是不能因此而得出推論，當我們考慮自我在經驗中的作用時，組織本身的概念就不再適用了。時常有些事實使自我處在一個中心位置上；但情況並非總是這樣。畢竟在許多情形下經驗還包括他人在內，並且還存在這樣的情況，即這些人占據著一個比自我更顯著的位置。

當我們研究知覺意義上的行為時，我們開始熟悉了一種其中動力的參照起了決定性作用的群集（第七章）。我們會記得行為主義者畢生是如何描述一個兒童行為的。他看到兒童去注意一個物體。這個事實不僅說明在其視野中兒童和物體都是一個配對——群集的組成部分，而且說明這個特殊的群集也具有從其一個組成部分向其另一個組成部分伸展的動力關係的特徵。相似地，當一條狗吠叫時，這一行為經常被認為是這隻狗顯然在注意其叫聲所指向的特定物體。一般來說，沒有比那些表現出動力因素的群集——形成更令人信服的群集——形成了。我們也已經看到可能有兩種參照。它或是肯定的，即指向物體；或是否定的，例如它在迴避態度中的情形。在這兩種情況中我們都使用**雙極組織化**（bipolar organization）這一術語，這旨在使之能從一般配對——群集的動力情形中被區分出來。

我們現在進行的使我們第一次熟悉了**雙極組織化**的討論同時也清楚地顯示：在這方面，以及在其他方面，被知覺行為傾向於表現被知覺生物體的經驗。換言之，雙極組織不僅在我們觀察別人做什麼時發生。相反，任何人可能發現自己被以一定的方式引向或引離特定的物體，這種方式都涉及到相同類型的動力配對——形成。實際上，除了最低活力的狀態，幾乎沒有不存在雙極組織的完整領域。自我實際上總是被引向或引離某物。最顯著的

例子是那些有關緊張情緒和動機的例子。但是注意一般也可作爲一個例子。在視覺情況下，它的方向傾向於與注意的方向一致；但是這種聯繫絕不是一種固定的聯繫。實際上當我們把目光固定於特定點時，在邊緣視野中，把注意力集中在一個物體又一個物體上時，注意作爲特定物體的參照以一種最純粹的形式被主體所經歷著。

顯然，兩極組織相似於物理學中的情況，在物理學中力線或定向的過程把領域的一個部分與另一個部分相聯繫起來。在完形心理學中，自我的各種不同的定向趨勢不被解釋爲存在於每個自我身上的「本能」。相反，它們被看作是**向量**（vectors）。這些向量既依賴於自我也依賴於給定的物體；或更確切地說，它們依賴於前者和後者特徵之間在時間上所獲得的關係。這當然完全和物體之間的物理學的向量依賴於這些物體的**關係中的特徵**（characteristics—in—relation）的方式一致。這裡所涉及到的自我的各種狀態在很大程度上是由有機體內的生理條件決定的。對特殊食欲、性行爲等研究已經非常清楚地表明了這一點。甚至當成人對一個特殊向量已經建立了很好的行爲形式時，他在這方面的習慣行爲也不可能出現，除非有機體內的條件變得有利了。另一方面，在最有利的內在條件下，甚至沒有非常適當的物體存在，行爲也可能是強烈的。不管所有這些情況，心理向量的力量也仍是對象所提供的一種功能。在此領域內的最優秀的研究使這一點不容置疑❼。

我們對雙極心理學組織與物理學中的場域的作用的比較具有非常嚴肅的涵義。實際上在腦中存在一個力場，它從對應於自我的過程延展到對應於這個對象的過程。心理**同型論**（isomorphism）的原理要求，在某一特定情形中，經驗的組織和作爲其基礎的生理學事實具有同樣的結構。我們的假設符合這個基本原理。在下一章中我們將進一步指出這一方面的事實。

心理向量的作用，它們發生的來源，領域的某些部分在它們的影響之下所受到的壓力，它所引起的種種變化，以及最終當得到某種結果時向量和壓力的停止——所有這些都心理學的主要研究內容。我們不能在本章解決這些問題。對我們目前的目標來說，我們已經學到了一個重要的教訓：當我們使用組織化這一概念時，我們必須同樣地把它運用於自我，就像把它運用於領域的其他部分一樣。

我們現在可以回到對記憶和回憶的討論中來。雙極組織的事實有沒有對這部分心理學產生任何影響？一個明顯的影響如下所述。我們發現聯想意謂著當有組織的過程發生以後仍存在著單一痕跡的殘留。現在，如果自我與向量所指向的物體形成了特別牢固的功能單位，那麼不僅外在經驗而且向量的這個作用，還有對應的自我狀態和對應的物體都一定會在神經系統中留下這樣的痕跡。事實上當某種情景再次出現時，我們確實記得我們以前的態度，就像當這些態度再次出現時我們能夠記得這些情景一樣。

從向量在心理情景中發揮作用，以及從它們的作用具有後效

---

❼　在某些向量中，我們還不瞭解其中決定雙極組織內部的特殊的生理條件。比如，大多數人在獨處很長一段時間後，會感到有一種強烈的甚至與陌生人進行社交的「衝動」。在某些方面這個向量以一種與對食物、水或配偶的需要非常相似的方式發生著作用。長時期的缺乏社交所導致的缺乏足夠有趣的「對象」會在神經系統中建立一個特殊的、一般說來能與缺乏食物、水等相比較的狀態嗎？

的事實中，我們還能得出更重要的東西。以下的經驗是對我們來說是非常普通的：我面臨一項工作。我或許不喜愛它，但它又是十分緊迫，但一整天我都發現自己在忙做許多別的事情。我與朋友們交談，我閱讀一本書等等。但某種像壓力一樣的東西不斷地在我內心中感受到它的存在。經過檢查證明這種功力是由那任務所引起的。這個壓力也就是一種回憶任務，並使之進入到當前的行為領域的持久的傾向。顯然，這個現象可能僅僅意謂著痕跡仍然包含著一個向量。勒溫（Lewin）和蔡格尼格（Zeigarnik）首先所做的重要實驗只有與這些觀察結果相聯繫，才能被最好地理解❽。

　　讓受試者完成一系列簡單的任務。例如，讓他從一本書上抄寫幾行字，根據樣品所示規律繼續完成一個飾物的製作，解決一個簡單的數學問題，列舉十二個以字母 L 開頭的城鎮的名字等等。在一些情況下，允許他把工作做完，但在另一些情況下，實驗者在他完成任務之前就打斷了他。在經過一系列的這樣的任務之後（其中只有一半任務是完成的），以一種隨意的方式詢問受試者是否能夠記得這些工作。受試者在這種情況下給出的回答往往是非常有趣的。受試者首先回憶起來的工作通常屬於那些被打斷的工作，並且一般說來這一類的工作比其他工作記得住更多。在一次這樣的實驗中，檢測了32個受試者，其中有26個受試者的回憶是被打斷的工作比完成的工作更多。對所有進行測試的受試者來說，後者的優勢達到了90%。實驗者注意消除個別任務的特殊性質的影響：對某些受試者打斷的任務讓許多其他受試者進行

完成這些作務。在一個有22個工作的系列中，17個工作在打斷之後比在完成之後更經常地被回憶起來。當同樣的實驗用在其他的受試者重複進行時，對被打斷的工作的回憶優勢又一次平均達到90％。在另一個以兒童為受試者的相同實驗，它的比率也達到110％。

　　研究者們對此做出的解釋指出，當受試者試圖解決一個問題時，他處在一個與其工作相聯繫的緊張狀態中，並且這個緊張要到問題解決後才停止存在。如果這項工作在完成之前被打斷了，這個情景的痕跡將保留這種緊張。這就是說，在工作過程中這種緊張使得工作繼續進行。當打斷發生之後，這個情景已成為二個痕跡時，它仍在相同的方向上發揮作用。由於回憶是使任務完成的第一步，所以這個實驗的結果是可以理解的❾。如果這個解釋是正確的，它一定有可被證實的結果。我只想指出一點：我們不能期望在正常條件下，痕跡中的緊張將永遠保留下去。它們看起來更有可能逐漸地消失了。實際發現的情況確實如此。在24小時延遲之後檢查回憶時，被打斷工作的優勢已大大地減少了。

　　這些事實表明回憶是依賴於最初情形的特徵的。另一個問題是關於回憶在什麼程度上受到回憶時出現的向量的影響。從與向量相聯繫的角度來說，許多有關記憶的實驗都該受到嚴厲的批評。在第八章中我們已經看到，當受試者積極地記憶無意義材料時，結果不能被解釋成好像它們指的是自動形成的聯想。類似地，當給受試者一個音節並要求他回憶起其下的音節這樣明確的

---

❾　我們也許應該順便提及：在這一點上，實驗心理學的研究與弗洛伊德學說的觀點之間存在著一定關係。

任務時，結果可能大大不同於那些在自發回憶的實驗中發現的結果。在這個例子中又一次顯示，普通的實驗方法遠不符合由接近產生聯想和回憶的傳統原理。如果我們希望遵循這個原理的明顯涵義，我們必須帶任何指導語地給受試者一個音節，並且這一切必須發生在一個不會使他懷疑要他回憶出一個聯結項的情景中。問題將是在這些情況下他是否會自發地回憶起這個聯結項。多數情況下，實驗者並不以這種方式進行實驗；相反，他們要求受試者進行回憶。現在，正像一個受試者能被引向他當前領域的部分中去一樣，我們也能使他去注意這個領域之後的事物，如過去的事物或活動。這是當我們試圖記住一個人或一個地點的名詞時，普遍採用的態度。這個態度肯定對回憶會產生影響。儘管在聯想律中從未提到過這個因素，但在與聯想律有關的實驗已經非常一般性地把它引進來了。極少有避免這種不一致性的研究。

不久以前許多心理學家可能會說，自動回憶是精神生活和行為的主要運動之一。在這一點上，人們現在似乎變得非常謹慎了。實驗證據是與這種觀點相反的。實驗已經顯示，除非有特別的條件，否則回憶不會發生。在這個領域內的最重要的工作已經由勒溫做了❿。在他所做的許多實驗中，有一個直接檢驗這個問題的實驗。他讓受試者以一種通常的方式，或以一種新的我現在不能在此描述的方式來學習成對的音節。經過許多次在許多天中進行的重複學習，然後向受試者呈現一些單獨的音節，並讓他們

❿ 《心理研究》（ *Psychol Forsch* ），（ 1 and 2，1922 ）波普爾路透（ Poppelreuteu ）以前已做過多少與之有點相似的實驗。他同時還是第一個提出以上批評的人。

讀出音節和然後等待的指導詞。偶然地向受試者顯示一個先前呈現的配對中的第一個音節。從通常的觀點來看，我們會期望這樣配對的第二個音節被立刻並自動地回憶起來。但是一般來說，事實絕非如此。即使當指導語變成「告訴我你在讀了每個字母之後所想的第一個事物」，結果仍是完全否定的。檢驗那些對聯結的音節的回憶確實發生的例外情況是有趣的。當要求一名受試者被動地等待時，他的態度開始不是很明確的。經過一段時間等待之後，幾乎總會形成這種或那種態度。比如，如果一個音節看來眼熟，那麼他就會產生一種根據過去來確認和檢查這個物體的傾向。現在一旦受試者開始因此被引向舊的背景，回憶就會非常頻繁地發生。這絕不是自發回憶，因為如果受試者沒有那種特殊的傾向，這種回憶就不會發生。

作為回憶的基礎，如果受試者只是設法指向當前的對象，這是不夠的。在勒溫的實驗中，一個指向屬於過去事件中的項目的向量是必須；否則不會發生回憶。在日常生活中可以容易地觀察到相似的事實。比如，熟知的對象與它們的名字牢固聯繫在一起。然而當我們沿著一條街行走並不斷地被引向許多事物時，我們大多數情況下不會回憶起它們的名字來。如果有人提出異議，認為物體是與除了它們的以外的許多事物相聯繫的，並且所有這些不同的聯想都是彼此抑制的，那麼正是這個觀念嘗試了無數牢固的聯想，通常並不導致相應的回憶。不幸的是，這個事實一直在經驗主義的理論中被忽視。但是，什麼時候聯想在實際上變得有效呢？假設讀者與我一起沿著街道行走，並且他剛剛接受了我關於在提到一般物體的名字的地方缺乏回憶的說法。讀者可能在這之後能立即說出街道兩旁的任何他知道的物體的名字。這顯然

證明，許多聯想的彼此的抑制作用不可能是在這種情況中抑制回憶的主要因素。那麼這些抑制作用現在在哪兒呢？至關重要的一點當然是我們的對話不僅已給讀者一個對名字本身的態度，而且也給了他一個對作爲回憶的一個特殊形式的命名的態度。因此，相應的聯想立刻開始發揮作用了。

這些都是會向我們提供事實的觀察。事實是重要的，而實驗室環境並不是嚴格需要的。我們從來也不應該相信如下說法：主要是自發的回憶保持了精神生活和行爲的繼續進行。在任何時候我們都會發現自己在忙於從事某一工作，或解決某一問題，或進行某一主題的對話，等等。在這些情況下，自我和它的物體之間的動力關係傾向於以一種連貫和一致的方法去發展，這種動力關係給予了「工作」、「解決我的問題」、「辯解一個論題」等等詞語以明顯的涵義。偶爾這種動力關係的傾向似乎也被用來對生活進行多少有點樂觀的描述。比如，當我重新回到我的手稿上來時，我的工作不可能馬上變得非常連貫。一開始甚至非常微弱的噪音也會把我從工作中引開，一個接一個的細小干擾可以產生相同的結果，直到最後又一次建立一個連貫運行的持續流。但是當這個幸運的狀態又一次成爲主流時，回憶是怎麼回事呢？所有在我工作中出現的字詞和概念都與其他字詞、概念和情景聯結在一起。它們中的大多數完全不與現在的工作相聯繫。這些聯想屬於我生活中的非常不同的時期和體現不同的趣向所在。如果每一個這樣的聯想都自動地引起相應的回憶，那麼我的精神世界馬上就會呈現一幅由不連貫事物構成的混亂景象。實際上，現在的工作就像包含自我在內的操作之鏈一樣在連續不斷地進行下去，這個操作之鏈傾向於以一種有序的方式最終達於我心中的目標。即使

在剛開始時實際上任何事物都可能把我引向別的地方，但很快我
就被很好地引導著，以致於我能在一短暫的分心之後馬上就使自
己立刻回到正路上。對這件或那件事物的自發回憶可能是這些干
擾的原因，就像偶然的噪聲可能是其原因一樣。但是這不能解釋
工作本身進行的連續性。與那些在這些情況下用來把自我指向它
的工作的向量相比較，自發的獨立回憶一定是次要因素。

　　在勒溫的一些實驗中，這些得到了令人信服的證明。我想用
一種稍微簡化的方式來描述他的觀察。首先，他的受試者也必須
學習配對的無意義音節。然後再給他們看某些音節，並告訴他們
在每個音節中第一個字母要放在最後一個位置上，反過來最後一
個字母要放在第一個位置上。並要求他們一定要唸出這個音節。
然後記下他們進行這種操作所需的時間。讀者會注意到我們得到
一個簡單形式的我剛才所描述的情景。受試者正在做一件特定的
工作。現在如果在這些音節中給出一個先前已相聯結的配對的第
一項，那麼相應的回憶將會產生一個錯誤的反應。任何在這個方
向上的傾向都至少會抑制正確的回答，從而使在這種情況下工作
的時間會增加。另一方面，如果現在出現的音節仍是一個先前已
相聯結的配對的第一項，但是如果同時要求受試者組成的音節碰
巧與這一配對的第二項相同，那麼任何要回憶這個音節的趨向都
應該使正確的回答更容易得出，並且所用時間也將會縮短。令實
際者驚奇的是，沒有觀察到這種情況。不存在與獨立的、自發的
回憶相對應的錯誤回答。而且，在任何這種趨向應該抑制受試者
回答的地方，所用的時間一般不多於平均時間。另外，在這樣的
趨向應該加快回答的地方，所用時間與作為控制組的音節所需的
時間是一樣的❶。顯然，在這些實驗條件下，向量根據所接受的

指導語來進行操作，不管聯結這特定情景和外在材料的聯繫有多
牢固。

　　勒溫博士認為，在一定程度上這個事實可以根據一個已在本
章開頭討論過的原理來解釋。我們記得如果一個 A 和 B 聯結在
一起後，當 A 的特徵不再與它們在剛建立聯想時的情況一樣，
那麼 A 的出現就不會導致對 B 的回憶。我們還知道儘管再次給
予受試者對應於 A 的刺激，但如果 A 是後種情況下的變化了的
組織的一部分，那麼這些特徵就會被改變。現在，當學習過程中
受試者是以自然的方式朗讀一個音節的，它被看作是一個簡單的
單位。但是如果受試者後來遵循指導語：必須使音節的第一個和
最後一個字母改變位置，那麼他將根據這個工作任務來理解這個
音節。因此，它將出現在一個改變了的組織之中。比方說，現在
這個音節中有兩個最重要的字母被看作是突出的部分。這可能足
以使這個音節不能自發地使人想起它的配對來。對大多數勒溫的
受試者來說，他們都沒有意識到已知的音節出現在這些新的音節
中。觀察結果看來證明了以上解釋。用其他的材料進行類似的實
驗將是可取的，這些材料的特徵應該比無意義音節的特徵更特
定，並且不大可能在新的領域內在知覺上被改變。勒溫博士和我
都不相信到現在為止我們已獲得一個有關這些事實的完全適當的
理論了。在勒溫的一些實驗中，受試者在測試中對音節的態度與
他在學習中對它的態度實際上是一樣的。只要受試者試圖遵守指
導語就仍然沒有回憶。無論如何，如果對象一般不引起對它們的

⓫　從這些結果可以得出這樣的結論，即我們不能如阿赫（N. Ach）建
　　議的那樣以僅僅平衡意動的相反聯想的力量來衡量意動。

名字的回憶，那麼這不能總是以這個假設，即對象對它們現在的
環境充分地改變了來加以解釋。

在進一步的實驗中，勒溫確實成功地通過對某一特定工作起
反作用的先前聯想引起了回憶，也引起了抑制作用。這是通過給
出一個特殊的完整情景來取得的。假設在有幾個音節的情況下，
回憶和指導語所實際要求的程序產生相同的結果。如果在這些情
況下，受試者屈服於誘惑而依賴於回憶作為較容易的方法，他的
態度就可能不經意地和完全地變成一種回憶的態度。一旦這種方
向建立起來，下一個音節將趨向於引導出它的配對物，即使在這
個情況下回憶得出了一個與這個工作相矛盾的結果。以這種方法
不僅實際上最終證實了回憶所產生的錯誤，而且還最終證實了正
確操作的抑制作用。看來這顯示了先前建立的聯想並不能影響一
個特定的領域，除非一個相應的向量在起作用。

我對是否接受這一觀點作為一般的結論而感到猶豫不決。誠
然，心理學理論在以下假設方面已經走得太遠，這個假設就是當
牢固的聯想建立以後，不管當時的情形如何，回憶總會自然地發
生。另一方面，我們能夠假設在我們整個生命過程中不會發生任
何回憶，除非它在這個方向上受到一個向量支持嗎？看來可取的
作法是，暫時不做出我們的判斷，直到將來的研究對這個問題做
出了進一步的澄清⓬。在此期間，如果向量證實在回憶中起到一

⓬　自作者初次表達這一觀點以來，現在瑞斯托夫（von Restorff）及作
　　者已對記憶所依賴的條件進行了特別的研究。（參見《心理研
　　究》，21，1935）。我們的實驗看來毫無疑問證實完全自發的回憶
　　確實會發生。但是它們也證實了這樣的觀點，即回憶可能被各種組
　　織的條件所促進，但不能被它所阻止。

個鉅大的作用，那麼這些向量的出現和消失將成為心理學的特別重要的問題。雖然向量出現並且持續存在，但是它們也會因許多原因而改變和消失。可以肯定地假設，在對這些活動的研究中，我們會發現自己又一次面臨有關回憶的問題。我們不太知道有關向量本身的回憶的情況。但曾經是活動的向量又可能被回憶所引起這種可能性值得重視。

　　因為這個或那個原因，從上面的討論中不該得出言過其實的結論。確實，目前有關習慣、聯想和回憶的理論並沒有認識到：如果一個組織良好的情景受到了不適合於這個情景的回憶嚴重影響，那麼它必須符合哪些條件。同樣也是事實的是，我們幾乎還沒有開始認識這個領域內的更本質的問題。另外，幸運的是，在許多情況下，並沒有回憶發生，儘管根據被廣泛接受的觀點來看它應該發生。雖然如此，但回憶一般來說仍是精神生活中最時常發生和最重要的事實之一。如果我在寫這些文字的時候，我不是連續地被偶然的回憶引離開我的工作，那麼若過去訓練的效果不在每時每刻地發揮作用，我也不能寫下一個字來。英語單詞一直從某個地方產生出來──通過回憶實現。在書寫時，我的手以一定的形式在紙上移動，這種形式很容易地從已獲得的技巧的庫藏中產生出來。如果我們想否認這些事實及其與人類生活的聯繫，那麼這將是可笑的。問題只要求我解釋，為什麼從整體上來說回憶仍限制在一定的情況下，在這些情況下，考慮到特定的整體情景及其組織發展時，回憶才有意義。

　　在本章我們對回憶做了批評的評價，提出了未解決的問題。因此這兒又可能提出一個問題。這個問題在多年前克里（von Kries）已對之進行過討論，但它在心理學中仍被忽視。

　　假設 A 和 B 兩項已被聯結在一起了。一個相似於 A 的過程
A 或 A′是如何引起對 B 的回憶的呢？在某些教科書中，對這個
事實做出一種根據機械論的簡單解釋：在聯想初次建立時，過 A
沿著神經系統中的一個特定通道行進，同時 B 沿著旁邊的另一
條通道傳動。當 A 和 B 到達腦中時，聯結它們到達地點的神經
纖維發生了變化，從而使這些神經纖維成為更好的傳導體。從這
一觀點來看，當一個新的過程 A（或 A′）延著原來 A 的通道向
同一個終點傳遞時，回憶將會發生，因為這個地點現在是與 B
通道的終點特別地聯結起來的。每個人都知道像圖24這樣的圖
解，它包含了這種解釋的整個功能格式。顯然，它是一種典型的
機械論，根據這一理論，回憶不依賴於被聯結的過程的特徵。如
A（或 A′）引起對 B 的回憶，那只是因為 A 型的過沿著特定的
通道被傳遞到一個與另一地方特別好地聯結在一起的地方，在這
另一地方上 B 以一個痕跡來代表。

　　這個格式因為兩點原因而不能解釋回憶： 1.如果一個非常不
同於 A 的過程 X 碰巧沿著 A 通道傳遞，那麼即使 X 從未和 B
一起發生過，它也會採取具有最少阻抗的道路，向 B 的痕跡延
伸，並且使它重新活動起來。我們不可能提出這個解釋只可應用

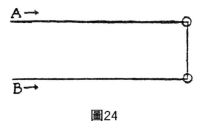

圖24

於那些以前已發生在一起的過程來作爲反對的理由。在這個解釋本身中並沒有提到這樣的限制；我們也不能從這個解釋中推斷出爲什麼應該有這樣一種限制。因此這個格式沒有解釋什麼是回憶的基本條件。2.如果一個新的過程 A（或 A´）碰巧從感覺器官的另一點出現，因此沿著另一條通道傳遞，那麼它將不會被傳遞到先前已與痕跡 B 所在地相聯結的地點。因此就沒有理由說明爲什麼在這些情況下 A 的作用會向 B 的所在地傳播，而不是向腦中的其他部位傳播。這意謂著在這樣的情況下，A 不能引起對 B 的回憶，雖然 A 和 B 是聯結在一起的。但是實際上，如果當聯想建立時，A 從視網膜的一個區域內出發，那麼一個相象的過程 A（或 A´）一般會引起對 B 回憶，即使 A 現在從視網膜的另一個區域內出現。比徹（E. Becher）的研究對此已經揭示了許多事實⓭。因此看來，引起回憶的決定因素 A 的本質而不是它在神經系統中的定位。

　　如果有人辯解道，在 A 的新通道和痕跡 B 所在地之間也可能有一定的具有高傳導性的通道，那麼我們必須回答：如果這樣的話，最初的解釋已受到這種辯解的損害了。因爲現在不再是由聯想所產生的具有高度傳導性的通道引起正確的回憶，而是相反以因某種未知原因而成爲特別好的傳導體的纖維作爲參照了。爲什麼只有實際上已和 B 聯結在一起的 A 才有幸發現這樣一條從

⓭　《大腦與心靈》（*Cehirn und Seelp*），1991。拉什利（Lashley）
　　用老鼠做了相似的實驗。我能證實他的研究成果。由於解剖學的原
　　因，比徹（Becher）的實驗在我看來仍比動物心理學中的觀察結果
　　更具確定性。

它的新地點通向 B 的方便之道呢？相同的情況可能也會發生在 D.E.F 等等過程身上。它們從未和 B 聯結在一起，但是或許會碰巧發現一條通向 B 的好通道，從而 B 會被回憶起來。

　　整個假設的弱點在於它認為回憶依賴於過程的位置──似乎一個給定類的過程總是沿著相同的路線傳遞一樣。例如，在神經系統的視覺部分內，一個給定過程可能在這個時間裡沿著這些神經纖維被傳遞，而在另一時間裡它可能沿著其他的神經纖維被傳遞。特定的顏色、特定的事物和特定的形狀都不存在在其發生局限於此的特定的地方。實際上在視覺中，各種不同的過程和特別的地點之間的相互聯繫幾乎為零。這就排除了任何根據特殊的解剖區域和解剖聯繫來解釋正確回憶的可能性。

　　既然這樣，那麼從動力的角度而不是從機械的角度來解決這個問題看來是自然的。新 A（或 A′）和舊 A 之間的相似性在新 A 可以實際上任何地方引起對 B 的回憶的這個事實中發揮著一種重要的作用。現在我們知道這個相似性是一個非常有利於知覺中的配對──形成的因素，甚至當配對的成分並不直接相鄰的時候也是這樣。這個相同的因素可能有利於在新過程 A 和舊 A 的痕跡之間的特定的動力相互關係的形成。如果確實如此，那麼 A 的位置將不再在這過程中起決定作用，並且不管 A 處於什麼位置，它都能夠引起對 B 的回憶❶❹。

---

❶❹　在註❶❷中所引用的研究結果完全與對回憶的這種解釋相一致。

第十章

頓 悟

　　如果聯想、習慣和回憶不決定精神生活過程的主要事實。那麼還有哪些因素更重要呢？這個問題有一個答案，這個答案極少有人明確地說出來。但卻被大多數人無保留地接受。我們把它叫作外行人的信念。外行人相信他經常直接地感到為什麼他想首先做這些事情，然後做另一些事情。如果外行人的這一觀點是正確的，那麼主要決定其精神趨向和行為的力量將大部分直接得自於他的經驗。並非所有的心理學家都認同這種觀點。許多人還相信人們之所以做這件或那件事情，是因為在第一時刻時某些神經通道是特別適宜的傳導體，而在另一時刻另外某些通道是特別適宜的傳導體。從這種觀點看來，人們應感到幸運，因為在特定情境下，正確的神經通道恰好是一刻最適宜的傳導體。否則，為什麼通道傳導性的變化應該有規律地和特徵相聯繫，因而也和特定情形的要求相聯繫呢？

　　外行人的信念產生於日常生活的經驗。而固守另一觀點的人似乎相信只有他們的觀點與科學精神相吻合。我們該支持哪一種觀點呢？我承認我偏愛外行人的觀點。在對感覺過程的研究中，我們發現，毫無偏見的描述性資料比機械理論假設更有資格充當

先導。由於相信了前者，感覺功能的理論者現在已與自然學科建立了聯繫，並且這種聯繫方式從未被那些相信只有機械理論才可被科學接受的人適用過。有了這個教訓之後，我感到有理由在整個領域內採取常識經驗的觀點，此處，自我及其目的都占有一定的位置。這意謂著，此處，那些所謂由科學界定的特定功能概念又一次被拋棄了。我們希望，在這裡，就像在感覺功能領域內一樣，對直接觀察的信心會最終得以與科學建立好得多的聯繫。

在特定事物、群體、活動、自我等等被認為是整個領域內的自然部分之後，錯誤莫大於在這個水平上重新回到**原子論**。我們不能滿足在一章中討論某些分離的實體，在第二章中討論另外一些分離的實體，在第三章中討論自我而在第四章中討論態度。實際生活與純粹的列舉和分類並不完全一致。如果我們聚齊一類的各個組成部分，我們可能正好切入了動力關係生動的聯結點。或許最有趣的動力關係發生在截然不同類型的組成部分之間。在一個解剖學的博物館裡，看到聚集的幾百個心臟或許是具有教育意義的，但是在生理學中，一只心臟的功能是與一只肺的功能而不是與另一個心臟的功能相聯繫的。如果被經歷的事情表現為一類，自我表現為第二類，態度表現為第三類，那麼一個人會傾向於相信從這三類中可以任意選出單獨的標本，並且它們可以被組合在一起形成一個整體領域。顯然，這個假設完全是天真的想法，對於可成為一個領域的部分的事物，自我和態度，存在著一些有關它們的規律。不是完形心理學家的人也能認識到這一點。但是，即使剛才提出的陳述也遺漏了特別重要的一點，因而使其帶有欺騙性質。我們是不是僅僅通過經驗主義規則，才學到那些可被包含在一個整體領域內的事實呢？外行人確信這裡起作用的

不僅僅是一個規則。他堅持認為他感覺到作為對事物和情形而產生的恰當反應，自己身上產生了多少態度。因為我們回到我們的出發點。這種外行人宣稱所擁有的經驗在我們這個時代的科學的心理學中幾乎不占有任何明確的地位。我們的科學意識到了一個基本事實。因為外行人的信條，可能成為將來的心理學、神經學和哲學的一個主要問題。

在我們以下的討論中，將不得不考慮一些顯而易見而且幾乎是常識的現象。這些觀察結果可悲地從作為一門學科的心理學中消失了，因此它必須被重新發現。這並不是我們的錯誤。後面我們看到這些顯而易見的人類經驗可能表達腦動力學的基本事實❶。

偶然我發現自己處於一種「羨慕」的態度中。但是羨慕本身從不作為一個事實發生，它總是「對某物的羨慕」。從來也沒有對態度所指的物體有過任何懷疑。比如昨晚在音樂會裡，聽起來「令人羨慕的」是一個女低音嚴肅、平靜和自信。毫無疑問，這是我羨慕的對象——而不是我鄰座的鼻子、不是指揮的後背、不是任何在我面前的成千上萬的物體和活動。羨慕如其他態度一樣是有方向的。在我這個例子中，它被指向了傳出歌聲的人的身上。現在我是不是通過這個來說明羨慕僅僅延伸到那個人並且停在那兒，好像它是一根從我延伸到那個地方的長桿？如果確實如此，那麼羨慕將僅僅是在兩者之間的第三者，並且聲音和羨慕之間的因果關係將只能有前提地被假設。或許這個關係也可在適當的研究中被證實；但它肯定不可能直接被經歷。當然實際上在這

---

❶　目前討論與第章九中所解釋的「雙極組織」的概念緊密相關。

個情形中我確實獨立地首先經歷了我的羨慕是與歌聲而不是與任
何其他事物相聯繫的，其次我直接體驗到這個羨慕是對這種唱法
的自然反應。因此為了知道這個歌聲和我的羨慕之間聯繫，我不
需間接的標準，不需要科學的調查研究，也不需要相互關係的係
數。實際上我的經驗所告訴我的，比任何科學的歸納法所能告訴
我的更多。因為歸納對它所預期的功能關係的本質來說是靜止
的，而在這個例子中，一個心理學的因果關係的特殊事實，是作
為一個可理解的關係被直接體驗的。

　　幾星期前我看見我的小孩第一次笑了，我由此而感到陶醉，
我怎麼知道我的情感是關於這個徵笑的呢？如果我的經驗代表一
個情感、活動和事物的聚合體，它們中的一些是有所指的，有些
是沒有所指的，但是所有這些都僅僅因為結構環境的緣故而以一
定的方式被分布在這個集合體中，那麼對於這個集合體種種組成
部分之間的可能的功能關係，我只能猜測。任何組成部分的變化
都可能潛在地引起其他任何部分的各種變化；能夠發現實際功能
聯繫的唯一方法就是系統地變化條件，直到一定的可能性被消
除，其他的可能性在數據上被證實。比如在現在這個例子中，只
有孩子臉上的微笑與被陶醉的經驗經常的伴隨發生才會允許我假
設這兩者之間可能存在著一定的聯繫。即使這樣我也不能十分肯
定，直到所有其他的因素已充分地被改變，並且被證明是無關時
為止。如果有必要嚴肅討論這個論題，那麼我們就已在心理學中
走到了極端。在我的特殊經驗中，孩子的臉的一邊碰巧因為陰影
的緣故而起來較黑一點。根據我們正在討論的這個奇怪的觀點來
看，我可能把我的情感歸因於這陰影，而不是歸因於孩子的笑。
只有通過足夠數量的反例才能避免這樣的錯誤假設。

　　在一個炎熱的夏日，我走了很長一段路後喝了杯清涼的啤酒。在我這樣做的時候，我感到在口中有一種涼意和一種特別的味道，還有很大的快樂。現在，在這樣的情形中，我是否有必要逐漸地認識到快樂是源於這種涼意和味道？而與我在牆上看見的蜘蛛，或在我面前的椅子的大小毫不相干？當然不需要這樣的逐步學習。我直接地意識快樂是源於這種涼意和味道的，就像我直接地意識到這種快樂本身，意識到這種觸覺和味覺一樣。我的快樂也被感到是對這些事實的恰當反應。在這個快樂和它的感覺基礎之間經歷了在德文中被叫做它們的「verständlicher zusammenhang」的東西，它在英文中可能被表述為「可理解的關係」。

　　這種情況可能出現在許多例子中，其中受試者的態度也可能是不愉快的。兩個星期以來，我一直忙於精心地為一些實驗準備一套儀器。今天早晨我發現它們被完全搞亂了，我很生氣。如果現在我以一種憤怒的態度說：這兒是一扇窗戶，那兒是一張桌子，在一個角落裡是儀器，在另一個角落裡是一把椅子，靠近門的地方是我自己——這個列舉可能是對這個情形的適當描述嗎？很肯定它不是。比如我肯定門與我的憤怒是無聯繫的。一發現這被打亂的布置，我立即就知道是這個事實使得我生氣。另外，不僅這個特別的所指在我的經驗中是固有的，而且在這種情況下這種憤怒也被感覺是自然的。

　　在提拿來弗（Tenerife）的一個美麗夜晚，當我正在安靜地伏案工作時，我突然受到了前所未有的驚嚇，房子突然猛烈地搖動起來，並發出格格的響聲——我的第一次地震經歷。對於這個事實，即是這個突然的變化而不是任何其他東西驚嚇了我，有任

何問題嗎？顯然沒有。情緒又一次被感到是由一個特殊的經驗引起。很自然，我們不必逐漸得以認識到，未預料到的緊張事件之後產生了恐懼，好像以前的一張友好的面孔或一朵玫瑰的香氣也可能產生恐懼一樣。當恐懼突然向我們襲來時，它總是被感到是從特定事實中產生的。

在一個充滿煙霧和談話聲的飯店裡坐了半小時之後，我感到煩躁並準備離開了。顯然這種煩躁的情緒是源於這個特定情形的。我知道這種關係，但不是因為我已從先前生活中發現了一條規則，根據它，在這種情況中這些條件已有規律地引起煩躁狀態；而是因為我直接經歷了這些環境是如何打擾和使我驚慌的。我感到的這些條件必定具有這個作用，這種隨意的聯繫是我經驗的一部分。

兩天前我非常抑鬱不樂，因為我不能找到一個令人滿意的方式來描述我所構想的本章要點。在這些情況下，有沒有兩個獨立的事實，一個是抑鬱本身的狀態，另一個是一定的智力條件？這兩者之間的可能聯繫只有在數據證明的基礎上才能被假設嗎？這些問題聽起來是非常不自然。當我正在試圖解決我的問題的時候，我清楚地感到我抑鬱不快是建立在我所遇到的困難的基礎之上的。另外，在這個情況下感到這種抑鬱情緒是自然的。

如果在所有這些例子中，我的內在反應被感到是由特定情形的本質所產生的，那麼在其他某些情況中，環境中的活動被感到是由我的態度所產生的。比如，我可以以一種被動的方式看圖，我因此而看到的是兩個由點陣組成的圖形。但是如果在我看的時候，某物使我想起了傾斜的線條，那麼這個圖形就可能被轉變成三對點，每一對點都形成一條從右下角的點到左上角的點的斜

線。如果這個轉變眞的發生，那麼它被感到是起源於當時我特殊的精神態度。假設在**圖**1中的組織變化的時候，我抓了抓我的頭或哼著一個曲調，那麼這些行爲肯定不會被感到與這個轉變有任何聯繫。

　　或者再舉一例。在想桑塔・費（Santa Fé）鐵路上的那個城鎮的名字叫什麼？這會兒想起來了。當我在尋找一個名字的時候，這個行爲不作爲單獨的事物發生；一定隱藏著被遺忘的名字的地方也不是獨立存在的。相反，會感到尋找被引向那個隱藏著被遺忘的名字的地方。當這個名字最終出現時，這個事實被感到是由尋找的壓力所取得的。現在我並未逐漸認識到，在這樣的情形中尋找本身碰巧是與名詞的出現相聯繫的。我也不是逐漸地認識到，在這樣的情形中門外的一聲響是一個無關的事實。

　　我水平地舉了一會兒我的手臂。很快我的手臂將不在它原來的位置上，除非我做一下特別的努力。此刻除了這個努力，我還體驗到了藍天、百靈鳥的歌聲，作爲一個視覺事物的我的手臂，和潮濕地面的氣味。在舉起的手臂中還有一種特別的感覺，這種感覺隨著時間變得越來越緊張，它獨如手臂中向下的拉力。幾何學或邏輯上講，所有這些經驗都允許許多不同的、配對的混合。我的努力可以與白靈鳥的歌聲、氣味，舉起的手的顏色和天空的藍色相聯繫。但是實際上我的努力並不是某種獨立的事物，它無法同樣好地與任何這些經驗相聯繫。相反，我感到我在努力保持手臂成水平狀而不往下掉。我感到拉力的本質在於，如果要保持手臂在原來的位置上，那麼就需要這樣的努力，並且努力的本質被作爲補償這個拉力來體驗。如果某人根據具體資料，用它們的位置、方向（如果它們有的話），它們在時間上的位置，甚至它

們與位置、距離、連續或同時性、相似性等的關係來非常徹底地
描述這個情形——他仍不會提到這個情形的主要特徵，它是它的
一些部分之間的動力關係

　　戴維·休謨（David Hume）在討論一個與此有點相像的例
子中，著重捍衛了相反的觀點。他說當我希望舉起手臂時，我不
知道我的手臂是如何舉起來的。那只不過是時間上純粹的連續，
因爲我不知道實際上舉起手臂的機制的本質。這是一個奇怪的理
由，它完全不同於休謨答應要給出的對純粹經驗的分析。在這一
點上，當我們談論手臂時，我們當然一定把它看作爲一個被經歷
的事物，而不是一個在物理空間裡移動的物理物體。不管肌肉的
神經支配和收縮在這個情況下可能是什麼樣的，現象學的分析在
這兒一方面處理意願，另一方面處理被體驗的手臂所經歷的運
動。問題是在相同情況下，意願是否和諸如雲的顏色或手臂皮膚
的褐色一樣，被認爲和手臂的運動無甚相關。在這點上這個偉大
的哲學家看來犯了個錯誤，並且無意中利用了一個邏輯的詭計。
由於他這麼一做，他使這個問題在幾代人看來都是含糊不清的。

　　爲了進一步闡明現在的討論的重要性，我現在想考慮一個從
我自已的觀察中產生的異議。有人或許會說，諸如此類「依賴
於」，「是……的自然結果」「建立於」，等等的體驗畢竟不能
眞正證明所討論的關係是必要的。比如，許多前特里斯坦
（Tristan）和伊索爾德（Isolde）的前奏曲曾經給我留下十分深
刻的印象，那時我應該把我的快樂描述爲這種音樂的直接的，和
可被理解的結果。但是我不可能說現在我對瓦格納的前奏曲的反
應仍是相同的。坦率地說，我討厭它。在此我幾乎可以說，現在
在我看來不喜愛是對快樂的一個非常自然的反應。那麼這種變化

眞的影響我對我早期反應的描述嗎？我像可以容易地說明，兩者沒有任何的矛盾。確實如此，當一個人在相同的物理情形中並且處於相同的聲波中，他在今天或許會覺得感到快樂是唯一的適當反應；而一些時間之後當他再次聽到相同作品時，他可能會感到厭惡。取得這種變化的簡單方法在於每天給人們聽上百次的相同音序❷。但是在這些情況下發生些什麼呢？我們必須區別作爲物理事實的旋律和作爲聽覺經驗的旋律。在上百次的重複之後，大多數旋律作爲經驗來說不再有與它們在開頭時所有的特徵相同的特徵了。重複影響了它們，正如它影響甚至是最好的軼事和笑話一樣。因此當客觀條件不變時，反應的變化是完全與我們的論點相符的。這個論點涉指在被經驗的事實和被經歷的內在反應之間的可被理解的關係。一旦在相同的刺激制約下被經歷的材料改變了，我們就不再能期待相同的反應看起來還是自然和貼切的。相反，如果在這些情況下反應仍保持不變，倒會使我們懷疑我們的論點了。

對於爲什麼我許多年前喜愛的音樂現在不再讓我高興了，還有一個進一步的原因。因爲在這許多年間我改變了許多。我們怎麼能期待在一個變化了的自我身上，一個特定作品的效果仍像自我未被改變時那樣保持不變呢？效果不僅依賴於特定的原因，而且還依賴於發生效果的系統的特徵。物理學中的因果關係是如此，體驗的因果關係也是如此。

但是一般來說，我必須再一次強調，對心理學領域內的因果關係的覺知，必須與有關心理學事實比較有規律地共生和伴隨的

---

❷　勒溫（K. Lewin）和卡斯滕（A. Karsten），《心理研究》10，1927。

陳述，區別開來。不管在其他情形中會發生些什麼，對前者的特
定體驗具有它的觀察意義。就如我可以很肯定說我現在看見了某
種紅色的花，雖然如果我變成了色盲，它看起來會變成灰色——
因此具有因果依賴性的特定經驗必須如這樣被接受，即使在相同
情境中的進一步經驗不表現出相同的特徵。

　　這是科學中的一條慣例：要使肯定的陳述被接受，最好的方
法莫過於坦率地認識到陳述所不適於的情況。我不想否認，在無
數的情況中我們遠沒有經歷到一個事實是什麼由另外的事實引起
的。讓一個受試者觀察一個在他視野中的某個特定部分重複出現
的運動。當他後來看見這個運動的負後像時，它會令他驚訝——
如果這是他第一次接觸這個現象，他的驚訝證明引起後像的條件
是他完全未意識到的或者他沒有感到會隨之而產生的。另外，當
受試者長時間地注意圖8的中心之後，一個新的形狀突然出現在
他們的面前時，許多受試者都感到十分驚訝。他們沒有感到為什
麼就發生這個轉變。有一次我在用這個圖形進行的一次實驗中，
以一位物理學家作為受試者。他被要求指出在他注視圖8時所發
生的所有轉變。在這個實驗中，圖形由一個完全暗色的背景上的
亮色線條組成。結果是，當觀察結果來後，物理學家問我，是如
何這麼快又這麼頻繁地改變「物體」的，雖然我的位置在好幾英
尺遠，並且我看起來根本不在移動。他一點也沒有懷疑只有在他
自己有機體內的活動才引起這樣的轉變。

　　每個人都知道所謂的心境可以在我們不知不覺的情況下發生
變化。就如我們可能突然感到我們得了感冒，但不知在何時何地
得了感冒，因此我們有時會在未經歷原因的情況下感到煩躁不
安。誠然，煩躁趨向於馬上找到某個它可付托於其上的事物，然

後它或許看來就是一個恰當的事物。但是在這發生之前，我們僅僅只能猜測心境的隱藏原因可能是什麼，因為首先我們未體驗到心境對任何特殊事物涉指。實際上，一些影響我們的有機體的氣象條件，或者被打擾的消化作用可能對此有影響。我們不是直接地意識到這些影響。

從這個例子中可以得出兩點東西。首先，它證實了這個觀點：當動力的關係被體驗時，即使沒有經驗表明它們的原因，結果也可能是明顯的。第二，兩種決定性可能結合在一個事件中。當我們處於煩躁不安的心境中，並且發現某事物或多或少適合於這種內在情境時，所涉及到的事物將立刻看起來是這種強烈的憤怒的完全適當的原因。然而，我們的反應可能被早在這個情境前就使我們煩躁的隱藏的原因大大誇張❸。

但是我不認為可以用一些情況中的隱藏的決定來僅對在其他情況中的被體驗的因果關係。在霍亂和瘟疫的例子中，某些病菌

❸　此處看來提到了心理分析。據心理分析學家說，人們經常根本不知道他們為什麼會這樣或那樣地行為。他們實際的驅動力可能與他們認為的大大不同。現在，我們可以承認，這類情況有些發生在正常生活中，並且在病理條件下，可能還會有更多的這樣的情形。但是我懷疑，這類觀察是否會使經常源於它們的普遍悲觀主義變得理所當然。我們沒有理由懷疑外行人在無數體驗中清楚地意識到他們的動機。對這一點我想補充道，我們應該區別兩件事：在一些情形中弗洛伊德主義可能是正確的，但在另一些情況中人們只是不能確認他們的內心狀態。我傾向於認為，弗洛伊德主義者以他們的方式進行解釋的許多觀察結果，實際上只是因為並未被確認。確認在知覺中能輕易地發生，而在內在過程中卻難以發生。順便提一下，不管這裡涉及的內心事實是否應該保持不被確認，上述情況依然是事實。

被認為是這些疾病的主要原因。但在糖尿病的例子中就不是這樣了。在人會用這個「反面的例子」作為反對細菌學的論據嗎？因此我們可以平靜地在心理學的因果關係中接受一個相似的二元論。

但是儘管有我們所有的例子，難道被體驗的因果關係不經常只是一個學習的產物嗎？如果在我的郵件中，一個信封上的地址是以某種筆跡書寫的，這個事實令我高興；而如果我在郵件中發現另一種筆跡，那麼這令我生氣。讓我們忽略這個情境中的筆跡學和美學的方面，而假設主要是我與書寫者的熟悉程度使一種筆跡看起來具有吸引力，而另一種筆跡看起來讓人不快。在這兩種情況中我都感到我的反應對於特定的對象來說是合理的。然而，這些反應看來好像已經被習得了。如果沒有相應的「制約作用」，同樣這些字詞和信件絕不會使我感到是我的反應的恰當理由。乍一看，這個觀察結果可能會使我們對前幾段中的許多陳述產生懷疑。但是，實際上這樣的事實絕不與我們的主要論據相矛盾。在現在這個例子中，某種筆跡已充滿了我與一定的人的友好的經驗，另一種筆跡充滿了由另一個人所引起的令人不快的事實。因此當他們的筆跡出現時，像他們本人出現時一樣會引起一樣的反應，因為它們已充滿了一種意思或另一種意思。認為在這樣的情形中情緒的反應已逐漸地與筆跡相聯繫了是錯誤的。相反，實際發生的聯繫在於，以一種或另一種方式書寫的字或信的視覺外觀已充滿了過去的正面或反面的經驗。由於這些筆跡充滿了這麼多的過去的經驗，從而使它們現在成為我所描述的情緒反應的恰當原因了。我感覺是這類原因，這就不令人感到吃驚。

看來在這一點應該做出進一步說明。當我口渴時，我可能想

到一杯令人精神振奮的飲料。我思考的這個對象當然是由回憶帶
進心理場來的。顯然，我希望，這個事實與我們現在的問題無
關。無論這一回憶是如何產生的，一旦對飲料的思考成為心理場
的一部分，我就感到這個對象是我的願望的一個最恰當的原因，
並且這個願望鑑於這樣的一個對象而言是直接可被理解的。某物
已通過回憶的過程進入了心理場，這個事實與到底這個物體在心
理場內被經歷為何種關係的問題無關。必須強調一點，因為我們
如此習慣於根據學習、習慣、回憶等來解釋，以致於一旦一個情
形使我們把某物歸因於過去和回憶，我就趨向於放棄進一步的思
考。然而，即使一個情形的所有部分都可歸因於回憶的過程，我
們仍不得不問這樣一個問題：現在這些經驗中有沒有被感到是因
果相連的？

　　我們回到了外行人的信條上。心理學和科學認識論顯示了一
種傾向，不是忽略這種觀點就是攻擊它，彷彿它暗示了一個嚴重
的危險。人們常說戴維・休謨是一個採取不友好態度的人。但是
在我看來，這位人類思想史上的偉大人物只是一種潮流的最著名
的代表，這種潮流在二千多年前也存在於希臘，並且它產生於對
清晰性的強烈要求之中❹。有一種特殊的清晰性，外行人的信條
和我在本章中的陳述對它都不太適合。如果能把世界想像為眾多
的平等和不平等的方塊，它們只有關於在時間和空間上的位置、
相似性等等的形式關係，那麼才可以取得這種理想的清晰性。休
謨對因果關係的著名分析不言而喻地把這認為是對經驗的真實描

---

❹　比如，在柏拉圖有關真正現實世界的特徵的一些討論中，也清楚明
　　白地存在同樣的趨向。

述，因此他最終只證明了他一開始就清楚推測的東西。他認為因果關係是從不被經歷的，他不難收集到那些看來能證實他的這個論題的例證，因為在許多情況下我們的確一點也不感到一件事是怎麼由其他的事決定的。由於他不討論其他的情況，所以在許多人看來他的觀點的真實性已被毫無疑問地證實了。休謨看來被普遍認為是所有時期的最偉大的經驗主義者。但是在他把經驗世界減小到只存在著形式關係的塊塊的時候，他完全被某些智慧前提和理想所左右了。他是偉大的，但從嚴格意義上講他不是一個經驗主義者。經驗主義者不會，也不該把這麼多事想作當然。

　　在他的**激進經驗主義**（radical Empiricism）中，威廉·詹姆斯非常強調這樣一個事實，即「事物之間的關係，就如事物本身一樣，不多也不少都是直接的、特定的體驗到的事物」❺。以我看來，這個觀點是我們研究工作中的一個障礙而不是一個輔助物。詹姆斯雖然在對經驗的討論中攻擊了原子論，但顯然仍未認識到我們叫做為組織的東西（見第五章），因而這個觀點對詹姆斯也是無益的。從某種意義上說，即從純粹的邏輯意義上講，關係可被認為是存在於一個特定場內的所有部分之間——如果我們對此可能性感興趣的話。但是這樣一種普遍存在的關係完全不適於使我們理解，為什麼在某一特定情形中，一種具體的態度被經歷為是「由於」場內一個同樣具體的事件或物體所引起的。在特定情境下，這大體上是一種獨一無二的關係。當這個動力關係真正被體驗到時，詹姆斯所指的形式關係當然也存在於一個特定態度和場內的任何其他物體之間。既然這樣，認識到在該詞的兩個

---

❺　《真理的涵義》（*The Meaning of Truth*），前言。

涵義之間關係的鉅大差異，看來要比強調形式的解釋普遍適用更
為重要。

我們只能說，詹姆斯在一些地方從另一個方面著手解決我們
的問題，如他寫道：我們「始終感知自己要克服被感知的障礙
的，和克服或被克服的目的」❻，在他的描述中還有「經驗者感
覺傾向、障礙、意志、緊張、成功、或被動的放棄就如他感覺時
間、快慢或強度、運動、重量、顏色、疼痛和快樂、複雜，或情
境可能涉及的任何的其他特徵一樣」❼。這樣描述非常不同於那
種認為形式關係無一例外地貫穿於場內多個部分並構成一張網絡
的說法。他並未將重點適當地放在我努力置之的地方；但是毫無
疑問，有時威廉‧詹姆斯非常渴望在對經驗的描述中給予被感知
的決定以一定的位置❽。

當我們純粹地討論組織時，我們沒有特別的機會來介紹被體
驗的決定這個概念，因為感覺組織較簡單的作用大體上並沒有告
訴我們產生它們的方式。我不堅持認為感覺場缺乏被體驗到的因
果聯繫。比如在圖中表現的知覺情境，有可能包含有關這類動力
關係的令人信服的例證，同樣日常生活中的許多知覺情境也是如
此。然而，這種最強烈的體驗發生在整個場內，並且涉指自我和
特定的對象之間的動力關係，這仍然是正確的。既然這樣，那麼
看來有必要把下面的討論也局限於因果關係中，其中的術語之一

❻　《有關哲學的一些問題》（ *Some Problems of Philosophy* ），第
　　213頁。
❼　《多元宇宙》（ *A Pluralistic Oniverse* ），第376頁。
❽　從詹姆斯時代起，相似的觀點就得到一些著家的支持。他們的名字
　　可在本章末尾的書目提要中找到。

是自我。

　　如在前面段落中描述的，對決定的直接意識也可被叫做**頓悟**
（insight）。當我有一次在對猿的智力行爲的描述中使用這個
詞語時，看來沒能完全避免一個不幸的誤解❾。有時候我們發
現，動物能夠做到我們料想不可能發生在人類智慧水準之下的生
物體身上的事情。那麼這些成功的例子顯然涉及到**頓悟**。顯然，
一些讀者理解這個術語時就好像它是指決定猿的行爲的一個神秘
的精神因素。實際上，當我寫我的報告時沒有意指任何這樣的精
神因素。希望這樣的誤解不要發生在現在的討論中。現在我們已
經在十分通俗簡單的事實基礎上，有意圖地介紹了**頓悟**的概念。
在這兒不涉及到任何有關創造或其他突出的智力成績的問題，並
且此概念遠不是指一個精神因素，我們以一種嚴格的描述方式運
用它。我不否認從哲學觀點來看，它在特定經驗的決定本身是否
能夠被體驗的問題上產生了鉅大的影響。但是現在在我看來，淸
楚地理解這個概念的本身比立即全面地認識這些進一步的結果更
爲重要。 我還試圖闡明，從它的基本意義上講，**頓悟**這個詞不
僅指在智力情境中被體驗到的決定，還指在情緒和動機場內的被
體驗到的動態。

　　我好幾次談論到，在日常經驗中，沒有比**頓悟**，即如在本章
中所描述的對決定的意識，更爲明顯的東西了。沒有哪一個完整
的場完全缺乏這個特徵。然而，在心理學家中只有很小一部分看
來完全意識到這是最重要的心理學概念之一。確實，許多人會用
暗指**頓悟**發生在他們的受試者身上或他們自己的經驗中。但是或

---

❾　《人猿的智力》（*The Mentality of Apes*），1925。

許發生這種情況只是因爲外行人的信條被體現在語言的某些形式中，而作者在使用這些形式時並未清楚地理解其涵義。因此，**頓悟**不存在於他們實際運用於其理論中的概念之間。利用外行的語言不等於知道這種語言包含有多好的心理學。還有一些人，在它們看來，休謨對經驗的分析和十九世紀的概念代表了一個永遠不會受到以後發展嚴重影響的結構框架。在他們看來，本章的內容顯然應該是純粹的神秘主義。假設這一派別的一位代表人乘坐一輛汽車，由於擁擠他在其中必須站立。在某一時刻，一位身體肥胖的人選擇我們休謨主義者的腳作爲站立的位置。從原則上講，休謨主義者將無法確定到底是車上的一位女孩的可能面孔還有這個人的行爲是他現在所感到的憤怒的原因。他可能通過實驗和推理來找到答案，或者他可能在過去就學會了把這樣的事情正確地聯繫起來。但是如果他的理論信條是正確的，他不可能在沒有這樣的間接證明的情況下做出正確的判斷。

行爲主義者屬於這一類嗎？很可能他們會拒絕加入任何一類，因爲到現在爲止，我們的問題看來好像局限於經驗的領域，而行爲主義者拒絕考慮這個領域。但是實際上這無關緊要。在任何情況下，被行爲主義者稱之爲科學方法的東西就是歸納的技巧，嚴格的休謨主義者只承認這種技巧。

但是，我們的討論可以從經驗領域轉移到腦生理學中。記得在第二章中我們決定把經驗用來爲調解外在條件和有機體的外顯行爲之間的過程的一種指標來瞭解。這種方法建立在心物**同型論**（isomorphism）的基礎上，這一理論認爲，有關我們的經驗和潛在於這些經驗之下的過程具有相同的結構。因此，我們假設當視野把一個物體表現爲一個分離的實體的時候，腦中的相應過程

就相對地從周圍過程中分離出來。在另一章中我們發現，由於連貫性的緣故，我們不得不假設，當我們在各種不同的狀態中在腦中體驗自我時，其背後有著具體的過程。現在，就如在經驗中自我被對象所包圍，同樣，對應於自我的過程也必然發生在與這些對象相關的過程之中。但是我們不僅具有對我們周圍物體的經驗和對處於不同狀態的自我的經驗，而且還具有對心理學的因果關係的經驗，其中自我的狀態被感知為是由環境的部分所決定的，或者偶爾環境中的事件被感知為是由自我的行為所決定的。從我們觀點看來，這類被體驗到的決定只能以一種方式出現在腦中：我們不得不利用被科學家所謂的**場物理學**（field physics）。換言之，當我們感到對特定物體的特徵做出反應時，那麼在腦中的那些潛在於被經歷的自我背後的過程，一定會受到對應於物體的過程的影響。再具體點說，對應於物體的過程的特定特徵，一定在潛在於自我背後的過程所發生的區域內出現，並且在這個「場」的影響下，對應於自我的過程必須以某種方式發生變化。相反地，自我對於一個物體的具體態度一定有一個生理對應物，它延伸到這個物體在生理上被表徵的地方，從而對應於物體的過程能夠在自我場的影響下發生改變。在前一個情況中，變化了的自我的狀態不會獨立存在；相反，它將由物體的場來建立和維持。在後一個情況中，物體的變化也是如此來引起的維持。如果我們相信物理學的基本功能概念是可適用於腦動力學的，那麼這個關係於此情境的觀點代表了可以實現這些希望的最簡單的途徑。

為了非常清楚地闡明這一點，我想回到我們先前的一個例子中來。在一炎熱的日子裡，當我享用一杯清涼的飲料時，我感到

我的快樂是與飲料的味道和我的口渴有關的，而不是與比如牆上的蜘蛛，一張在我面前的椅子大小，或在我環境中的成千上萬的其他事物有關。在腦中，更確切地說，在發生某種**自我－過程**（self—processes）的腦中，在這些情況下，有一個特殊的過程B，它是潛在於我的口渴經驗之後的 過程。現在，當我開始喝飲料時，另一個對應於清涼和飲料的味道的過程 A 恰恰就在先前只發生對應於我的口渴的過程的腦區中形成起來。根據現在的理論，A 立即對 B 產生影響，這個影響由 A 的特徵和 B 的特徵的關係決定，因此而形成的變化使自我感到快樂。我認為這個變化直接由 A 決定，就如表面溫度直接由照射在它上面的光線所決定，或一團將熄滅的火焰直接由氧氣的新鮮補充所決定一樣。換言之，飲料的味道和我的快樂不作為彼此獨立的事實被體驗，而是後者是由前者造成的，因為腦中的對應過程就是以這種方式因果地聯繫起來的。此處所界定頓悟僅僅是對這個事實的表達。自然，這個相同的解釋也一定適用於相反的情況。在這些情況中，我們感到是自我的具體態度改變了物體。

這個理論一旦被闡述清楚，它就顯得非常簡單，甚至它看來可能是陳腐的。但是我們一想起如果根據目前眾所周知的觀點，這同樣的情境將被如何解釋時，這種印象就消失了。機械理論和動力理論又一次形成鮮明的對比。在反射和制約反應中，甚至在聯想中，（如通常所想的那樣），一個過程的質的特徵所產生的影響，都不會超出這個過程以外。在一個腦區中的事件對其他腦區的情境的影響總是由具有充足傳導性的通道來傳遞的。首先在過程 A 本身，然後神經衝動沿著一定的通道轉遞，最後在位置 B 上發生作用，這個作用是由那些衝動而不是由 A 的特別本質

引起的。以同樣的 A 為起點，如果另一個通道碰巧是一個更好的通道，那麼另一個不同的過程（而不是 B 將發揮作用。A 之所以影響 B，只因為在 A 活躍時給定的組織上的制約。假設我們能夠稍微改變一下神經纖維的排列。或許，如果能以正確的方式做這件事，那麼一杯清涼的飲料將使一個口渴的人感到噁心和生氣。

　　或許這個生理學上的解釋從未被明確地闡明過。如果是這樣，那麼早該這麼做了；因為從現在在神經學和心理學中被廣泛採用的概念中不能得出其他的解釋。為什麼直接場行為的理論從未被考慮過呢？為什麼如果我們偏愛運用心理學術語，而**頓悟**作為精神生活的一個基本和普通事實卻只被極少數人提到呢？為什麼我們盡可能多的討論心理學問題，好像機械概念是科學中僅被接受的概念一樣？我只不過推論出了這種情況的結果。我們越鮮明地對比**機械理論**和**場理論**，我們就越能對我們的科學的未來抱有更大的希望❿。

----

❿　運用**場運動**來解釋頓悟，不僅與當代的神經病學的觀點矛盾，而且它還表明一些被科學的哲學家們所廣泛擁護的論點，可能是不完全正確的。這些學者們認為，科學中暗示因果關係的所有概念僅僅是輔助概念，不能被用於對物質世界的嚴格的經驗描述。這些學者們說，物理學中的觀察沒有提供任何對應於因果關係網的經驗。如果這是正確的。那麼「力」和「場」的概念將只作為方便的數學工具，結果是，我們不能把我們對直接內在決定的體驗，與在腦中的場運動相聯繫。在討論這個問題的時候，我們必須認識到科學家們實際上並不反對物理學中的因果聯繫網；他們僅僅認為，現在在科學中運用的觀察從不是對因果聯繫網本身的觀察。換言之，就科學而言，因果關係，力和場的概念仍舊是無法界定的。因此任何一種不同的證據都可能給予這些概念以新的涵義。

　　我不認爲我們對在整體場內的特定經驗的描述迄今已十分完善。的確，情緒反應一般總是這樣的。但是，正是我們的例子告訴我們這其中不僅僅涉及到情緒。從一個在擁擠和嘈雜的飯店中待了一會兒的人所感到的煩躁不安爲例。他不僅有一種不喜愛他周圍環境的強烈感覺，而且還急於離開此地。換言之，他想遠離他感到是麻煩源的地方。再者，在他的經驗中，對於特定行爲的這種衝動就如他的不悅一樣，直接地產生於特定的情境之後。因此，這個人既在情緒因果關係上，也在動機的因果關係上具有**頓悟**。

　　我們的生活充滿了這種細小的瑣碎的例子，但是同樣顯然的是，對那些最重要的行爲的衝動也可能以一種我們完全能理解的方式發生。這些行爲的方式和原因常常同我們的情感的發生方式一樣，並不是隱藏的。這裡我想只考慮些較簡單的例子。

　　在一個美麗的早晨，我非常心滿意足地坐在充足的陽光中。但是，過了一會兒，我感到太熱了；同時產生了一種要離開我現在的位置的傾向。在旁邊的樹蔭中有個位置看起來很愜意；離開陽光處的衝動立即變成了對樹蔭的傾向。就像起初一個地方的特徵使我想要離開它一樣，現在另一個地方的性質又引起一個靠近它的衝動。在這兩種情況中都存在著頓悟：我們在第一個情況中感覺到一個特定的傾向是如何從特定情境的本質中形成的，然後又感覺到場內的另一部分是如何進一步地決定衝動的方向。讀者要記住，陰影的熱學性質是通過先前學習，還是以一種更直接的方式爲我們所知，與我們現在的問題完全無關❶。

　　在有關恐懼的例子中可以做出相似的分析。當我們感到一個突然事件引起恐懼時，與此同時，一種非常強烈的要遠離這個事

件的衝動就產生了。這種想拉大嚇人的事件和自我的距離的趨
向，和恐懼本身一樣，也是作爲這個事件的直接結果被體驗的。
我們在前面談到，在華生對一個兒童的行爲的描述中，退離一個
奇怪的物體的外顯行爲，不僅僅是觀察者視野中的材料，而且還
是發生在兒童自身經驗中的一幅圖景⓬。有人認爲兒童把他對物
體的恐懼和縮回他的手的衝動作爲兩個無聯繫的經驗來感覺？或
者，在他的恐懼中，兒童可能也感到一種要擁抱或吞食這個擾人
的物體的衝動？一個休謨主義者會堅持說這是事實。在這個例子
中，物體只通過先前學習才變得具有危險性，關於這個事實，我
想再次申明，一個特定的特徵成爲場內的部分的方式，與它在場
內所起的作用無關。

正如退縮的衝動直接產生於一定的情形，相反的傾向在其他
的情形中被感到也是恰當的。我已經提到過一個例子，樹蔭對一
個已在陽光下曬了一段時間的人來說具有吸引力。由於相似的情
況如此經常地發生，所以列舉特殊的例子看來幾乎是多餘的。毫
無疑問，華生看到的那個兒童正伸手搆動物的腦袋，他感到被那

⓫　我並沒忘記，我們有機體的從屬部分所顯示出的反應，在某些方面
　　與在此描述的反應相類似，但屬於反射類的運動。腳在受到針刺的
　　刺激後，會通過反射縮回。但從這些事實中不能產生任何異議，反
　　對我們對其他事實的描述。有機體在一些活動中，毫無疑問地像一
　　架非常實用的機器，同時在另一些活動中，即那些涉及到自我的活
　　動中，被體驗到的因果關係和相應的場動力學可能起到了更具決定
　　性的作用。這兩種功能沒有理由不在同一系統中發生。

⓬　順便提一下，此處我們有一個在知覺中組織事件的例子，它告訴我
　　們在視野的各部分間的因果關係。至少，回縮與特定物體之間的關
　　聯在華生的觀察中也很明顯。

個有趣的物體吸引了。在西班牙，當鬥牛士以一種特別嫻熟和大膽的方式進行表演時，人們的驚羨之情經常如此強烈地驅使他們傾向於他們英雄的方向，由於他們不能親身進入到競技場中，所以他們把身子傾向前，盡可能地靠近他。有時候，緊張程度如此之高，以致於帽子、手帕等等被扔向了衝動的方向。是不是這些人逐漸地習慣於把接近而不是其他的傾向與羨慕相關聯——好像皺眉或搖動左腿通過恰當的制約作用也可同樣好的與羨慕連接起來？有時候，我感到不管我們是內省主義者、行為主義者或其他學派的支持者，當代心理學家中的主要分界線，將把那些如在本章中解釋的那樣承認直接決定的人，與那些只在機械理論的意義上承認「聯繫過的人」區分開來。

最後一個例子我選擇一個簡單實際的情境。出於某種目的，我希望劈開一條木板。我壓住它，同時我也感到了木板的反作用力，我還看見和感到了木板如何朝壓力的方向上彎曲。我們真的相信休謨所堅持的看法，認為在我的體驗中，木板的彎曲好像木板的顏色或雲的運動一樣與我的努力不相聯繫？實際上，我感到木板在我的壓力下彎曲，就像當我和朋友彼此靠著肩膀來較量力量大小，而我輸的時候我感到自己向後退縮一樣。再者，一旦木板開始彎曲，我立刻感到一種增大壓力的傾向，並且我感到這個新的傾向是在木板的反作用發生變化之後產生的。

這些例子的共同內容是什麼呢？在我們環境中的特定事實或活動，和我們的反應之間，我們不僅體驗到形式的關係，而且還體驗到具體的因果關係。想像以下的發生序列：首先，我在一個熱的散熱器旁感到不舒服（但我起初不知道，之後才逐漸認識到我的不舒服是與熱有關的）。其次，一個進一步的體驗，它與第

一個體驗完全不相聯繫。我感到一種要向某一方向移動的衝動
（但我起初並不知道，後來才認識到這個方向是要「離開
熱」）。第三，又一個無關的事實，我發現自己真的朝一個增大
散熱器與我之間的距離的方向移動（雖然我起先並不知道，直到
我認識到這個運動的方向與那個物體，或與那個在先前被體驗到
的傾向有關）。我發現幾乎不可能完全脫離因果關係地列數這些
經驗，而如果休謨主義者是正確的，那麼應該可以做到這一點。
人類的語言，它的涵義和涉指總是指一個字或句子指向另一個字
或句子，對戴維·休謨的信奉者來說，連語言都是一個非常令人
惱怒的工具。當我們閱讀前面句子中的字詞時，**頓悟**立即形成
了，雖然我們可能試圖阻止它的進入。我想要說的當然是，根據
休謨的觀點沒有一個經驗能夠使另一個經驗發生。然而，看起來
某些經驗恰恰總是如此。

現在，**頓悟**的概念已被運用於被體驗到的動力趨向和實際的
運動，我想再一次回到在我們這個時期流行的功能概念上來，從
而通過比較進一步闡明動力或場的觀點。讓我們來考慮最嚴格形
式的**機械理論**。根據這個理論、順序：感到熱——感到向某一方
向移動的傾向——實際朝這個方向移動，這一順序產生方式是以
腦部的各個中心被通道聯結起來的。對熱的感覺，在腦中的某處
有一個皮質關聯物。特別良好的傳導纖維從這一點出發通向另一
個地方，那個地方的興奮伴隨著一個向特定方向移動的傾向。那
個地方還通過優質的通道與又一個地方相聯繫，從那兒開始對一
定肌肉的實際的神經支配。生物進化令人讚嘆地建立起這些神經
聯繫。以致於鏈索中的第二個環節實際上就是離開熱地點的傾
向，而不是嘲笑或前後搖擺某人的手臂的傾向。同樣，生物進化

也恰如其分地建立了與神經支配的正確中心的類似的聯繫。因為，這個聯繫實際上使我們離開熱，而另一些聯繫則使我們可能在相同的情境下，開始大笑或敲我們的前額。我們行爲的結果是，我們確實感覺到滿足。但是這也僅僅是通道聯結的問題，它們保證負責解脫感知的腦中心，而不是負責失望的腦中心開始起作用。無論如何，如果對人類行爲的這個解釋是正確的，我們就永遠不能理解任何發生在我們的生活中的序列。比如，如果情境相同而聯結不同，對強熱的感覺產生要捏鼻子的傾向，而這個傾向又隨之產生朝向熱源的快速運動，然後它又產生隨便某種感覺，那麼，這樣的一個序列就如一個眞實的序列一樣，他是可被理解。因爲後者也是一個純粹的序列，諸如理解或**頓悟**之類的術語絕不能適用於其中。旣然這個綱要中缺乏理解的第一先決條件，這些術語又怎麼能適用於其中呢？這第一個先決條件是，先行事實的本質直接參與後續事實的本質，換言之，是序列的由動力或場來決定序列，而不是由聯繫通道的幾何形狀來決定序列。

　經過這個討論之後，幾乎不必重新討論原來那個論點了，即，通過次級聯繫，即聯想和制約反應的形成來解釋這些序列。**根據聯想主義**者的觀點，特定事件的本質對它們的聯想沒有任何影響，因此聯想是盲目形成的。另外，一旦聯想形成，相應的回憶必定又是與具有最好傳導性能的通道有關的東西，就像一個反射序列一樣。因此，剛才所有的有關一個反射順序的所有情況同樣也適合於解釋聯想或制約反應。如果恰當的客觀序列重複出現，任何序列可以如眞實的序列一樣被良好地在行爲中建立起來。其過程的結果也將只由通道的傳導性來決定。因此理解和**頓悟**這兩個術語將再一次變爲不可適用❸。

　　我們下一個任務在於對這些序列做出我們自己的解釋。我們已提供了一個生理學的解釋，人們感覺到，情緒狀態被感到與被體驗到的它們的原因有聯繫的。這個解釋現在要進一步擴大一些，從而使它能把我們的動力傾向和隨後的實際運動包含在內。

　　我們已說過，我們感覺到，一個積極或消極的情緒狀態，是從一個事實的本質中產生的，因爲情緒的生理關聯物是直接由代表這個事實的過程引起的。因此，在我們的例子中，一個人感到他的不舒服感到是由太熱造成的，因爲熱的經驗的皮質關聯物，以一種在經驗中意謂著不舒服的方式，改變了一定腦區的狀態。但是他又感到離開熱的傾向，如不舒服感一樣，也是由熱直接引起的。因此，我們必須根據生理場行爲做出一個解釋。換言之，潛在於不舒服的感覺背後的過程不是熱在腦中表現的直接效果；與此同時，還直接發展出一個向量。這個向量從代表熱（和它的來源）的過程，延伸到建立不舒服感的關聯物的腦區，它的功能意義在於增大這兩者之間的距離。如果現在受試者眞地離開了熱源，那麼腦中發生了些什麼呢？當客觀距離增大時，它在腦中的

⓭　幾乎在撰寫這本書的同時，桑代克（Thorndike）教授修正了聯想概念，然後他將之擴展到**效果律**（The Law of Effecf）。**效果律**宣稱，運動在生物學上的有利後果強化了這些聯繫，強化了導致這些運動的操作，因而也強化了這些效果，一開始就建立了這樣的前提，即任何次序，不管它們的本質如何，都是這樣得到強化的，只要他們能產生，一個在生理學上有利的結果。根據桑代克教授現在所主張的新觀點來看，特定事件的「歸屬」促進了它們的聯繫。「歸屬」這個事實是不是依賴於事件的特徵從而能夠使我們頓悟呢？事實並非如此。如我們同意桑代克的觀點，那麼「歸屬」只不過是對一個事件「跟隨」另一個事件的體驗。

相應距離也擴大，從先前給出的向量的意義上講，這正是早已蘊含著的變化。可以看到，由於這個解釋我們又一次遵從了心物**同型論**的原理。因為，在經驗中，他感到實際的運動是與伴隨著不舒服感的移動傾向相一致的，即，這個例子中的人頓悟到了他在一定方向上移動的傾向和他實際的運動之間的關係。

我想承認，這些討論還遠不能對所討論的事實給出一個完全的敘述。即我們姑且不論到底是哪種向量在這些情況下發揮作用，我們仍然沒有解釋，為什麼這樣的向量在腦中的出現趨向於產生與它的方向一致的運動。嬰兒在出生後的最後幾個月內，似乎不能直接實施與特定物體的興趣相應的運動。因此，我們一定會問自己，我們體驗到的傾向（或在腦中的相應的物理向量）與實際的運動之間的一致是如何被逐漸地意識到的呢？有些人會假設在這兩個事實之間沒有任何自然的關係；換言之，一開始任何傾向（和在腦中的對應向量）都應產生任何可想像的四肢運動。如果這是如此，那麼正確的序列將不得不完全和毫不例外地由學習獲得。另一假設是，實際運動的方向傾向於與被體驗的動力傾向（或對應的皮質向量）相一致；這個一致性在童年早期未被意識到，只是因為神經系統在那時還未完全發育成熟。一些觀察結果有利於第二種而不是第一種假設。即使這樣，現在我們似乎仍不能說，一個皮質向量的方向如何導致實際運動的相應方向——而如果第二種假設是正確的，就必然發生這種情況。

顯然，找到這個問題的答案是場理論的主要任務之一。同時必須著重指出，即使正確的運動不得不被習得，這個學習仍可在特定皮質向量的影響下發生。在一個情況中，可能發生許多種運動，那些具有特定方向的運動，將會由於它們的發生與普遍的向

量的方向一致而被挑選出來。因爲這個原因，只有這類特殊運動才能減小同時存在於腦中的緊張。人們可能猜想這個事實學習過程具有鉅大的影響。但是，重申一下，我們還未確信建立情形、向量和運動之間的正確關係的僅僅是學習。在這一點上，正如在許多其他問題上一樣，完形心理學的自然命運看來是成爲完形生物學。

譯後記

　　能成爲柯勒《完形心理學》一書的譯者，實是一件旣令人高興、又使人深覺壓力的事。柯勒及完形學派的諸位先輩學者已度過了他們的輝煌，早離我們遠去了。但是，他們在心理學發展史上的地位是不應忽視的。而且我認爲，柯勒此書作爲完形學派的經典之作，時至今日，我們仍可從中受惠。科學史的發展軌跡往往昭示我們，某種理論只要存在某種程度的合理性，它就不會淹沒於歷史，而可能會以某種形式再生於某一新的理論體系中。對完形學派我們似乎也應作如是觀。

　　這本書是我翻譯的第一本心理學專業書籍。第一次涉臘心理學的翻譯就遇到這樣的名著，這是極富挑戰性的。我雖然在大學主修英語，但對心理學一直深感興趣，甚至可以不誇張地說，我從小就生活在四周放滿心理學書籍的環境中，儘管這些書的主人不是我，而是我父親，但我確實在它們的長期薰陶下長大的。但平心而論，以我的學識，獨立完成這部譯作並非易事。而且本書譯自原書四〇年代的英文譯本，幾十年來英語本身已有許多發展，二度轉譯在一定程度上更增添了譯解的難度。最終促使我接受這一任務而「與柯勒爲伴」的原因是：我的好友顧蓓曄小姐是

一位優秀的心理學專家。我完全可以靠她從英漢語文字到專業知識給我以幫助。事實上眞的如此。在整個譯書的過程中，我得到了她眞誠無私的極大幫助。確切地說，這本書是我們合作的結果。同時應該提到的是，本書校譯者李維博士也是一位心理學教授，由於他的認眞辛勞的工作，致使本書達到了現在的水準。成書之際，我從心底感謝他爲此書所付出的鉅大心血。但是，當我向他表示我的感激之情時，他卻只是淡然一笑，說：「這一次是我該做的，但我以後不可能永遠這麼做！」我僅以此書紀念我們的第一次學術合作。

李姍姍

1994年9月29日于上海

參考書目

W. Benary：*Psychol. Forsch.*, 2,1922.

W. Dilthey：*Ideen über eine beschreibende und zerglied ernde Psychologie*. 1894.

K. Duncker：*The Pedag. Sem.*, 23,1926.

K. Duncker："On Problem Solving." *Psychol. Mon.*, 58 (5), 1945.

T. Erismann：*Die Eigenart des Geistigen*. 1924.

K. Jaspers：*Psychopathologie*. 1921.

K. Koffka：*The Growth of the Mind*. 1924.

K. Koffka：*Psychol. Forsch.*, 9, 1927.

W. Köhler：*Arch. f. Entw. Mech*. 1927.

W. Köhler：*Mentality of Apes*. 1925.

W. Köhler：*Die Methoden der psychologischen Forschung an Affen*. 1922（Cf. Chap. Ⅱ）.

W. Köhler：*The Place of Value in a World of Facts*. 1938.

K. Lewin：*Vorsatz, Wille und Bedürfnis*. 1927.

M. Wertheimer：*Productive Thinking*. 1945.

M. Wertheimer : *Schlussprozesse im produktiven Denken* . 1920.

A. N. Whitehead : *Science and the Modern World* . 1925.

名詞對照表

interrupting　中斷

Isolde　伊索德爾

isomorphism　同型性

isomorphism　同型論

J

James-Lange　詹姆士-南格

Janet　讓內

K

K. Buhler　彪勒

Kester　凱斯特

Klages　克拉格斯

Kohler　柯勒

Kuhn　庫恩

L

Lashley　拉什利

Law of contiguity　接近規律

Lewin　勒溫

M

magnetism　磁力

Max Wertheimer　魏海默

mental substance　精神實體

Morgenstern　莫根斯恩特

Muller-Lyer　繆勒萊亞

N

Nagel　納格爾

Newton　牛頓

Nietzsche　尼采

O

Oersted　奧斯特

optical illusions　視錯覺

P

paired associates　對偶聯合

Physiologisohe Optik　生理光學

plaethysmographic　體積描記的

pneumographic　呼吸描記的

primary sensory organization　主要
感覺組織

proceeding　繼續

process-in-distribution　分布中的
過程

process-in-extension　擴展中的
過程

U

Usnadze 烏斯納茲

V

Van der Veldt 范爾德

vectors 向量

visible self 可見自我

visual brain 視腦

vitalism 活力論

Von Frey 費雷

Von Kries 克里

von Restorff 瑞斯洛夫

W

Watson 華生

Weber's Law 韋伯定律

Wertheimer 魏海默

William James 威廉‧詹姆士

Y

Yarbrough 亞伯勒

Yerkes 耶克斯

Z

Zeigarink 蔡格尼格

Zeitcher. F. Psychol 心理研究

當代思潮系列叢書

當代思潮系列叢書 ㉜

完形心理學

原　　著＞柯　勒
譯　　者＞李姍姍
校　　閱＞李　維
特約編輯＞唐坤慧
出　　版＞桂冠圖書股份有限公司
發 行 人＞賴阿勝
登 記 證＞局版臺業字第1166號
地　　址＞臺北市新生南路三段96－4號
電　　話＞2219－3338・2363－1407
傳　　眞＞2218－2859・2218－2860
郵　　撥＞0104579－2
印　　刷＞海王印刷廠
排　　版＞華穩電腦排版有限公司
初版一刷＞1998年2月

定價/新臺幣300元

ISBN 957－730－031－6
E－mail：Laureate@ms10・hinet・net

國家圖書館出版品預行編目資料

完形心理學／柯勒（Wolfgang Kohler）著；李嬌嬌譯.--
初版.--臺北市：桂冠，1998〔民87〕
　　　面；　　公分.--（當代思潮系列叢書：32）
　參考書目：面
　含索引
　譯自：Gestalt psychology：An introduction to new
concepts in modern psychology
　ISBN 957-730-032-4（平裝）

1.心理學—歷史

170.182　　　　　　　　　　　　　　　87001400